POCHES ODILE JACOB

# PSYCHANALYSE PAÏENNE

TOBIE NATHAN

# PSYCHANALYSE PAÏENNE

## essais ethnopsychanalytiques

*Nouvelle édition*

POCHES
ODILE JACOB

Cette édition de *Psychanalyse païenne* a été entièrement revue et augmentée de trois chapitres : « De l'usage magique des odeurs et des parfums » et « Sarava » sont totalement inédits ; « Le début du monde » a d'abord été publié dans le numéro 24 de la *Nouvelle Revue d'Ethnopsychiatrie*. Je remercie chaleureusement la direction de la revue d'avoir autorisé sa reproduction. (T.N.)


ISBN original 2-04-018638-7


15, RUE SOUFFLOT, 75005 PARIS

ISBN : 2-7381-0841-5

*à Michaël*
*à Noémie*

# *Remerciements*

Je dois l'inspiration d'un certain nombre d'idées que je développe ici à ma longue fréquentation de Georges Devereux. Son enseignement était truffé de références mythologiques et son érudition, infinie. J'ai eu la chance de développer les idées les plus hardies au cours de conversations privées avec lui. Je ne peux parler de mythologie grecque sans évoquer cette extraordinaire capacité qu'il avait de redonner vie aux divinités, de décrire leur physionomie ou leur caractère – comme si elles avaient été ses intimes. Même si certaines de mes pensées sont le prolongement d'un désaccord théorique sur lequel nous avions argumenté jusqu'à une heure avancée de la nuit, ma pensée ne tient que parce qu'elle s'est longtemps appuyée contre sa stature – immense !

Les différents travaux de recherche desquels est issu ce livre ont été élaborés au cours de l'enseignement que je dispense à l'Université. La confrontation permanente avec les étudiants de psychologie, mais aussi de psychiatrie et d'anthropologie, m'a incité, année après année, à affiner mes analyses vers plus de rigueur et de simplicité. Je voudrais les remercier ici pour leurs critiques, souvent pleines d'humour, toujours patientes, et pour ces innombrables rendez-vous hebdomadaires qui ont constitué tout au long l'aiguillon permanent de ma pensée.

En novembre 1987, me préparant à la sortie de la première édition du livre, je remerciais Noémie et Michaël, « petits diablotins venus du fond des temps pour régénérer les vivants », et je leur présentais « le respectueux salut d'un simple mortel ». Ce sont aujourd'hui tous deux de grands diables, mais ils honorent plus que jamais leur contrat initial de venir questionner les mortels. À nouveau, merci de m'avoir accompagné !

Tobie Nathan
Janvier 1995

# *Introduction*

La psychopathologie est périodiquement traversée par un besoin de renouvellement de ses concepts. À vrai dire, je ne crois pas qu'il s'agisse de concepts au sens où l'on utilise par exemple ce mot en physique ou en informatique. Même si l'on parvenait un jour à introduire de manière satisfaisante la mesure en psychopathologie – que ce soit par l'intermédiaire de la biologie moléculaire ou par la généralisation d'une pratique clinique « computerisée » –, il resterait toujours l'interrogation essentielle concernant la récolte des données. Il ne sert à rien de tenter de faire disparaître, par la multiplication d'échelles cliniques – dont la longueur n'a jamais constitué en soi une garantie d'élaboration conceptuelle – ou par l'interposition d'écrans de brouillage variés allant du microscope électronique à l'administration forcenée de psychotropes, voire de tests (objectifs ou projectifs), la variable indésirable par excellence : la subjectivité de l'observateur. La pratique clinique restera toujours l'approche subjective d'une subjectivité. C'est le fait clinique de base. Plutôt que de le distordre pour le contraindre à épouser des formes de scientificité qui lui sont hétérogènes par nature, nous contribuerons davantage à la recherche en pensant une méthodologie spécifique à ce type d'investigation. Et nous en avons les moyens ! L'obstacle le plus gênant reste la mauvaise conscience que nous éprouvons face à nos collègues des sciences dites « exactes ».

La psychanalyse nous avait habitués à l'idée d'une conceptualisation « métaphorique ». Les concepts ne conduiraient pas à la description d'objets palpables, mais à des « organes-concepts ». Le moi serait comme la membrane d'une cellule, le ça comme un noyau, le surmoi comme un gramophone interne et miniaturisé répétant inlassablement des interdictions absurdes. La libido, qui trouve toujours à s'écouler, serait-ce par des voies détournées, est liquide, comme le sperme. Le moi érige des barrages pour la contenir, mais telle une rivière elle se creuse un nouveau lit, etc. La pensée elle-même se construirait à partir d'organes métaphoriques : l'avide structure sa logique à partir de la fonction nutritive, l'ambitieux à partir de la fonction urinaire, l'avare de sa constipation, etc. Malgré une simplification quelque peu outrée, cette description conserve au discours psychanalytique aussi bien son originalité que cette part de poésie qui agace autant qu'elle séduit. Mais si le succès de la psychanalyse a pu faire admettre quelque temps que l'on pouvait parfaitement fonctionner en clinicien à l'aide de concepts forgés sur le modèle de métaphores poétiques, elle ne nous a pas conduits à penser la variabilité des concepts. Or la clinique nous incite perpétuellement à modifier nos théories. Funambule malgré lui, le clinicien se dandine sur sa corde pour se donner l'impression, par son balancement, d'être arrimé à un support fixe. Il accentue tel aspect de la théorie et néglige les autres, crée un nouveau concept qu'il utilise exclusivement durant des années sans s'avouer qu'il a abandonné (peut-être provisoirement) les autres. Que restet-il dans la pratique réelle des psychanalystes, même les plus « dévots », de la technique originelle de Freud, sans parler de l'esprit qui animait cette technique ? La modification kaléidoscopique de l'univers théorique fait partie, au même titre que celle des objets qu'il aspire à étudier et à traiter – les désordres psychiques –, de la réalité quotidienne du clinicien.

Je m'installe dans mon fauteuil et j'écoute. Ce que je perçois, c'est avant tout *moi percevant,* c'est-à-dire, selon l'heureuse expression de G. Devereux, la « réverbération sur moi » du discours de l'autre. Cela constitue ma donnée d'expérience brute. Et je perçois cette modification de mon champ perceptif à l'aide d'instruments conceptuels en continuel mouvement. On comprendra aisément la difficulté à penser selon la logique mathématique ou physique une telle zone d'expérience. Si je prends quelque recul, et en considérant seulement mon activité clinique, je me rends compte que je ne pense pas les théories de Winnicott plus vraies que celles de M. Klein, de Balint, de Bion, de Lacan ou d'Anzieu, car il m'est arrivé, à un moment ou un autre, de rencontrer des patients « kleiniens », « balintiens », « winnicottiens » et même « lacaniens »... Il m'a bien fallu recourir, ne fût-ce qu'un temps, aux pensées de ces aînés et, quoique reconnaissant de l'aide qu'elles m'ont un moment apportée, je les ai quittées aussitôt. Quel statut accorder à des théories qui, vraies un instant, le temps de nouer un récit signifiant avec un patient, se révèlent caduques avec le patient suivant, voire avec le même patient, mais à un autre moment de son analyse [1] ?

Ainsi, en psychopathologie, les théories sont-elles à la fois

1. À l'heure actuelle, les philosophes du langage tentent de construire des modèles qui pourraient convenir à ce type de réalité fluctuante, notamment dans les théories des « mondes possibles ». Voir F. Jacques, *Dialogiques* (1979).

métaphoriques et engagées dans un processus de permanente dérive ; c'est à cette condition qu'elles se révèlent utiles au clinicien. Enfin, si la pensée psychopathologique se modifie constamment, son objet semble étrangement la précéder dans ce mouvement. Changent en effet les formes et même les structures des désordres dont s'occupe le psychopathologiste. Certes, elles évoluent avec le temps, mais elles changent aussi d'une culture à une autre. Certaines formes de symptomatologie auraient à coup sûr été nommées « envoûtement » au XVIe siècle, « assujettissement sexuel » au XIXe siècle, « hystérie de conversion » du temps de Freud ; peut-être les qualifierait-on aujourd'hui d'états-limites. Quel crédit accorderait-on à une anatomie ou à une physiologie relative, dont les objets se modifieraient d'une latitude à l'autre, d'un moment historique à l'autre ? Le psychopathologiste a toujours souhaité s'aligner sur les conceptions des autres sciences médicales. Nous percevons déjà cet effort chez Hippocrate avec sa théorie des humeurs, chez les médecins du Moyen-Âge, comme par exemple Maïmonide ou Itzhak Ibn Imrâm ; mais ce sont surtout les psychiatres du XIXe siècle, chacun selon son optique, qui ont voulu faire entrer de manière définitive la psychopathologie dans le domaine du positif et du mesurable. Freud n'a pas échappé à cette entreprise et, malgré la complexe harmonie de son édifice théorique, on perçoit chez lui ce même désir de figer le temps, d'interrompre l'infinie variation de la forme et de la structure des données. En agissant ainsi, en tentant de découvrir des structures universelles qui, hétérogènes aux données de l'expérience, les ordonneraient et les expliqueraient, il néglige une spécificité irréductible (et paradoxale) de la psychopathologie : la conceptualisation du clinicien est, au même titre que les symptômes du patient, une donnée brute du champ d'expérience.

Je me suis rendu compte que des systèmes de pensée longtemps considérés comme primitifs, irrationnels ou infantiles

– les mythes – s'adaptent parfaitement à la spécificité de la clinique psychopathologique. On s'est assez peu interrogé sur le fait que, souhaitant fournir un concept nodal, pierre de touche de son édifice, Freud se soit trouvé dans l'obligation de recourir à un mythe : celui d'Œdipe. Les recherches mythologiques de Lévi-Strauss m'ont convaincu de la nature à la fois éminemment logique et constructive des mythes. Comme les langues, ils imposent une structure qui, quoique invisible à ses utilisateurs, leur permet de rendre compte tant de la complexité contradictoire du réel que de sa mouvance. Voilà, je crois, la première articulation nécessaire des mythes et de la clinique : l'analyse moderne de la structure des mythes permet, grâce à la mise en évidence de leur logique des transformations, de rendre compte au plus près de la spécificité des données psychopathologiques. Encore faut-il proposer une méthodologie qui permette l'usage de telles connaissances en clinique.

De plus, les mythes remplissent la fonction remarquable de fournir des matrices de récits. Qu'est-ce qu'un mythe sinon une très longue variation de récits ? Or la relation clinique est avant tout une tentative d'inscrire des désordres apparemment incompréhensibles dans la logique du récit. Aucune psychothérapie, tant « scientifique » que « traditionnelle », n'échappe à cette règle : aboutir à un récit. Je vois dans cette caractéristique commune le second point d'articulation entre mythe et clinique.

Enfin, une caractéristique, peu décrite, me semble essentielle dans la perspective que je me suis donnée : les mythes possèdent la singulière capacité de transmettre des représentations de mouvements corporels, d'être des vecteurs d'images, à l'aide de mots [2]. C'est probablement par ce

2. Dans « Les signifiants formels et le Moi-Peau » (1987), Didier Anzieu analyse avec beaucoup de précision une série de « signifiants formels », conception très proche de ma conception de l'image. Une

biais que mythes et rites se montrent si souvent liés. Le mythe raconte une histoire, le rite contraint à accomplir une succession de gestes ; l'un et l'autre, parfois imbriqués dans une relation complémentaire, transmettent l'image indélébile d'un mouvement. Or nous connaissons l'intime relation qui unit la psychopathologie aux mouvements corporels – fussent-ils simplement ébauchés ou même inconscients [3]. Si psychopathologie et mythologie présentent des similitudes formelles notées depuis fort longtemps [4], peut-être pourrons-nous expliquer, au moins en partie, cette ressemblance par une fonction similaire : rendre transmissible, éventuellement par l'intermédiaire du discours, un certain investissement corporel qui, autrement, devrait passer par l'image.

Inutile de le préciser, les mythes appartiennent à l'univers social. Pris en charge par des individus qui les véhiculent, voire les créent – probablement en rêve [5] –, ils restent avant tout des objets collectifs, partagés par l'ensemble des membres de la communauté. Mais, en organisant la cohérence de pensées individuelles, ils sont aussi des objets intimes. Si cette topologie du mythe, à la frontière entre privé et public, lui était caractéristique, alors nous serions amené à considérer toute activité psychothérapique comme un mythe ou un succédané de mythe. Car la psychothérapie est avant tout une entreprise visant à modifier le locus de la frontière privé/public.

Mais il existe un autre argument de poids qui devrait inciter les cliniciens à s'intéresser de manière technique à ces objets si particuliers que sont les mythes : l'analyse des

---

différence néanmoins : Anzieu leur accorde un statut de « signifiant », alors qu'à partir de mon expérience clinique, j'ai plutôt tendance à les considérer comme des « opérateurs » : agents de modifications.

3. La théorie psychanalytique peut à bon droit être considérée comme une théorie des mouvements corporels inhibés et par là même mentalisés.

4. Au moins depuis K. Abraham (1909).

5. C'est la thèse qu'argumente longuement G. Roheim (1952).

procédures thérapeutiques utilisées dans les sociétés « traditionnelles ». Dans ces techniques, en effet, nous constatons très peu de discours, mais des objets, des rythmes, des chants, des sacrifices animaux ; autant d'éléments – *d'opérateurs thérapeutiques* – la plupart du temps irréductibles à notre conception linguistique de restitution du sens. Lorsque, durant le N'döp chez les Wolof et les Lebou du Sénégal, le groupe thérapeutique procède d'abord à l'identification de l'animal de sacrifice et de la malade et qu'ensuite il inverse de multiples manières le corps de l'animal de sacrifice – « comme l'on retournerait un gant » [6], il communique à la malade une sorte d'« image de transformation » tout comme ces images dont les mythes sont vecteurs. De même, lorsqu'un cheikh kabyle d'Algérie fabrique un talisman constitué d'un mélange de sel bénit, de graines de coriandre, d'un fragment d'opaline et d'un morceau de papier sur lequel il a inscrit une sourate du Coran, le tout cousu dans un petit sachet de toile verte, et qu'il l'offre au patient comme seule réponse à sa demande de soins, il a également communiqué une « image de transformation ». Et nous pourrions continuer ce type d'analyses, car les « opérateurs thérapeutiques » actifs dans les thérapies traditionnelles consistent essentiellement en « images de transformation », subtiles articulations entre des mondes hétérogènes, mécanismes éminemment logiques mais impalpables et indicibles. Le malentendu au sujet du caractère prétendument magique de ces thérapies provient du fait que de tels mécanismes utilisent le discours et les représentations culturelles comme vecteurs et donc ne sont pas « interprétables » comme un discours. Or

6. A. Zempleni, « Possession et sacrifice » (1984). Notons qu'Anzieu (1987) considère l'image du « gant retourné » comme l'un des « signifiants formels » et qu'il le classe dans la catégorie de la « réversibilité de la transformation ».

l'analyse des mythes nous familiarise avec le fonctionnement de tels opérateurs logiques et nous offre un modèle de compréhension de mécanismes utilisés tant par les patients que par nous-mêmes – et cela à notre insu.

Dans ce livre, j'ai voulu, au travers d'analyses précises et détaillées, explorer l'idée d'une psychopathologie utilisant systématiquement la mythologie, tant pour sa nosographie que pour l'organisation de ses prises en charge et l'élaboration de son système théorique. Je pense cette entreprise féconde et surtout utile au clinicien de terrain, qui se débat quotidiennement avec les difficultés de la relation thérapeutique. C'est lui qui ressent la nécessité d'un renouvellement incessant de son arsenal conceptuel. Mais je crois également que cette démarche peut aboutir à une conception plus vaste de la psychanalyse permettant l'application de ses découvertes cliniques à des patients, voire à des populations qui n'ont pu en bénéficier jusqu'alors sur une grande échelle – bref, d'aboutir à ce que l'on pourrait appeler une *métapsychanalyse,* c'est-à-dire à une psychanalyse qui comprendrait une théorie de ses propres modifications.

Je ne sais si avec un tel ouvrage je pourrai convaincre. Les mythes ne contiennent aucune démonstration, aucune thèse, aucune vérité universelle – seulement un mouvement interne qui contraint la pensée à se surpasser. J'ai seulement souhaité véhiculer ce mouvement jusqu'au lecteur.

*Chapitre I*

# Œdipe
## Le conquérant, le prophète et le fanatique

Dans l'univers psychique (pensées, sensations, fantasmes, rêves), l'inceste constitue une sorte de butée vers laquelle tend le sujet sans jamais pouvoir l'atteindre. L'intuition féconde de Freud consistant à introduire un mythe (Œdipe) en lieu et place d'un concept scientifique afin de rendre compte de la poussée asymptotique vers la représentation de l'inceste, a constitué une percée dans un champ de recherche spécifique et nouveau en même temps qu'une entrave à la poursuite de la réflexion théorique. Car, avouons-le, Freud ne fait état que d'une version littéraire du mythe d'Œdipe, variante relativement tardive et surtout très élaborée : l'*Œdipe-Roi* de Sophocle. De plus, ce qui est beaucoup plus gênant, Freud ne discute à aucun moment les problèmes de méthodologie découlant de la substitution du mythe au concept. Au contraire, il semble considérer le mythe comme une sorte de petite histoire édifiante et tirer de son caractère « archaïque » un argument rhétorique à la scientificité pour le moins douteuse.

D'autre part, nous savons maintenant que la pensée mythique fonctionne de telle manière que quiconque tente de l'utiliser sans se doter au préalable d'une méthodologie permettant d'en démontrer la structure, est toujours capturé par le mirage du sens. « Interpréter » un mythe conduit alors nécessairement, à l'insu de « l'interprète », à la production d'une nouvelle variante de ce mythe. Une caractéristique de la technique psychanalytique aurait dû nous laisser supposer cela depuis longtemps. En effet, aucune interprétation du discours du patient n'est possible en dehors du « setting » de la cure, qui constitue précisément un dispositif permettant d'éviter le mirage du sens immédiat. Ainsi, quand Freud – mais bien plus encore Abraham ou Jones – s'engage dans une « interprétation » d'un mythe, il se révèle en définitive antifreudien (ce qu'avait déjà noté Lévi-Strauss). Cependant, et à de rares exceptions près, les psychanalystes ont conservé l'habitude de traiter les mythes comme de simples métaphores littéraires, voire des allégories. Ce qui est désormais devenu impossible depuis les nombreuses recherches de l'école structuraliste.

Je me propose ici d'utiliser les données actuelles sur la nature et le fonctionnement des mythes et de les confronter aux données psychanalytiques tant théoriques que cliniques. Car un fait brut demeure : si l'inceste est une butée fondamentale de la pensée psychanalytique, c'est également une notion extrêmement fréquente dans les mythes [1]. Mais que faire de cette correspondance ?

Je vais systématiquement rechercher s'il existe une structure propre à certains mythes contenant des récits d'inceste et tenter d'en saisir la cohérence. Clinicien, je considère que j'éclairerai davantage les problèmes cliniques en respectant la nature de mon objet d'étude. Par conséquent, je traiterai le mythe comme un mythe et non comme le discours, le rêve ou

---

1. Je pense naturellement aux mythologies classiques, mais aussi aux mythologies des sociétés sans écriture qui servent souvent de trame aux dispositifs thérapeutiques des sociétés traditionnelles.

l'histoire d'un patient. Ce n'est que dans un second temps, lorsqu'il me semblera avoir dégagé des organisations propres aux mythes, que je pourrai éventuellement les comparer aux organisations psychiques.

À la suite de l'école structuraliste, je considère le mythe comme une sorte de machine logique dont la fonction essentielle est de produire du sens. N'étant ni isolable ni mesurable, le sens est nécessairement véhiculé par un récit. Le paradoxe du fonctionnement mythique réside dans le fait que le leurre du récit constitue précisément la capture du sens : l'indication qu'un sens est parvenu à son destinataire est seulement perceptible au fait que le sujet a été captivé par le récit, c'est-à-dire, en définitive, leurré. Étant donné que le sens est généralement véhiculé par un récit, nous pouvons également considérer le mythe comme une machine à fabriquer des récits.

Je pense que c'est précisément dans sa fonction et non dans sa forme que le mythe est comparable au rêve, qui est aussi une machine à produire du sens et souvent des récits [2]. Dans cette comparaison des fonctions respectives du mythe et du rêve, nous pouvons ajouter que tant qu'un mythe est vivant, il produit des variantes, tout comme un rêve reste actif aussi longtemps qu'il engendre des interprétations (idiosyncrasiques, rituelles, traditionnelles ou psychanalytiques) [3].

---

2. Voir l'utilisation des rêves par les écrivains pour dynamiser leur entreprise de création ; par exemple, à propos de Van-Vogt, voir T. Nathan, « Van-Vogt : l'identité en péril » (1986).

3. Souvent les patients racontent des rêves de leur enfance restés aussi actifs des dizaines d'années après avoir été rêvés. Freud (1899) disait d'ailleurs que des rêves anciens étaient analysables de la même manière que les rêves de la nuit même. Je dois ajouter que, fort d'une pratique assidue de la psychothérapie avec des patients originaires de sociétés sans écriture, je reste très impressionné par l'extraordinaire capacité du rêve à engendrer des interprétations de toute nature dont l'interprétation psychanalytique n'est seulement qu'une possibilité.

Cette machine logique fonctionne à partir de deux types d'éléments.

Le premier est constitué des particules élémentaires du mythe, quelquefois appelées mythèmes. Ils sont construits comme une phrase simple du type : sujet-verbe-complément que l'on peut symboliser par a R b.

Par exemple :

| | | |
|---|---|---|
| **Un père** | **expose (tue)** | **son fils** |
| **a** | **R** | **b } A** |
| Laïos | expose | son fils |

ou encore :

| | | |
|---|---|---|
| **un fils** | **tue** | **son père** |
| **b** | **R** | **a } B** |
| Œdipe | tue | Laïos |

Si nous appelons *A* la particule élémentaire *a R b* et *B* la particule *b R a,* alors nous pouvons dire que *A* est l'inverse de *B*.

Le deuxième type d'éléments est constitué des différentes relations établies entre les particules élémentaires (dans l'exemple précédent : l'inversion). Parmi les relations que l'on peut décrire entre les mythèmes, les plus fréquentes sont d'ailleurs les inversions et les oppositions ainsi que des mécanismes de comparaison du type « *A* est à *B* ce que *C* est à *D* ».

Les mythes possèdent également une fonction classificatoire, c'est-à-dire qu'ils découpent dans la réalité culturelle quantité de séries paradigmatiques. La première série paradigmatique est constituée de toutes les variantes d'un même mythe dans une aire culturelle donnée [4]. Comme, par ailleurs, les récits mythiques ont pour vocation première de véhiculer et de rendre perceptible un sens, la redondance est la règle ; ainsi la plupart des versions sont-elles le plus souvent, à peu

4. Lévi-Strauss nous a enseigné qu'un mythe n'est rien que l'ensemble de ses variantes (*Anthropologie structurale,* 1958).

de choses près, des doublets. La seconde série paradigmatique est constituée par l'ensemble des mythes de la même aire culturelle dans lesquels un mythème déterminé trouve à se nicher. Par exemple, le mythème B : un fils tue son père, se retrouve dans le mythe d'Œdipe (Œdipe tue Laïos), dans le mythe de Thésée (Thésée « oublie » de changer la voile et son père se suicide), dans le mythe de Zeus (Cronos émascule Ouranos), et ainsi de suite. Œdipe, Thésée et Cronos appartiennent donc au même paradigme. Ces séries paradigmatiques étaient parfaitement perceptibles aux Grecs anciens qui évoquaient volontiers des comparaisons entre les différents termes de la série [5].

Cette seconde série paradigmatique, peu utilisée par les mythologues modernes, rappelle quelque peu la méthode de Frazer dans *le Rameau d'or.* Elle me semble particulièrement utile en clinique : n'utilisant que des séquences mythiques, elle permet en quelque sorte d'anticiper une structure à partir de seulement quelques éléments ; il s'agit donc d'une sorte de travail nosographique. C'est précisément cette série paradigmatique que je compte utiliser dans la suite de mon exposé, mais selon une technique que je préciserai plus avant. La dernière série est évidemment constituée de l'ensemble des mythes admettant le même mythème à travers l'infinie variété des aires culturelles. C'est aussi la plus difficile à manier, car elle suppose d'une part une érudition hors du

5. Par exemple, Œdipe constituait une matrice de références pour toute une série de rêves : « *Du rêve d'Œdipe* : Pénètre-t-on donc sa mère chair contre chair, dans la position que certains disent conforme à la nature, et alors qu'elle vit encore, si le père qu'on a est bien portant, on sera en haine à son père à cause de la jalousie qui existe aussi dans le cas des autres rivaux ; si le père est malade, il mourra : car celui qui aura vu ce rêve aura la tutelle de sa mère à la fois comme fils et comme mari. » Artémidore de Daldis, *Onirocriticon,* I, 79. Notons que l'onirocrite intitule cette série de rêves, « *rêves d'Œdipe* », montrant par là la pertinence du paradigme chez les Grecs anciens.

commun et, d'autre part, que la cohérence ne semble pas découler du matériel mais soit artificiellement conférée par le chercheur à partir de ses propres *a priori*. C'est dans cette série qu'ont le plus souvent travaillé les ethnopsychanalystes du passé (Rank, Abraham, Freud, Roheim et même le plus souvent, Devereux).

Tourné vers la mise en évidence d'une structure de récit, le mythe ne dispose que d'assez peu de conjonctions logiques, qu'elles soient comparatives (ou bien/ou bien), causales (ceci parce que cela), chronologiques (cela avant ceci). En cela, il est tout à fait comparable au rêve. Le mythe se distingue néanmoins radicalement du rêve pour exprimer la temporalité grâce à un appareillage particulièrement efficace : les généalogies. Les personnages mythiques unis par des liens de parenté remplissent des fonctions de conjonction logique entre deux structures – soit qu'elles présentent deux solutions à un même problème, soit que l'une conditionne l'autre. Ainsi, comme nous le verrons plus loin, n'est-il pas indifférent qu'Œdipe soit un arrière-petit-cousin de Cadmos, de Penthée, d'Actéon et de Dionysos. Cette fonction de conjonction logique explique la présence des surprenantes listes généalogiques que nous trouvons dans maintes mythologies telles que la Bible, la *Théogonie* d'Hésiode, *l'Iliade* et *l'Odyssée,* etc.

En dépit des apparences, le mythe n'est pas récit ; il est condition de possibilité du récit. Il n'est pas sens, mais machine à produire du sens. Son fonctionnement repose sur la mise en présence d'antagonismes irréductibles, véritables moteurs du mythe, tels que la vie/la mort, l'homme/la femme, le minéral/l'animal, etc. Devant la discontinuité créée par ces antagonismes, la machine logique se met en marche et tente d'instaurer des médiations à l'aide de comparaisons, inversions, retournements ; comme déstabilisé par l'absurdité des oppositions binaires, le mythe produit des récits dont le sens capture, dompte et emprisonne dans ses réseaux l'angoisse infinie de l'alternance perpétuelle. Si l'on se replace un instant dans une perspective métapsychologique, le fonctionnement du mythe rappelle celui de l'ambivalence originaire, véritable moteur pulsionnel de la vie psychique, ambivalence qui, dans le devenir individuel, ne peut se lier que par l'inscription du sujet dans une histoire, c'est-à-dire *in fine* un récit [6].

Dans les élaborations qui vont suivre, je vais rechercher les différentes structures mythiques dans lesquelles s'inscrit le mythème « un fils s'accouple à sa mère ». Je me cantonnerai ici spécifiquement à la mythologie grecque telle qu'elle a pu être reconstituée par les mythologues modernes. Je tiendrai compte du prologue et de l'épilogue de ce mythème et les traiterai à leur tour comme des mythèmes à part entière. Le prologue – par exemple, dans le cas d'Œdipe : la malédiction attachée à Laïos, le père d'Œdipe. L'épilogue – par exemple, dans le cas d'Œdipe : son auto-aveuglement et le suicide de Jocaste.

Mon ambition est d'établir un parallèle entre les différentes structures mythiques admettant le mythème « un fils s'accouple à sa mère » et d'éventuelles structures psychiques ou psychopathologiques qui leur correspondraient. Si j'y parviens, j'estimerai avoir démontré l'utilité de la mythologie en clinique.

Enfin, je considérerai comme prouvée, quoique l'auteur

---

6. Je pense que ce qu'en psychanalyse on appelle « complexe d'Œdipe » peut se ramener en dernière analyse à la possibilité pour le sujet de recourir au récit pour lier l'ambivalence. On peut d'ailleurs parfaitement repérer l'accession des enfants à ce mécanisme spécifique de liaison à leur capacité à écouter et à prendre plaisir au récit – par exemple, celui d'un conte.

même s'en défende, la présentant comme une simple hypothèse, la proposition de Lévi-Strauss selon laquelle l'antagonisme essentiel, noyau du mythe d'Œdipe, serait la question : Un naît-il de deux ou bien d'un seul ?

J'ai retrouvé dans la mythologie grecque huit mythes dans lesquels se développe le mythème « un fils s'accouple à sa mère ». Tentons de les mettre en forme :

• *Œdipe*

Prologue : Pélops maudit Laïos pour avoir séduit son fils Chrysippos. La conséquence de cette malédiction sera que le propre fils de Laïos tuera son père et s'accouplera à sa mère. Œdipe tue la Sphynx, se fait offrir Jocaste comme épouse et devient roi. (Homosexualité, victoire sur le monstre, prise de pouvoir.)

Rationalisations : Méconnaissance de la mère et du fils.

Épilogue : L'inceste est fécond. Œdipe et Jocaste ont quatre enfants. La peste – la souillure – s'abat sur la ville de Thèbes. Jocaste se suicide par pendaison. Œdipe s'aveugle lui-même. Il meurt finalement, englouti par la terre, dans le bourg de Colone [7]. (Fécondité, suicide, souillure, auto-aveuglement, engloutissement dans la terre.)

• *Ouranos*

Prologue : Sans l'aide d'aucun élément mâle, Gaïa, la terre, engendre Ouranos, le ciel, et s'unit avec lui. Détestant ses propres enfants, probablement par jalousie, Ouranos les contraint à rester ensevelis dans les profondeurs de leur mère, la terre. (Naissance parthénogénétique du fils ; désir de monopoliser le pouvoir.)

---

7. Homère, *Odyssée,* XI, 271 et suiv. ; Hérodote, l'*Enquête,* V, 59 ; Eschyle, *Les Sept contre Thèbes,* 745 et suiv. ; Sophocle, *Œdipe-Roi, Œdipe à Colone, passim.*

Rationalisations : Aux commencements, l'inceste est obligatoire.

Épilogue : Son plus jeune fils, Cronos, incité puis aidé par sa mère, châtre son père avec une faucille et usurpe la royauté divine [8]. (Inceste fécond, castration.)

• *Attis*

Prologue : Au cours d'un rêve, Zeus éjacule. De sa semence tombée sur la terre naît Agdistis, monstre hermaphrodite. Jaloux de sa complétude, les autres dieux le châtrent. De son membre tombé au sol, pousse un amandier. La nymphe Nana introduit une amande en son sein et devient enceinte. Elle met au monde Attis qu'elle expose. Devenu un jeune homme de grande beauté, Attis inspire une passion amoureuse à sa « mère-père » : Agdistis. (Hermaphrodisme, castration, copulation avec un minéral, copulation avec un végétal.)

Rationalisations : Il y a un tel brouillage de la filiation et de la distinction des sexes qu'il devient difficile de percevoir qu'Agdistis est la mère d'Attis (il est né de sa chair). (Brouillage de la filiation et de la différence des sexes ; confusion créée par la beauté d'Attis.)

Épilogue : Effrayés par l'amour d'Agdistis, ses parents adoptifs envoient Attis à Pessinonte pour épouser la fille du roi. Mais Agdistis paraît au mariage. Sa seule présence rend Attis fou. Dans son délire, il s'émascule. Agdistis enterre le cadavre et fonde une confrérie de prêtres eunuques en hommage à Attis [9]. (Autocastration, fondation d'une confrérie de prêtres eunuques.)

---

8. Hésiode, *Théogonie*, 116 et suiv. ; Apollodore, *Bibliothèque*, I, 1 et suiv.

9. Pausanias, *Description de la Grèce,* VII, 17, 9 et suiv. ; Arnobe, *Adversus nationes,* V, 5, 12 et suiv.

• *Calydon*

Prologue : Revenant de Sicyone après un long voyage, Thestion trouve son fils, Calydon, couché auprès de sa mère. Il s'imagine qu'ils commettent un inceste. (Absence du père.)

Rationalisations : C'est dans la seule imagination du père qu'est commis l'inceste.

Épilogue : Thestion tue la mère et le fils. Puis, ayant reconnu son « erreur », se jette dans une rivière qui porte depuis son nom [10]. (Meurtre de la mère et du fils, engloutissement dans le fleuve.)

• *Aegypios*

Prologue : Aegypios tombe amoureux d'une veuve, Timandré. Il la séduit et lui rend de nombreuses visites nocturnes pour s'unir à elle. Néophron, le fils de Timandré, du même âge qu'Aegypios, prend mal cette liaison. Pour se venger, Néophron séduit Boulis, la mère d'Aegypios, la conduit chez lui et en fait sa maîtresse. Un jour, après avoir éloigné sa mère Timandré, il invite Boulis puis quitte la maison en promettant de revenir aussitôt. Aegypios vient comme à son habitude et s'unit à sa propre mère en croyant qu'il s'agit de Timandré. (Jalousie entre pairs, désir amoureux transgénérationnel.)

Rationalisations : Méconnaissance de la mère et du fils abusés.

Épilogue : Après l'accouplement, Boulis reconnaît son propre fils. Saisissant son épée, elle veut lui arracher les yeux et se donner la mort [11]. Pris de pitié, Zeus les métamorphose tous en oiseaux [12]. (Suicide de la mère, aveuglement du fils, métamorphoses animales.)

---

10. Pseudo-Plutarque, *Fluvius,* 22, 1 et 4.
11. Certainement une référence au récit œdipien.
12. Antoninus Liberalis, *Métamorphoses,* 5.

- *Gangès*

Prologue : Pris d'ivresse, Gangès s'unit avec sa mère. (Désir incestueux du fils.)

Rationalisations : Méconnaissance provoquée par l'ivresse. (Ébriété.)

Épilogue : À son réveil, désespéré par son acte, il se jette dans le fleuve qui depuis porte son nom [13]. (Engloutissement dans le fleuve.)

- *Les fils de Halia*

Prologue : Halia, unie à Poséidon, engendre six fils et une fille. Frappés de folie par Aphrodite, les six fils tentent de violer leur mère. (Désir incestueux des fils.)

Rationalisations : Folie érotique.

Épilogue : Poséidon, d'un coup de son trident, les engloutit dans la terre [14]. (Engloutissement dans la terre.)

- *Tanaïs*

Prologue : Fils de Berosos et de l'Amazone Lysippé, Tanaïs, comme tous les enfants d'Amazone [15], déteste les femmes et n'aime que la guerre. Pour le punir, Aphrodite lui inspire un amour incestueux pour sa mère. (Absence de libido hétérosexuelle, désir incestueux du fils.)

Rationalisations : Folie érotique.

Épilogue : Pour échapper à son propre désir, Tanaïs se jette dans le fleuve Amazone (sa mère ?) qui porte depuis son nom [16]. (Engloutissement dans le fleuve.)

*Propositions pour une analyse mythologique*

Dressons maintenant un tableau regroupant cette série paradigmatique. Partons du postulat selon lequel tous ces

---

13. Pseudo-Plutarque, *op. cit.*, 4.
14. Diodore de Sicile, *Bibliothèque historique,* V, 55.
15. Cf. par exemple pour Hippolyte, Euripide, *Hippolyte, passim.*
16. Hyginus, *Fables,* 6.

| | Œdipe | Ouranos | Attis | Calydon | Aegypios | Gangès | Halia | Tanaïs |
|---|---|---|---|---|---|---|---|---|
| **Prologue** | Homosexualité.<br><br>Victoire sur le monstre.<br><br>Prise du pouvoir. | Naissance parthénogénétique du fils.<br><br>Désir de monopoliser le pouvoir. | Copulation avec un minéral.<br><br>Hermaphrodisme.<br><br>Castration.<br><br>Copulation avec un végétal. | Absence du père. | Jalousie entre pairs.<br><br>Désir amoureux transgénérationnel. | Désir incestueux du fils. | Désir incestueux du fils. | Absence de libido hétérosexuelle. |
| **Rationalisations** | Méconnaissance de la mère et du fils. | Au début l'inceste. | Brouillage de la filiation et de la différence des sexes. Beauté d'Attis. | C'est dans la seule imagination du père que se commet l'inceste. | Méconnaissance de la mère et du fils. | Ébriété. | Folie érotique. | Folie érotique. |
| **Épilogue** | Inceste fécond : quatre enfants. Souillure : la peste. Suicide de la mère. Auto-aveuglement du fils. Engloutissement dans la terre. | Inceste fécond. | Auto-castration du fils. Fondation d'une confrérie de prêtres eunuques. | Meurtre de la mère et du fils. Engloutissement dans le fleuve. | Suicide de la mère. Aveuglement du fils. Métamorphoses animales. | Engloutissement dans le fleuve. | Engloutissement dans la terre. | Engloutissement dans le fleuve. |

mythèmes sont une suite de variations à partir de la même série paradigmatique et regroupons tous les prologues sans nous soucier de la variante dans laquelle ils ont été recueillis ; opérons de même pour les rationalisations et les épilogues. Cherchons s'il existe une logique permettant d'organiser ces séries disparates. Il devient manifeste qu'il existe trois groupes de prologues structurés selon la même logique, trois groupes de rationalisations et trois groupes d'épilogues.

*Prologues*

Groupe A : Victoire sur le monstre, désir de monopoliser le pouvoir, absence du père, jalousie du père à l'égard du fils. Ce groupe est structuré selon une logique que l'on pourrait formuler ainsi : un cadet prend le pouvoir sur l'aîné. Le mythème « victoire sur le monstre » pose un problème spécifique que nous résoudrons provisoirement en remarquant que le monstre est une sorte d'aîné puisqu'il est généralement un personnage hérité des temps archaïques.

Groupe B : Ce groupe ne comprend que deux mythèmes : désir transgénérationnel, désir incestueux du fils, que nous pouvons organiser selon une logique plus générale : traversée des catégories.

Groupe C : Ce groupe renferme sept mythèmes : homosexualité, naissance parthénogénétique du fils, hermaphrodisme, castration, copulation avec un minéral, copulation avec un végétal, absence de libido hétérosexuelle. La cohérence de ce regroupement est évidemment donnée par la notion d'annulation de la différence des sexes.

*Rationalisations*

Nous retrouvons à nouveau trois groupes dans la série des rationalisations :

Groupe A : Méconnaissance, inceste imaginaire. Ce groupe peut être caractérisé par la notion de « mentalisation », car il introduit le fonctionnement de l'esprit dans son état normal.

Groupe B : Ébriété, folie. Ce groupe est évidemment caractérisé par la mise en avant « d'états seconds » qui autorisent l'apparition d'une « seconde personnalité ».

Groupe C : Brouillage de la filiation, beauté du fils, débuts du monde. Ce groupe renvoie manifestement au brouillage des différences, soit que les raisons invoquées fassent appel au chaos originaire, soit du fait d'un brouillage « délibéré » de la différence des sexes et du système de filiation.

*Épilogues*

À nouveau, pour les épilogues, nous retrouvons trois groupes.

Groupe A : Fécondité, souillure, suicide, meurtre. Ce groupe renvoie à l'opposition vie/mort, soit qu'il fasse entrer en jeu l'opposition fécondité/stérilité, soit l'opposition suicide/meurtre.

Groupe B : Aveuglement, engloutissement dans l'univers aquatique, engloutissement dans l'univers chtonien, métamorphoses animales. Ce groupe renvoie à la notion de passage dans un autre monde : le monde des ténèbres (et de la voyance), le monde aquatique, le monde chtonien, le monde animal, autant de « mondes » habituellement interdits à l'homme du commun.

Groupe C : Castration, fondation d'une confrérie de prêtres eunuques. Bien évidemment, ce groupe renvoie à nouveau à l'annulation de la différence des sexes.

Ce n'est pas sans raison que j'ai regroupé les mythèmes sous la même majuscule à travers l'analyse de mes trois catégories.

Considérons d'abord le groupe B (car il est le plus cohérent).

| | Prologue | Rationalisation | Épilogue |
|---|---|---|---|
| Groupe B | Traversée des catégories | États seconds | Passage à l'autre monde |

Ce groupe possède une cohérence manifeste. Il semble véhiculer la logique suivante : il existe bien des catégories distinctes, mais il est possible d'en traverser les frontières : passage d'un état psychique à un autre, d'un monde à un autre, etc.

De même, pour le groupe C, nous retrouvons une cohérence explicite :

| | Prologue | Rationalisation | Épilogue |
|---|---|---|---|
| Groupe C | Annulation de la différence des sexes | Brouillage des différences | Annulation de la différence des sexes |

Si nous admettons que le problème posé reste celui de la différence, des oppositions irréductibles, le groupe C tente de le résoudre en le supprimant : tentatives d'annuler la différence des sexes ou au moins d'en brouiller les limites.

Il doit exister une cohérence de même niveau pour le groupe A, quoiqu'elle ne soit pas immédiatement perceptible :

| | Prologue | Rationalisation | Épilogue |
|---|---|---|---|
| Groupe A | Un cadet prend le pouvoir sur l'aîné | Mentalisation | Opposition vie/mort |

Si l'on continue d'admettre que la question posée est celle de la différence, le groupe A semble résoudre le problème par un mécanisme que l'on pourrait désigner par le terme de *glissement* (déplacement).

En effet, le cadet prend le pouvoir sur l'aîné, mais devient de ce fait un aîné susceptible d'être à son tour renversé par un cadet ; et ainsi de suite.

Dans la deuxième case, la problématique glisse de

l'univers matériel à l'univers psychique. Enfin, la troisième case renvoie à la succession des générations, autre représentation possible du glissement.

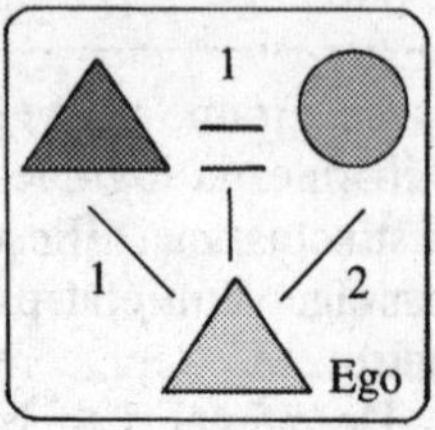


Nous nous trouvons maintenant en possession de toutes les pièces du puzzle. Posons d'abord clairement la question à laquelle ces mythes tentent d'apporter une réponse. Il s'agit bien sûr, comme l'avait perçu Freud, de l'énigme de la naissance. Soit l'équation de base : Ego, fils d'un père et d'une mère.

Entre Ego et son père, il existe une différence de niveau 1 : différence de génération ; entre le père et la mère d'Ego, il existe également une différence de niveau 1 : différence des sexes. Mais entre Ego et sa mère, il existe une différence de niveau 2 : à la fois de génération et de sexe. L'équation de base résiderait donc en ceci : comment réduire la différence de niveau 2 à une différence de niveau 1 et équilibrer de ce fait la structure triangulaire ? En discutant la méthodologie, nous avons vu que le mythe n'apporte pas réellement une réponse mais crée des oppositions qui engendrent les pôles dynamiques à l'origine de la création de récits.

Le groupe A, que nous retrouvons dans les trois séries classées plus haut, correspond à la solution proposée par Lévi-Strauss d'après laquelle la dynamique du mythe d'Œdipe consisterait à opposer la filiation humaine au rapport d'un Grec à sa patrie – étant entendu que, pour les Grecs anciens, les premiers hommes seraient nés de la terre (« à propos de la génération des hommes et des quadrupèdes, *si l'on admettait qu'ils sont nés un jour de la terre,* comme certains l'affirment [16] »).

---

16. Aristote, *Génération des animaux,* III, 762b et aussi Platon, *Politique,* 269b.

Dans ce groupe, l'opposition dynamique pourrait être formulée ainsi : un Grec est-il grec en naissant d'un couple grec ou bien en surgissant de la terre grecque ? Est-ce le même qui donne le même en ligne directe (le grec produit le grec) ou bien l'association de deux éléments dissemblables (pour fabriquer un homme, il faut l'association d'un homme et d'une femme) ? La dynamique de réponses se structure bien autour d'un mécanisme de déplacement qui fait glisser l'accent du sexuel au politique. En effet, si l'on pose la question de la génération humaine, on reste dans le domaine sexuel, alors que si l'on pose la question de l'appartenance à la terre grecque, on a glissé vers le politique. C'est pourquoi j'appellerai ce groupe de solutions *le conquérant,* allant d'ailleurs dans le sens de Marie Delcourt (1944) qui voit dans le mythe d'Œdipe une légende condensant une série de rituels d'accès au pouvoir politique [17].

Le groupe B demandera un développement un peu plus important avant d'aboutir à des solutions significatives. Nous partirons de l'un des mythèmes d'Œdipe. Dans la version de Sophocle, après avoir pris conscience de son acte incestueux, Œdipe s'aveugle lui-même. Les psychanalystes interprètent généralement cet auto-aveuglement comme une auto-castration et attribuent le déguisement de la punition « originelle » à un mécanisme de déplacement [18]. Je ne vois aucune raison acceptable de penser qu'un mythe aurait besoin de déguiser (de « refouler ») des contenus. C'est pourquoi je m'interrogerai sur l'auto-aveuglement comme mythème à part entière et ne partirai

---

17. Rappelons pour mémoire que Freud, l'inventeur du complexe d'Œdipe, dans son adolescence, se destinait à une carrière politique et que son environnement intellectuel et culturel était surtout préoccupé de problèmes politiques (Schorske, 1977). En revenant à la question sexuelle, Freud aurait donc accompli le glissement à rebours.

18. G. Devereux (1973).

à la recherche d'aucun mythème prétendument « originaire ». Dans la mythologie grecque, nous trouvons au moins une quinzaine d'aveuglements et d'auto-aveuglements dont près d'une dizaine sont à mon sens unis par un fil conducteur.

D'abord, nous pouvons considérer qu'en s'auto-aveuglant Œdipe rejoint la cécité de Tirésias, également présent dans le récit de Sophocle. Or deux légendes expliquent la cécité de Tirésias. Dans la première, le jeune Tirésias, se promenant sur le mont Cithéron, voit deux serpents en train de s'accoupler. De son bâton, il les sépare, ou bien les blesse, ou encore tue le serpent femelle. Toujours est-il qu'instantanément il est métamorphosé en femme. Sept ans plus tard, Tirésias, devenu femme, passe au même endroit et rencontre à nouveau un couple de serpents. Il intervient comme la première fois et recouvre son sexe originaire. Un jour que Zeus et Héra se disputent pour savoir qui, de l'homme ou de la femme, ressent le plus de plaisir durant l'acte amoureux, ils décident de s'en remettre à l'avis de Tirésias qui, seul des mortels et des dieux, a connu les deux conditions. Tirésias répond que s'il y a dix parts en amour, neuf reviennent à la femme et une seule à l'homme. Alors, Héra, furieuse d'entendre révéler le secret des femmes, frappe Tirésias de cécité. En compensation, Zeus lui octroie le pouvoir de prophétiser [19].

Dans la seconde légende, Tirésias est le fils de la nymphe Chariclo qui fait partie de la suite d'Athéna. Alors qu'il est en train de chasser, il surprend Athéna au bain. Furieuse, la déesse l'aveugle. Chariclo intervient auprès d'Athéna qui ne veut pas revenir sur la punition

---

19. Homère, *l'Odyssée,* X, 487 et suiv., XI, 84 et suiv., XXIII, 323 ; Sophocle, *Œdipe-Roi, passim* ; Apollodore, *Bibliothèque,* II, 4, 8 ; Hyginus, *Fables,* 67-68.

qu'elle a administrée au jeune homme mais qui, pour le dédommager, accorde à Tirésias le don de prophétie.

Anchise s'accouple avec Aphrodite et a un enfant de la déesse qui lui interdit de révéler ce fait à quiconque. Mais un jour qu'Anchise a trop bu, il se glorifie de ses amours divines. Dans certaines versions, Zeus le foudroie, dans d'autres, il le rend boiteux, dans d'autres enfin, il l'aveugle [20].

De même Erymanthos est-il aveuglé par Aphrodite pour l'avoir surprise au bain après son accouplement avec Adonis [21].

Ilos est rendu aveugle pour avoir contemplé la statue secrète d'Athéna alors qu'il voulait la sauver d'un incendie qui ravageait son temple [22].

Le poète Stésichore est aveuglé pour avoir révélé des secrets sur Hélène que d'aucuns prétendaient calomnies. Acceptant de se rétracter, il recouvre la vue [23], etc.

Tous ces mythèmes concernant l'aveuglement s'organisent autour de l'idée que s'il est possible d'acquérir la connaissance des secrets de l'autre monde (le monde intra-utérin, l'énigme pour un homme de la jouissance féminine, la nature du sexe d'une déesse), c'est d'en faire état au commun qui mérite l'aveuglement. L'histoire de l'auto-aveuglement d'Œdipe est construite selon la même logique : Œdipe peut durant longtemps poursuivre son commerce sexuel avec sa mère, c'est lorsque la nature de cette union incestueuse est connue qu'il est contraint de s'aveugler. Il ressort ainsi que c'est la connaissance simultanée de deux mondes opposés qui est interdite. Or

---

20. Homère, *Hymne à Aphrodite ; Iliade,* XX, 329 ; Hyginus, *Fables,* 270.
21. Ptolémée Hephaestion, *Novae Historiae,* I.
22. Apollodore, *Bibliothèque,* III, 12, 2 ; Homère, *Iliade,* XX, 215 et suiv.
23. Pausanias, *Description de la Grèce,* III, 19, 11-13.

cette simultanéité paradoxale de la connaissance, Œdipe l'a connue dans cette expérience singulière que décrit Sophocle : « On verra qu'il est père et frère de ses fils, qu'il est le fils et le mari de la femme dont il est né, qu'il a la femme de son père [24]. »

Or trois parents éloignés d'Œdipe – Actéon, Penthée et Dionysos – ont connu une situation comparable : celle de participer simultanément de deux mondes hétérogènes.

Artémis se baigne nue dans une source. Actéon la surprend. Ovide raconte que la déesse lui adresse alors les paroles suivantes : « Et maintenant, libre à toi d'aller raconter, si tu le peux, que tu m'as vue sans voile [25]. » Elle le transforme *ipso facto* en cerf, ensuite dévoré par ses propres chiens. Ainsi, c'est bien pour qu'il ne puisse restituer dans le monde habituel ce qu'il a perçu dans le monde divin qu'Actéon est lacéré par ses propres chiens.

Son cousin, Penthée, roi de Thèbes, veut voir les excès commis par les Bacchantes sans pour autant accepter le changement d'état qu'implique la participation au culte (transe [26]). Il *veut y être sans en être.* Suivant les conseils de Dionysos, il se cache dans un pin. Mais les Ménades l'aperçoivent et, voyant en lui un lionceau, se précipitent et le lacèrent [27].

Le troisième cousin, Dionysos (le dieu deux fois né), est passé du ventre de sa mère à la cuisse de son père. Nous pouvons aisément lire dans ce passage le modèle d'un rite d'initiation du jeune garçon consistant à quitter le « monde des femmes » pour rejoindre le « monde des

---

24. Sophocle, *Œdipe-Roi,* 457-459.
25. Ovide, *Métamorphoses,* III, 191 (souligné par moi).
26. Pour ce qui concerne les changements d'état et même de « nature » dans les techniques thérapeutiques traditionnelles, voir T. Nathan, *Le Sperme du Diable* (1988).
27. Euripide, *Bacchantes, passim,* et *Nouvelle revue d'ethnopsychiatrie,* n° 1 : *Dionysos.*

hommes » sans emporter aucun souvenir de sa première existence. Sans doute devra-t-il également changer de nom à cette occasion [28].

Après cette longue digression dans la parentèle d'Œdipe, nous arrivons à la conclusion que l'aveuglement est en corrélation avec une série de mythèmes qui renvoient à la notion de passage d'une catégorie à son opposé : passage du voir au dire, du monde des femmes au monde des hommes, du ventre de la mère à l'air libre, etc. Ces différentes sortes de passage se rattachent au modèle de l'initiation lors d'un « rite de passage » ou bien à celui de l'initiation au prophétisme. Rappelons pour mémoire qu'aujourd'hui encore, en Afrique, le don de voyance est systématiquement rattaché à la cécité [29].

Si la différence est bien la question posée dans notre mythème de départ, le groupe B y répond en l'opposant à la génération par métamorphoses qu'Aristote décrivait ainsi : « d'autres (animaux) s'accouplent et engendrent : cependant, ils ne produisent pas des êtres semblables à eux mais des larves, et ils naissent non pas d'animaux mais de matières liquides ou solides en putréfaction, par exemple les puces, les mouches, les cantharides [30] ».

Ainsi, dans la façon dont la pensée grecque envisageait la « génération spontanée », nous trouvons le modèle même du passage d'une catégorie à son opposée : du minéral à l'animal, de l'insecte parfait à la larve.

Dans ce type de pensée, l'accent est mis sur l'état intermédiaire qui autorise la transgression de la frontière entre catégories opposées : la putréfaction ou, comme

---

28. Cf. Bourlet (1983). Notons également que lacérations, démantèlements, désarticulations sont légion dans la légende de Dionysos. On pourrait penser qu'ils font référence aux sensations éprouvées par le bébé au moment de sa naissance.

29. Par exemple : E. de Rosny, *Les Yeux de ma chèvre* (1981).

30. Aristote, *Génération des animaux,* I, 16, 721a.

l'appelle Aristote, la corruption. Dans cette logique, la « transe », état intermédiaire par excellence, est équivalente à la putréfaction ou corruption qui permet le passage d'un état à l'autre.

Ainsi le groupe B oppose-t-il la différence de niveau 2 qui est l'énigme de départ (un homme naît-il d'un couple hétérogène ?) à la naissance par métamorphose (ou bien naît-il comme les puces, les mouches et les cantharides de la corruption d'un seul élément différent de lui ?) – différence de niveau 1. J'appellerai ce groupe *le prophète* à cause de sa parenté de structure avec nombre de mythèmes de la légende dionysiaque.

Nous n'entrerons pas dans de longs développements pour le groupe C car, pour ce qui nous occupe, la solution paraît simple. Ce groupe de mythèmes oppose l'énigme de départ à la fécondation des végétaux ainsi décrite par Aristote : « Et les animaux ressemblent absolument à des plantes divisées : c'est comme si, lorsque les végétaux portent leurs graines, on les partageait de façon à isoler le mâle et la femelle qu'elles contiennent. La nature organise tout cela selon un plan logique. Car l'essence des végétaux n'a d'autre fonction ni d'autre activité que de produire de la semence : ainsi comme cette production a lieu par l'union de la femelle et du mâle, la nature les a mêlés et placés ensemble [31]. »

Le groupe C répond donc à l'énigme initiale en l'opposant à la génération des végétaux où le même naît du même car le second contient en lui les deux principes opposés (hermaphrodisme). Pour obtenir un animal à partir d'un végétal, il suffit simplement de séparer le principe mâle du principe femelle, tous deux mêlés dans le végétal.

Ici, l'opposition pourrait être formulée ainsi : un

---

31. *Ibid.*, I, 23, 731a.

homme naît-il d'un couple hétérogène (différence de niveau 2) ou de la séparation des deux principes contenus dans son ascendant hermaphrodite (différence de niveau 1) ? Dans ce cas, la castration serait le processus même de l'enfantement.

Nous appellerons ce groupe de mythèmes *le fanatique* à cause de sa parenté structurale avec le mythe d'Attis-Agdistis où s'origine la fondation de sectes d'eunuques dont le but est de gommer la différence des sexes et de voguer en commun dans l'illusion hermaphrodite [32].

Pour plus de clarté, regroupons maintenant les trois solutions dans un tableau :

| **Énigme** | **Le conquérant** | **Le prophète** | **Le fanatique** |
|---|---|---|---|
| Un homme naît-il d'un couple hétérogène ? | ou de la terre même comme un Grec de la terre grecque ? | ou par métamorphose à partir de la corruption d'un autre élément comme les mouches, les puces et les cantharides ? | ou de la séparation des deux principes contenus dans un ascendant hermaphrodite, comme un végétal ? |
| **Processus** | Glissement (déplacement) | Métamorphose | Castration |
| **Oppositions dynamiques** | Sexualité/politique | Génération humaine/génération spontanée | Sexualité des quadrupèdes/sexualité des végétaux |

32. Mécanismes que certains ont postulé à l'origine de la production d'idéologies (Kaës, 1980).

## *Hypothèses cliniques*

Le mythème « un fils s'accouple à sa mère » trouve à s'inscrire dans trois structures de récit bien distinctes : le conquérant, le prophète et le fanatique.

Le conquérant correspond à la structure œdipienne telle qu'elle est classiquement décrite dans la littérature psychanalytique. La logique intrinsèque de cette structure est celle d'un glissement progressif – une dérive – le long d'une série de déplacements conduisant toujours à la conquête d'une plus grande partie de l'univers social ; par exemple, de la mère à la sœur, de la sœur à la cousine, de la cousine à n'importe quelle femme, ou encore de la mère au couple parental, du couple parental au groupe familial élargi, du groupe familial au groupe social. L'aboutissement de ce type de récits est toujours une *prise de pouvoir.* Cette structure est celle que l'on retrouve généralement dans la névrose occidentale ; sa forme la plus achevée ressort lorsque l'on mène l'analyse de pathologies de type phobo-obsessionnel.

Le prophète tend asymptotiquement vers la maîtrise simultanée de deux mondes opposés tels que le masculin et le féminin, le monde des hommes et le monde des esprits, ou encore le voir et le dire. La logique sous-jacente est celle du changement d'état, de la *métamorphose.* Par là même, les récits aboutissent toujours à la connaissance de ce qui est caché au commun. Cette structure explore par conséquent les états de conscience modifiée, soit par la transe ou le délire, soit par l'alcool ou d'autres psychotropes. Cette structure est celle que l'on retrouve dans les désordres psychiques les plus fréquents dans les sociétés traditionnelles et plus particulièrement dans les bouffées délirantes.

Le fanatique souhaite transformer les dualités en un tout. Il s'agit d'un moniste invétéré. Il procède par fusion des contraires et par castration des hermaphrodites. Ainsi devient-il l'homme d'une seule théorie, d'une seule vérité qu'il tend à imposer à son partenaire. Les récits développés au sein d'une telle structure aboutissent à la production de groupes d'identiques. La dynamique de ces récits laisse apparaître des processus d'illusion et de communion. C'est la structure que l'on retrouve dans les désordres contemporains, plus particulièrement chez les jeunes adultes qui adoptent des symptômes « idéologiques ou sectaires » de nature mystique, politique ou toxicomaniaque [33].

Équipés de ce nouvel outillage d'origine mythologique, je pense que le clinicien abordera avec moins d'appréhension – et par conséquent aura moins tendance à rejeter – ces pathologies modernes, si peu « œdipiennes » et pourtant ni dissociées ni autistiques.

---

33. Voir T. Nathan, *Sexualité idéologique et névrose* (1977) ; B. Chouvier, « Moon, Mao et moi » (1987) ; D. Gautiez, « Traumatisme du non-sens et distorsion du langage » (1987).

## *Chapitre II*

# Narcisse
### À travers le miroir

C'est d'abord un problème épistémologique qui a attiré mon attention sur la notion de double. En effet, celui qui se préoccupe d'établir une théorie ethnospychanalytique cohérente est nécessairement conduit à s'interroger sur la manière de penser un double point de vue sur un même fait [1]. Lorsqu'il s'agit de psychopathologie, ce problème est tout simplement crucial. En voici un exemple.

*Premier point de vue.* Voici une jeune patiente âgée d'une vingtaine d'années. Elle est quasiment paralysée des quatre membres, se plaint de migraines lancinantes et d'une douleur au sein gauche. Au premier entretien, nous apprenons, sans qu'il soit nécessaire de l'interroger beaucoup, qu'elle se fait vomir après chaque repas. Elle est très maigre et souffre de dysménorrhée depuis la puberté.

*Deuxième point de vue.* Cette patiente est guadeloupéenne. Atteinte depuis l'âge de douze ans, sa maladie a toujours été interprétée par sa famille comme la consé-

---

1. G. Devereux, *Ethnopsychanalyse complémentaire* (1970) et *De l'angoisse à la méthode dans les sciences du comportement* (1980).

quence de l'attaque d'une vieille femme maléfique (une sorcière) à l'origine dirigée contre la mère de la patiente. Étant le maillon le plus faible, c'est la fille qui présenta les symptômes et non la mère. Aux Antilles, elle a reçu plusieurs sortes de soins. Les médecins généralistes lui ont administré plusieurs types de chimiothérapie. Les psychiatres ont tenté des psychothérapies à plusieurs reprises. D'autre part, divers guérisseurs traditionnels ont été consultés : phytothérapeutes, quimboiseurs, désenvoûteurs, etc.

Finalement, la famille a décidé de lui faire « jamber d'lo » (enjamber l'océan) afin d'établir la plus grande distance possible entre le sorcier et sa victime. En France, un premier traitement, d'inspiration évangélique, consistant en application des mains par une sorte de prédicateur, lui apporta un certain soulagement et lui permit notamment de marcher à nouveau, non sans douleur toutefois. Enfin, elle décida d'entreprendre avec moi une psychothérapie d'inspiration psychanalytique.

Essayons une analyse nosographique de cette symptomatologie. La première série de faits relève d'un discours de type psychanalytique, celui qui traite du *dedans,* de l'intériorité psychique. On pourrait ici parler d'hystérie de conversion [2], de logique interne des symptômes, de bénéfices primaires et secondaires de la maladie, etc. Quant à la seconde série de faits, elle relève d'un discours de type anthropologique, qui traite du *dehors.* On pourra alors parler de conception culturelle de la négativité, de l'organisation et même de la codification culturelle du symptôme et de son traitement.

Cependant, comment le psychopathologiste peut-il laisser coexister en lui-même ces deux points de vue qui, bien

---

2. Pour la place particulière de l'hystérie en ethnopsychiatrie, voir T. Nathan, *Le Sperme du diable* (1988).

que complémentaires, sont simultanément incompatibles – étant entendu que s'il n'y parvient pas, il ne pourra établir de lien psychothérapique spécifique ? Ce double, que l'on peut à bon droit désigner *double épistémologique,* renvoie à toute une série de situations psychologiques et psychopathologiques qui, souvent négligées par la théorie psychanalytique, n'en trouvent pas moins une place de choix dans les « théories » psychiatriques des sociétés traditionnelles.

Parmi ces situations de double, la première est naturellement l'interrogation qui jalonne la vie de chaque garçon : « Et si j'étais né fille... » (et réciproquement pour une fille, bien entendu). Ainsi le double de l'autre sexe se retrouve-t-il presque immanquablement dans les cures psychanalytiques au moment où les patients produisent le fantasme de la scène primitive et se demandent quel est le prénom qui leur aurait été attribué s'ils étaient nés de l'autre sexe. Il arrive que ce double soit déposé dans un *compagnon imaginaire* [3], héritier de l'objet transitionnel qui survit parfois à l'adolescence et même jusqu'à l'âge adulte, demeurant nécessaire à l'atteinte de la complétude narcissique. Il arrive aussi que ce double soit le modèle selon lequel s'opère le choix d'objet (« j'aime alors la personne que j'aurais été si j'étais né de l'autre sexe »). Ce jumeau de l'autre sexe, ayant indubitablement eu une certaine existence dans la psyché des parents, ne disparaît jamais totalement. Les Dogons pensent qu'il doit être enterré une première fois, sous forme de placenta, et une seconde fois, à la puberté, sous forme de prépuce ou de clitoris [4]. Nombre de pensées de cultures qui accueillent des phénomènes chamaniques affirment explicitement que

3. R.M. Benson et D.B. Prior, « Quand les amis se volatilisent » (1973).

4. Voir M. Griaule (1948), M. Griaule et G. Dieterlen (1965), et l'analyse de ces informations dans F. Michel-Jones (1978), J.T. Maertens (1984).

le futur chaman, au cours de son initiation, doit rencontrer ce double perdu.

La seconde situation, fort bien décrite par Devereux [5], consiste en l'interrogation sur sa propre jouissance sexuelle. Quiconque tente d'observer son orgasme le fait disparaître de ce fait même. Il est impossible de jouir et de savoir simultanément, car l'orgasme comporte un voilement de la conscience qui rend son auto-observation impossible.

Enfin, la situation psychanalytique, par son organisation, dédouble le sujet car elle induit un fonctionnement psychique de même nature que celui du rêve (régression topique, formelle et temporelle), tout en exigeant de lui une certaine conscience : la possibilité de porter un regard ou un commentaire sur ce rêve artificiel. C'est bien là que réside le caractère fortement paradoxal du « setting » psychanalytique, qui exige de l'analysant qu'il rêve sans dormir afin de pouvoir faire périodiquement retour sur son propre rêve. Ainsi pouvons-nous dire que la psychanalyse dédouble le sujet en deux jumeaux complémentaires : l'un qui produit un rêve artificiel (associations libres) et l'autre qui scrute et commente ce même rêve avec l'aide du psychanalyste (« alliance thérapeutique »).

De ces remarques préliminaires, je conclus que le double doit être considéré comme un opérateur psychique dont le fonctionnement débute très précocement – probablement au moment de l'acquisition du langage, c'est-à-dire dans la seconde moitié de la deuxième année – et qui continue à tenir un rôle capital dans l'appareil psychique tout au long de la vie.

Cet opérateur, dont je m'abstiendrai pour le moment de chercher les équivalents psychanalytiques, sert manifestement à délimiter l'identité du sujet. Cette délimitation,

---

5. G. Devereux, *De l'angoisse à la méthode dans les sciences du comportement* (1980).

quoique appartenant à la sphère cognitive dans une dynamique d'exploration du monde par la pulsion épistémophilique, possède cependant une fonction essentielle dans l'économie affective. Considérons par exemple la pensée culturelle classique selon laquelle chacun posséderait un double appartenant au monde des esprits. Étant entendu qu'une telle pensée est enseignée dès le berceau, véhiculée par les gestes, les contes et les mythes ; qu'elle ne reste pas cantonnée au seul « monde des idées », mais reçoit des confirmations quotidiennes dans les matérialisations d'esprits lors de maladies ou de rituels de possession ; enfin qu'elle est structurée à la manière d'une véritable « métapsychologie » au sens freudien du mot ; nous comprenons aisément qu'elle ne sert pas uniquement à percevoir des espaces culturels, mais à en inscrire quasi corporellement leur discrimination. La discrimination des espaces est obtenue en opposant le sujet à son complémentaire, son double. Le monde des vivants s'arrête là où commence le monde des esprits. Possédant un double dans le monde des esprits, la symétrie ainsi instaurée entre deux représentations du sujet met en scène une frontière, au locus certes imperceptible mais constamment opératoire, qui permet de délimiter deux espaces abstraits et d'en inscrire la distinction dans l'appareil psychique du sujet.

A partir d'une telle définition du double en tant qu'opérateur psychique, nous pouvons déduire la totalité des formes de doubles connus et compléter ainsi la liste qu'O. Rank (1914) avait déjà largement commencé à établir.

La représentation du double apparaît chaque fois qu'il se révèle nécessaire d'établir la frontière du sujet, c'est-à-dire, en dernier ressort, son identité :

*Catégories générales* :

– Dedans/dehors du corps : Le double souffle, âme, chaleur ou sang.

– Perception d'une topographie psychique : le double organe, foie, cœur, diaphragme, pensée, yeux, langue, notions d'homunculus.

– Identité sexuelle : le double de l'autre sexe, placenta, jumeau de l'autre sexe, prépuce, clitoris.

*Catégories plus spécifiques* : nous avons toute la série des doubles constitués par une délimitation des frontières du sujet s'étayant sur les organes des sens :

– Dans le monde visuel : l'image spéculaire qu'il faut distinguer en image dans le monde des eaux ou de l'autre côté du miroir, mais aussi, probablement perçue avant, l'ombre, ainsi que la trace, l'image en creux laissée par le corps sur une surface meuble.

– Dans le monde sonore : l'écho.

– Dans le monde olfactif : sa propre odeur, parfois celle de ses excréments ou de son urine ; ce qui explique le caractère extrêmement tenace de certaines énurésies et encoprésies.

– Dans le monde tactile : toutes les représentations du double-peau, si fréquentes dans les croyances aux morts-vivants [6] et que D. Anzieu a abordées sur le plan psychologique grâce à sa notion de « Moi-peau ».

Je suis personnellement convaincu que tous les doubles connus dans les mythologies, dans la littérature ou en psychopathologie, peuvent se ramener, après analyse, à ces formes simples de double ; mais ce point reste encore à démontrer.

Tant que la frontière mise en place par l'opérateur « double » reste fonctionnelle, le double est perçu comme symétrique, appartenant à l'autre sexe ou à l'autre monde, en tout cas à un *autre* univers. Mais si la « frontière est

---

6. A. Charles-Nicolas et O. Boitard, « Le Dorliss. Rêve et délire à la Martinique » (1979).

brouillée », si la « peau est trouée [7] », le double est vertigineusement perçu comme identique. Le sujet se sent alors brutalement expulsé hors de son monde et projeté dans le monde symétrique – de l'autre côté du miroir, dans le monde de la folie ou de la mort.

Le thème du double, tel qu'il a été traité dans la littérature du XIX^e siècle [8] ou dans la littérature contemporaine de science-fiction, est toujours un développement de la notion de double identique. Là, le sujet affronté à son double est inexorablement conduit à la mort ou la folie. Au contraire, dans les mythologies traditionnelles qui assurent un soutien à la structuration psychologique du sujet, il s'agit le plus souvent d'un *double symétrique* dont la rencontre a plutôt valeur d'initiation.

### *La transgression du tabou narcissique*

Parlons franchement ! Lorsqu'un patient me fait part de son souhait d'entreprendre une psychanalyse, moi j'entends qu'il veut commettre l'inceste. Auparavant, d'autres certainement ont tenté de l'en dissuader. Peut-être l'ont-ils menacé (« ça rend fou ! ») ou simplement prévenu (« ça ne finit jamais ») ou encore raisonné (« ce n'est pas pour toi, c'est pour les riches, les artistes, les bizarres »)... Mais il est décidé, n'est-ce pas ? Et à l'issue de son analyse, lorsque les choses se sont déroulées de manière à peu près satisfaisantes, il s'en va avec la profonde et trouble sensation qu'il l'a obtenu, son inceste. Pourtant, s'il lui est arrivé d'évoquer des fantasmes incestueux, ils n'ont pu recevoir de réalisations que bien lointaines et combien symboliques

7. Voir mon commentaire de la légende d'Achille dans *L'Influence qui guérit* (1994).
8. Dostoïevsky, Ibsen, Poe, Wilde, etc.

et, s'il a vécu des émois transférentiels à mon égard, je jure qu'au grand jamais je n'ai mélangé les genres. D'où ce patient tire-t-il donc la conviction qu'il a obtenu ce qu'il souhaitait ? Il me semble que c'est du déroulement même du processus analytique, qui comporte la transgression d'un tabou. Ma thèse est la suivante : le mythe d'Œdipe, qui organise la pratique psychanalytique, comporte deux types de tabou. L'un, bien connu, est celui qui interdit l'accouplement avec la mère et le meurtre du père ; l'autre que, logiquement, je propose de nommer *tabou narcissique*, interdit l'union, la confusion ou simplement la rencontre avec son double symétrique. Je voudrais étayer cette thèse sur des constatations ethnologiques, littéraires, mythologiques et enfin cliniques. Mais avant de commencer, il me faut rappeler que ma démonstration présuppose que l'on conçoive le mythe comme une sorte d'outil logique, une machinerie complexe dont la finalité est de produire du sens. Une fois cette proposition admise, il est facile d'accepter que le mythe d'Œdipe, en tant que « machinerie logique », continue à fonctionner, c'est-à-dire à produire du sens, encore aujourd'hui. La psychanalyse en est un exemple frappant.

Cependant, au sein du discours psychanalytique, œuvre un second mythe : celui de Narcisse. Mais à y regarder de plus près, nous constatons que ces deux mythes sont organiquement imbriqués.

Nous disposons de trois variantes du mythe de Narcisse et d'une multitude de renvois dans d'autres mythes grecs, surtout autour de la notion d'« Eidolon », c'est-à-dire de double ou d'ombre [9].

Dans la première, celle d'Ovide, Narcisse est aimé de la

---

9. Sur la notion de double chez les Grecs, voir J.-P. Vernant, « La catégorie psychologique du double » dans *Mythe et Pensée chez les Grecs.*

nymphe Écho, laquelle, pour avoir aidé Zeus dans ses aventures adultères, a été condamnée par Héra à ne pouvoir que répéter les trois dernières syllabes prononcées par son interlocuteur. Narcisse refuse l'amour d'Écho, qui se réfugie dans la solitude, maigrit, se consume ; bientôt il ne reste plus d'elle qu'un filet de voix gémissante. Les filles délaissées par Narcisse réclament vengeance. Un jour d'été, après une chasse, Narcisse se penche sur une source pour se désaltérer. Il devient amoureux de son propre visage et se laisse mourir d'amour de ne pouvoir le saisir, comme Écho le fit avant lui.

La variante béotienne met en scène un jeune homme amoureux de Narcisse : Ameinas. Ce jeune homme poursuit Narcisse de ses assiduités mais est systématiquement repoussé. Pour finir, Narcisse présente une épée à son prétendant avec laquelle celui-ci se suicide. C'est alors que Narcisse se regarde dans une source, tombe amoureux de son image et se laisse mourir d'amour... comme Ameinas.

Dans la troisième variante, celle de Pausanias, Narcisse a une sœur jumelle qui lui ressemble à s'y méprendre. Les deux jeunes gens, fort beaux tous deux, sont également très épris l'un de l'autre. Un jour meurt la sœur et Narcisse reste inconsolable. Il se regarde dans une source, croit y apercevoir sa jumelle disparue, mais l'image ne dissipe son chagrin qu'un bref moment. Dorénavant, il passera constamment de la douleur du deuil à une brève victoire, toujours à recommencer, à la recherche d'un nouveau miroir.

Quelle que soit la variante, le mythe semble prétendre que Narcisse délaisse ses soupirants [10] ; or, à y regarder de plus près, il n'en est rien. Narcisse s'unit à eux, mais sur le mode de la confusion entre le sujet et l'objet. En effet, Écho est le reflet de la voix de Narcisse dans l'univers

---

10. Ovide, *Métamorphoses,* III, 339-510 ; Nonnos, *Dionysiaques,* 68 ; Pausanias, *Description de la Grèce,* XI, 31.

sonore et Narcisse s'éprendra de son reflet dans l'univers visuel. De plus, de même qu'Écho meurt en se languissant, Narcisse se laissera mourir d'amour. En vérité, Narcisse duplique Écho.

Dans la seconde variante, Ameinas est le reflet de Narcisse dans l'univers sexuel – homosexuel est une redondance en l'occurrence. C'est avec l'épée de Narcisse qu'Ameinas se suicide, tout comme c'est avec le sexe de Narcisse, son symétrique, qu'ils pourraient avoir une relation sexuelle. Narcisse et Ameinas se confondent également dans la mort. Ils ne s'opposent que selon le couple actif/passif.

Dans la dernière variante, Narcisse rencontre tout simplement son double de l'autre sexe et tente de se confondre avec lui dans un constant aller-retour entre mélancolie et victoire contre la dépression.

Envisagées selon ce point de vue, les trois variantes ont un point commun. Elles évoquent, chacune dans un registre spécifique, une tentative d'être simultanément à une place et à son opposé : émetteur et récepteur de sa propre voix, actif et passif, homme et femme et pourtant le même. « Si j'étais une femme et pourtant le même ? » Voilà à mon sens la question que pose Narcisse. Rencontrer, aimer, s'unir ou se confondre avec son double de l'autre sexe – de l'autre monde – sont donc les tabous spécifiques que transgresse Narcisse, ce que, d'ailleurs, il paie de sa vie.

Je voudrais montrer à présent comment ce tabou est inhérent au mythe d'Œdipe et au déroulement de la cure psychanalytique ; j'exposerai chemin faisant quelques expressions cliniques de sa transgression.

Dans les descriptions anthropologiques des vocations de guérisseurs et de chamans, l'initiation comporte souvent la transgression de tabous. Le futur chaman doit transgresser le tabou de l'inceste ; il a parfois des relations sexuelles avec sa mère – le plus souvent en rêve. Mais tout aussi nombreux sont les cas où, durant son initiation, il rencontre son double de l'autre sexe ou de l'autre monde (monde des morts, des esprits, monde des eaux ou monde souterrain, etc.). C'est pourquoi les jumeaux, les travestis, les homosexuels, tous ceux dont la biologie ou la psychologie évoquent une ambiguïté manifeste de l'identité, sont considérés d'emblée [11] soit comme des chamans en puissance, soit comme des sorciers. C'est sans doute aussi pourquoi certains enfants africains qui présenteraient aux yeux d'un médecin occidental des symptômes signant la dépression – retrait, anorexie, faciès douloureux et triste – sont parfois considérés comme des doubles de parents morts. On pense alors qu'ils hésitent entre le monde des morts et celui des vivants. Les Bassa du Cameroun appellent ces enfants *Bet'-singa,* ce qui signifie « marche sur un fil », car ils sont considérés comme des funambules oscillant entre la vie et la mort ; mais aussi parce que leurs pieds ne touchent pas le sol – comme les vivants – et que leur tête, pourtant, n'atteint pas le ciel – comme les morts. Ces enfants sont toujours traités avec ambivalence. Choyés plus que d'autres, car reconnus fragiles, ils sont également réputés posséder le pouvoir de guérir : être des guérisseurs potentiels.

Si, comme nous l'avons vu au chapitre précédent, la transgression du tabou de l'inceste ouvre l'accès au pouvoir [12], la transgression du tabou narcissique, en revanche, autoriserait le savoir de type « ésotérique ». Ce qui était déjà contenu dans l'énoncé des quatre types de folie sacrée décrits par Platon dans le *Phèdre :*

---

11. Voir M. Éliade, *Le Chamanisme et les techniques archaïques de l'extase* (1968) ; G. Devereux, *Essais d'ethnopsychiatrie générale* (1970).

12. Cf. le rêve de César la nuit qui, d'après la tradition, précédait le passage du Rubicon.

> « Mais au contraire, le délire est pour nous la source des plus grands bienfaits quand il est donné par les dieux [13]. »

Le premier, le délire prophétique, donné par Apollon, permet de connaître l'avenir et le présent caché. Le second, le délire télestique, donné par Dionysos, est une psychothérapie, un rituel et aussi une jouissance. Le troisième, le délire poétique, donné par les Muses, est indispensable à la production de la meilleure poésie. Enfin, le dernier, le délire amoureux, est donné par Aphrodite et Éros.

Nous pouvons classer ces délires deux à deux en fonction du pouvoir qu'ils confèrent : délire télestique et amoureux permettent de jouir ; délire prophétique et délire poétique ouvrent l'accès au savoir. Ainsi donc, si la transgression du tabou œdipien ouvre la route du pouvoir (les pharaons sont rois-dieux, car ils commettent l'inceste ; César rêve d'un coït avec sa mère, les interprètes de songes lui prédisent qu'il prendra Rome, etc. [14]), la transgression du tabou narcissique autorise l'accès aux connaissances cachées au commun.

Et de quel prix paie-t-on ces transgressions ? Si la transgression du tabou œdipien est généralement sanctionnée par la castration ou par ses équivalents symboliques – claudication, stérilité, perte de membres ou de fonctions –, il semble que la transgression du tabou narcissique entraîne spécifiquement la cécité.

Il nous faut à présent reconsidérer l'auto-aveuglement d'Œdipe à la lumière des considérations précédentes. Si notre hypothèse est correcte, Œdipe est contraint de s'aveugler car il a rencontré son double. Peut-on étayer une telle proposition ? Reprenons un moment l'argumentation développée au chapitre précédent.

---

13. XII, 244*a, b.* Voir aussi G. Devereux, « La vraie crise initiatique du chaman chez Platon » (1983).

14. Voir surtout M. Delcourt, *Œdipe ou la légende du conquérant* (1944).

| | **Pouvoir** | **Savoir ésotérique** |
|---|---|---|
| **Platon** | Délire télestique<br>Délire amoureux | Délire prophétique<br>Délire poétique |
| **Psychanalyse** | Mythe d'Œdipe | Mythe de Narcisse |

Œdipe se rend aveugle comme Tirésias l'était. Dans la première légende expliquant la cécité de Tirésias, c'est la rencontre avec deux serpents accouplés qui déclenche le début de la métamorphose de Tirésias. Or, au sujet de l'accouplement des serpents, les Grecs savaient fort bien qu'il s'agit d'une véritable tresse dans laquelle on ne peut distinguer le mâle de la femelle. Aristote le décrit ainsi :

> « Si les serpents s'enroulent l'un autour de l'autre, c'est parce qu'ils sont incapables de s'étendre l'un sur l'autre. En effet, la partie par laquelle ils s'unissent est petite et leur corps est trop long : aussi ne s'unissent-ils pas parfaitement. Et comme ils n'ont pas de parties pour se saisir mutuellement, ils y suppléent par la flexibilité de leur corps en s'entrelaçant [15]. »

Ainsi Tirésias est-il confronté à un accouplement d'animaux qui ne possèdent pas de différenciation sexuelle marquée. De plus, la forme qu'ils présentent lors de leur coït est celle d'une tresse indissociable où il est impossible de distinguer le mâle de la femelle. Dans la seconde légende [16], il voit également ce qu'il ne faut pas voir ; ou plus exactement ce dont il ne faut pas faire état : le sexe d'une déesse, vierge de surcroît : Athéna. Tirésias fait donc à plusieurs reprises, et dans le domaine de la vision sexuelle, l'expérience du double.

D'abord, à la vue des serpents, dont il ne peut distinguer le mâle de la femelle sauf à les séparer ou à les blesser.

---

15. *De la génération des animaux,* I, 6.
16. Voir *supra,* chapitre I.

Nous savons d'autre part que le mâle du serpent est muni de deux pénis, appelés hémipénis, qu'il peut utiliser indifféremment selon la position qu'il occupe dans la tresse d'accouplement. Tout comme le serpent mâle, qui possède deux possibilités de pénétrer sa femelle, Tirésias est confronté à deux visions opposées et complémentaires. Comme suite à cette perception, Tirésias se confond avec son double de l'autre sexe.

Ensuite, à la vue de la nudité de la déesse, dont il est interdit de révéler la vérité, ce qui lui vaut sa cécité. Cette deuxième version s'explique par sa comparaison avec la légende d'Anchise.

On se souvient qu'Anchise, après s'être accouplé à Aphrodite, a un enfant d'elle (Énée). La déesse lui interdit de révéler le fait. Mais un jour qu'Anchise a trop bu, il se glorifie de ses amours divines. Dans certaines versions, Zeus le foudroie ; dans d'autres, il le rend boiteux ; dans d'autres enfin, il l'aveugle – mort ou boiteux d'avoir transgressé l'interdit de l'inceste (coït avec une déesse = coït avec la mère [17] ; aveugle d'avoir perçu le secret de l'autre sexe et de l'avoir révélé... comme Tirésias.

Enfin, l'association de la cécité et de la connaissance du caché évoque des pratiques qui auraient eu lieu dans la Grèce antique ainsi que chez les anciens Germains, au cours desquelles l'accession au savoir chamanique était payée de la perte de l'un ou des deux yeux.

Si Œdipe s'aveugle, c'est certainement parce qu'en plus du tabou « œdipien », il a également transgressé le tabou « narcissique », c'est-à-dire qu'il a rencontré son double. Effectivement, nous retrouvons dans la légende d'Œdipe au moins trois situations évoquant la rencontre avec son propre double.

La première est d'une logique enfantine. Elle est évoquée

---

17. G. Devereux, *Femme et Mythe* (1982).

par la phrase de Sophocle : « On verra qu'il est père et frère de ses fils, qu'il est le fils et le mari de la femme dont il est né, qu'il a la femme de son père [18]. » Œdipe peut considérer sa situation selon deux logiques opposées : est-il le père d'Antigone ou son frère ? Ce moment de doute sur la codification du réel évoque le jeu auquel il nous arrive de jouer avec les négatifs des photographies en couleur. Lorsque nous les considérons sous la lumière rasante, il arrive que soudain l'image passe du négatif au positif puis revienne à son premier codage, et ainsi de suite, aussi longtemps que nous y pousse notre fantaisie de dédoublement.

La seconde est l'interrogation d'Œdipe sur la légitimité de sa royauté. Est-il roi de Thèbes car fils de roi (succession patrilinéaire), ou bien roi de Thèbes en épousant la princesse Jocaste (référence à un hypothétique système matriarcal originaire) ?

La dernière situation de double est évoquée par la seconde énigme résolue par Œdipe. Nous savons que la première, formulée de manière ternaire (quatre, puis deux, puis trois pattes), admet l'homme pour réponse. Quant à la seconde, elle lui avait été formulée de la manière suivante :

> « Ce sont deux sœurs dont l'une engendre la seconde et dont la seconde, à son tour, engendre la première. » (Appolodore, *Bibliothèque,* III, 5, 7 et suites...)

Et nous savons qu'Œdipe répondit : « le jour et la nuit » (le mot qui désigne le jour est féminin en grec ; la nuit est donc sœur du jour [19]). La nuit et le jour sont sœurs et s'opposent pourtant radicalement, comme deux univers symétriques qui ne peuvent jamais se recouvrir, comme l'ombre et l'objet, comme l'image de son visage dans la source à Narcisse.

---

18. Sophocle, *Œdipe-Roi,* 457-459.
19. Voir aussi C. Ramnoux, *La Nuit et les enfants de la nuit dans la tradition grecque* (1986).

### *Illustrations cliniques*

Ces univers opposés et pourtant jumeaux doivent rester opposés. Confondre un univers et son symétrique est équivalent à la transgression d'un tabou qui soit initie à la capacité de prophétiser, soit confronte au risque de la folie. L'observation de Quentin illustre parfaitement cette dialectique.

Quentin est âgé de trente-cinq ans. C'est un homme de grande taille, maigre, à l'allure jeune et sympathique. Le regard est étrange ; les pupilles dilatées confèrent au visage un aspect infantile et joyeux que contredisent les traits tirés, la peau diaphane et l'allure générale affaissée.

« Je suis adressé par le Dr A. qui dit que vous êtes bon dans votre domaine. Moi, je n'y connais rien, mais je lui fais confiance », me murmure-t-il presque. Nous verrons par la suite que, pour ce qui est des psychanalystes – si ce n'est de la psychanalyse –, Quentin avait eu l'occasion d'acquérir tout de même une certaine expérience.

Son discours est lent, mesuré, calculé – et moi qui pense : « Il parle comme un *yogi,* en se rythmant sur sa respiration. »

Il se plaint d'abord de problèmes sexuels. Il a toujours été très timide, ne parvenant pas à aborder les jeunes filles. Pourtant, il pense constamment à elles depuis l'adolescence. Mais en présence d'une femme, il est paralysé, inerte, comme sidéré. Il y a trois ans de cela, pourtant, il a rencontré une jeune femme. Il la désirait, mais ne l'aimait pas. Ils ont décidé de vivre ensemble. Maintenant, cette femme l'aime ; quant à lui, il ne l'aime toujours pas, mais il ne la désire plus. « À trente-cinq ans, dit-il, rester coincé là, c'est trop bête ! » Il faut maintenant qu'il agisse, d'une manière ou d'une autre. Il est déjà presque trop tard. Mais il sent qu'il ne peut ni avancer ni reculer... coincé ! Il se plaint ensuite d'une souffrance qui me paraît de prime abord bien singulière : « J'ai des troubles du sommeil... Je ne dors pratiquement jamais. » Et il ajoute : « Le sommeil est insuffisant, tant en quantité qu'en qualité. Les bonnes nuits, je parviens à dormir quatre ou cinq heures ; les mauvaises, une ou deux. Mais ce n'est pas le plus terrible... c'est la qualité du sommeil... ah ! comment dire... le sommeil n'en est pas un. Il n'y a pas de différence entre le jour et le lendemain. Il n'y a pas de discontinuité ! Je vis ma vie en continu... » Je lui demande alors : « Et les rêves ? – Je ne m'en souviens pas, mais il me semble que ce sont des rêves qui pourraient être des événements de la vie éveillée... Je vous ai dit que je vivais ma vie en continu... »

Pas de discontinuité [20], pas de différence entre la veille et le lendemain, entre le jour et la nuit, entre la vie et le rêve... Je me tais un long moment, puis lui demande à brûle-pourpoint :

« Qui est mort ?

– Que voulez-vous dire ? Mon sommeil est mort. Je voudrais le retrouver. Je ne comprends pas votre question. »

Je reprends : « Qui est mort ?

– Eh bien, quand j'avais une vingtaine d'années, une cousine est morte. Je me souviens d'avoir assisté à l'enterrement. J'ai eu de la peine... un petit peu de peine. C'était une cousine avec laquelle je jouais quand j'étais enfant. Je crois même que nous avons eu des jeux sexuels. Mais il n'y a rien de “ traumatique ” là-dedans... enfin, je crois... »

Je pose de nouveau la même question :

« Qui est mort ? » Quentin réfléchit un long moment, puis déclare : « Mon grand-père est mort en camp de concentration. Je ne l'ai pas connu. Il était juif. Il a été pris durant la rafle du Vel'd'hiv. Mon père en parlait quelque-

20. Voir *infra,* chapitre III.

fois, mais je ne l'ai jamais connu. Il n'y a aucune raison que je souffre de sa mort. »

Quoique d'origine juive polonaise, Quentin porte un nom bien français, car après la Libération son père l'a modifié, ne supportant pas les quolibets dont il était alors victime à cause des consonances de ce nom en français. Cependant, il précise aussitôt qu'il ne s'est jamais senti juif. Sa mère était catholique, il a été baptisé, n'a jamais cherché à se rattacher à l'une ou l'autre culture. Il se sent profondément « citoyen du monde ». Alors, je repose cette même question : « Qui est mort ? »

Long moment de silence, puis : « Je pense bien à quelque chose, mais cela me paraît absurde. Mes parents se sont connus durant la dernière guerre. Après la Libération, ils ont décidé d'avoir un enfant, mais un seul. Ils l'ont fait et il est mort à l'âge de deux mois. C'était un garçon. Alors, après sa mort, ils en ont fait un deuxième et c'était moi.

– Comment s'appelait-il ?

– Non ! Il ne s'appelait pas comme moi. Il s'appelait François. Ça me rappelle quelque chose maintenant. Cette fille qui s'est attachée à moi dont je vous parlais au début de notre entretien, je l'ai connue juste après la mort de son mari. »

Et voilà qui nous rattache à la seconde énigme de la Sphynx : comment peut-on être jumeaux et pourtant opposés, comme le jour et la nuit, mère et fils tout à la fois ? Quentin vit cette question dans la logique même de sa souffrance, dans cette absence d'aurore et de crépuscule, l'absence de barre qui sépare les univers opposés. Il me l'avait pourtant annoncé d'entrée : pas de discontinuité entre le jour et la nuit, entre le sommeil et la veille, le rêve et la réalité. Alors, le voilà tout près de la mort, comme Narcisse. Il a d'ailleurs pris la « place du mort » à deux reprises : en naissant d'abord, puis en vivant avec cette veuve. Il a fusionné avec son double de l'autre monde, et cette fusion, il y tient ; il pense même que c'est le moyen d'apaiser sa tension. Il refuse la différence culturelle, veut être « citoyen du monde »... Je lui demande alors s'il a déjà consulté auparavant.

« Plusieurs fois, me répond-il, mais ça n'a jamais marché. Il faut quelqu'un qui me comprenne. Je veux dire “ comprendre ” au sens étymologique du mot, c'est-à-dire qui m'*englobe,* et je ne l'ai jamais trouvé. Il y a douze ans de cela, j'ai consulté un psychanalyste. Il me faisait raconter mes rêves. Je les écrivais dans un cahier. Au bout d'un an de traitement, je ne dormais toujours pas. Alors, il m'a prescrit des somnifères. J'ai fini par le quitter. Puis, j'en ai vu un second, et encore un troisième. Le résultat a été identique, d'autant qu'à chaque fois je ne suis resté qu'un an. Alors, j'ai essayé d'autres traitements : la relaxation d'abord, puis le cri primal, la bio-énergie. Je suis même allé en Amérique du Sud pour entreprendre un traitement aux hallucinogènes.

– Il y a longtemps ?

– Trois ans ! C'est juste après que j'ai pu vivre avec cette fille. Mais vous savez, ce traitement, c'est terrible. Certaines images me reviennent quelquefois : des “ flash-back ”. Nous sommes montés sur la montagne. C'était un peu comme un voyage initiatique. Nous étions un groupe d'une dizaine de personnes dirigé par un médecin qui avait également été initié au chamanisme indien. Arrivés au sommet de la montagne, il nous a réunis et a distribué les hallucinogènes : d'abord des champignons, puis des graines. J'ai été le premier à entrer dans l'autre monde, mais aussi le premier à en sortir. Alors, je me suis mis à regarder les autres. Puis, le médecin s'est approché de moi. Il tenait une seringue à la main. Il m'a fait une piqûre d'hallucinogènes de synthèse. Alors, ça a été terrible. J'ai eu un orgasme qui m'a semblé durer des heures. Il y avait une fille couchée en face de moi. Je la regardais et je pensais : elle voit mon orgasme et je ressens le sien. Je croyais que je n'en reviendrais jamais. »

Et voilà le trajet presque bouclé ! Ayant transgressé le tabou narcissique du fait de sa naissance (confusion avec l'enfant mort) et de l'histoire de sa famille (confusion culturelle comme défense contre le deuil), Quentin est destiné à « vivre la mort » et à rechercher le « savoir caché ». Le savoir « ésotérique » de la psychanalyse lui semble insuffisant, à la limite insipide ; la relaxation factice ; le cri primal, la bio-énergie, presque trop mièvres... Reste le plus dur, le plus terrible des traitements : les hallucinogènes, la confusion psycho-sensorielle organisée. Là, durant ses moments de demi-inconscience et de délire, il vit une fusion spéculaire et orgastique avec son double de l'autre sexe. L'amélioration qu'il ressent n'en sera pourtant que passagère et il redoute une réédition du délire. Alors, il vient me voir... peut-être l'ethnopsychiatrie, une discipline du *double* discours... qui sait...

Il commence maintenant à se dessiner une hypothèse clinique. La transgression du tabou narcissique semble liée à certaines problématiques dépressives. Les trois variantes du mythe de Narcisse sont d'ailleurs marquées par cette thymie spécifique. D'ailleurs, la mélancolie n'est-elle pas inscrite – par sa forme même – dans la thématique du double : ou bien : ou bien ; ou bien mélancolique ou bien maniaque ? Tout comme Tirésias avait été ou bien homme, ou bien femme ; tout comme la tresse de serpents accouplés : ou bien mâle, ou bien femelle ; ou enfin comme les deux hémipénis du serpent mâle : ou bien le droit, ou bien le gauche.

Martin est un homme d'une quarantaine d'années, l'air sérieux et correct du technicien supérieur peu intéressé par les problèmes de l'âme. Il m'adresse d'abord un sourire franchement cordial, presque jovial. Il vient me consulter car il ne comprend pas cette oscillation de son humeur, périodique et presque régulière, à la limite prévisible. Il passe en effet sans transition de la joie qu'il éprouve à effectuer un travail qu'il aime, entouré de sa femme et de ses deux filles qu'il chérit, à d'incompréhensibles moments de grande tristesse, d'arrêts de travail, de refuge dans la grotte noire et humide du lit diurne. Des psychiatres lui ont dit qu'il était « cyclique », maniaco-dépressif, et lui ont prescrit anti-dépresseurs, lithium, parfois même neuroleptiques – tout cela sans grand effet. Il n'espère d'ailleurs pas de miracle... juste parler un peu... enfin si j'ai le temps... Il ne veut pas me déranger.

Il commence à évoquer une vie sans problème majeur. Fils unique, enfant sage et travailleur d'une famille modeste et besogneuse, il a toujours fait de son mieux. À l'école, il obtenait de bons résultats. Marié à vingt-deux ans, il connaît avec sa femme, qui est aussi littéraire que lui est scientifique, la parfaite entente de l'âme et du corps. Ses deux filles, maintenant adolescentes, sont ravissantes, astucieuses et l'entourent d'une chaleureuse tendresse. Tout au plus regrette-t-il de n'avoir pas eu de garçon. Mais quoi ? On ne choisit pas ! Pourquoi d'ailleurs choisirait-on davantage là que dans les autres secteurs de la vie ? À la mort de son père, survenue alors qu'il était âgé de seize ans, il fallut être encore plus sérieux qu'auparavant pour soutenir sa mère qui avait désormais à assurer seule l'éducation du jeune homme. Cependant, au sujet de la mort de son père, une idée le tracasse depuis longtemps. Il n'en a jamais parlé à personne. Peu avant sa mort, il s'était disputé avec lui – fait rarissime ! Peut-être même était-ce la première fois – au sujet d'une sortie avec des amis. Quelques jours plus tard, encore imprégné de rancune, il relata l'événement à sa mère, entrant dans de grandes diatribes contre son père. Mais à la fin de cette conversation, son père sortit de derrière le rideau qui cachait une alcôve. Dormait-il ? Avait-il tout entendu ?

Martin ne le saura jamais, car son père mourra avant qu'ils aient pu avoir une discussion à ce sujet. Il semble que, depuis lors, Martin se raconte sa propre histoire sous la forme du « ou bien, ou bien » : ou bien mon père dormait et n'a rien entendu et j'ai le droit de vivre heureux, ou bien il écoutait et en était profondément affecté – peut-être en est-il mort – et je ne peux vivre que dans le repentir ; ou bien est-ce le contraire ; et ainsi de suite... Une vie entière sous l'emprise du « ou bien, ou bien », une vie entière de cohabitation avec son double.

*Remarques techniques*

Une certaine fréquentation de cas cliniques organisés selon la logique de la transgression du tabou narcissique m'a appris à repérer cette problématique à partir de mon contre-transfert. Il s'agit de patients que j'ai envie de partager avec un collègue – généralement une femme – comme pour séparer à nouveau les deux jumeaux opposés qui cherchent à se recouvrir, à fusionner. Ainsi ai-je entrepris un traitement avec Quentin à condition qu'il s'engage en même temps dans une relation psychanalytique ; quant à Martin, je lui ai demandé de consulter régulièrement un psychiatre s'il souhaitait s'engager avec moi dans une relation psychothérapique. J'ajouterai encore une singularité technique : ce sont des patients auxquels je donne souvent, de manière spontanée, des interprétations dans l'entrebâillement de la porte, lorsqu'ils ont un pied dedans, un pied dehors, la main encore posée sur la poignée...

Dans la perspective technique que je viens de définir, une caractéristique du rituel d'initiation dogon devra nous arrêter quelques instants. Dans cette ethnie, en effet, les garçons sont circoncis et les filles excisées. L'explication du rituel est la suivante : le prépuce, double féminin du gland du garçon, symbolisant par conséquent la partie féminine du garçon, doit être retiré à l'adolescence afin que la fiancée ne soit pas jalouse du petit fourreau. *Mutatis, mutandis,* le clitoris, risquant de concurrencer sur place la virilité du fiancé, doit également disparaître.

> « Le support de la masculinité pour la fille est le clitoris, celui de la féminité pour le garçon est le prépuce [21]. »

Prépuce et clitoris subissent à l'adolescence le même sort que le placenta à la naissance ; c'est-à-dire qu'ils seront enterrés, marquant par là que tout processus d'individuation (naissance, puberté) passe nécessairement par deux moments logiques que nous sommes désormais en mesure de comprendre :

1) définition de doubles symétriques (placenta/fœtus, prépuce/gland, clitoris/vagin) ;

2) puis, suppression de l'un des éléments de la symétrie. Ainsi ce processus d'individuation est-il systématiquement utilisé dans les rituels d'initiation de l'adolescence bien qu'il ne soit pas partout aussi explicite que dans la culture dogon. À la limite, il se manifeste même lorsque l'initié se contemple – fût-ce dans le regard des autres – et, durant un bref moment, ne se reconnaît plus. Soulignons en passant que dans certaines cultures l'on va même jusqu'à changer le nom des jeunes gens durant le rituel d'initiation [22], comme pour enflammer ce moment d'« inquiétante étrangeté » qui succède au rituel. Notons enfin que dans certaines cultures qui ont perdu, du fait de l'acculturation, leurs rituels d'initiation, il se crée de nouveaux comportements qui ont pour conséquence (et donc vraisemblablement pour fonction) de déclencher des moments d'inquiétante étrangeté. Tel est par exemple le cas des

21. F. Michel-Jones, *Retour aux Dogons* (1978), p. 75.
22. C. Crocker, « Les réflexions du soi » (1977).

comportements de « maquillage » chez les Noirs africains, qui consiste à tenter de se blanchir la peau à l'aide de produits chimiques particulièrement actifs [23].

Je pense avoir proposé ici une hypothèse selon laquelle le mythe d'Œdipe véhiculerait un tabou d'une autre nature que celui généralement décrit dans la littérature psychanalytique. Ce tabou consisterait en *l'interdiction de la confusion entre soi et son double* – de l'autre sexe ou de l'autre monde. Me référant à une lecture des trois variantes de la légende de Narcisse, je l'ai logiquement appelé *tabou narcissique.* La transgression de ce tabou est parfois rituellement organisée dans certaines initiations traditionnelles, mais il arrive que des sujets singuliers organisent leur personnalité inconsciente à partir de sa logique. J'ai également proposé ce modèle pour la compréhension de patients dont la symptomatologie manifeste évoque la dépression endogène et qui sont inconsciemment animés par une problématique du double.

Il me reste à conclure en remarquant, à la suite de bien d'autres, la nature paradoxale du traitement psychanalytique, qui organise de manière délibérée chez le sujet un véritable dédoublement : il s'agit de rêver, tout en étant éveillé, sans l'être complètement néanmoins [24]. Sans doute est-ce de la transgression, à dose homéopathique, du tabou narcissique, que les patients sortent d'une analyse moyennement réussie avec la conviction qu'ils l'ont enfin obtenu, leur inceste.

---

23. Comportements longuement analysés par J. Odongo « Noir ou blanc ? » (1984). Voir aussi, sur la gestion des rapports avec son double dans les problèmes d'identité, J. Guedmi « Rêve des doubles » (1984).

24. Voir par exemple J.-L. Donnet, « Le divan bien tempéré » (1973); T. Nathan et G. Devereux, « Vivre et rêver. Propos sur le rêve » (1981).

## *Chapitre III*

# La dépression de Déméter
## Étude de l'inverseur thymique

*Au début, était l'image...*

*La parole décrit l'événement, l'accidentel, le contingent. Qui parle invite à sa propre métamorphose. La parole marque toujours l'existence d'un temps fragmenté ; elle découpe à notre insu le moment en séquences discontinues, elle nous place subrepticement en situation de perpétuelle apostasie. En revanche, l'image tente de dessiner l'éternité. À jamais là, l'image contient la parole et la fixe – dans la mémoire des hommes bien sûr* [1] *– mais aussi dans un environnement concret que l'on peut manipuler à l'infini. Qui donne à voir propose un cadre, une part d'immuable, alors que les « mots ailés » – ceux d'Homère –, sitôt échappés de leur caverne entabagisée, tels les seconds de Baudelaire répétant « souviens-toi », n'ont de cesse d'égrener le temps, entreprenant inlassablement de dessiner le néant.*

*J'en suis sûr : au tout début, était l'image ; puis vint le verbe, afin de rendre le monde mortel...*

---

1. M. Piattelli-Palmarini (1977).

## *Freud et la grande Déesse-mère*

En 1861, J.J. Bachofen publia *Das Mutterecht (Le Droit de la mère),* un livre monumental, impressionnant d'érudition, proposant l'hypothèse d'un matriarcat primitif ayant fait suite à une période archaïque de promiscuité sexuelle absolue qu'il appelait « reproduction de marécage [2] ». Pour Bachofen, le matriarcat marquait un progrès par rapport à la période de chaos où les hommes ne se reconnaissaient aucune filiation ni parentèle. Mais ce progrès ne faisait que préparer l'avènement décisif du patriarcat qui allait définitivement sortir l'humanité de la confusion (car tel était l'ennemi) originaire.

On aurait tort de négliger l'influence des thèses de Bachofen ; malgré leur naïveté, elles ont emporté l'adhésion des penseurs les plus influents des XIXe et XXe siècles. Lewis H. Morgan en tira ses lois de l'évolution universelle des sociétés (*Ancient Society,* 1877), F. Engels ses théories sur l'*Origine de la famille de la propriété privée et de l'état* (1888). Freud connaissait fort bien ce texte qui inspira nombre de ses auteurs favoris. Il ne le cite qu'une seule fois en considérant les propositions de Bachofen comme éminemment vérifiées [3].

L'hypothèse d'un matriarcat primitif s'appuie généralement sur l'antériorité, dans les fouilles archéologiques, des

2. Expression savoureuse lorsque l'on sait que les crapauds se reproduisent effectivement sans aucun discernement, puisque les mâles enfourchent tout ce qui passe à leur portée : femelles, mâles, morceaux de bois mort, etc.

3. Dans la quatrième partie de *Totem et Tabou,* alors qu'il évoque l'idée selon laquelle les frères, ligués, instituèrent la prohibition de l'inceste, Freud poursuit : « C'est peut-être de cette situation qu'est né le droit maternel décrit par Bachofen et qui a existé jusqu'au jour où il a été remplacé par l'organisation de la famille patriarcale. »

représentations plastiques de la divinité féminine – dessins, statues, figurines. La Déesse-mère était un personnage familier des préhistoriens et anthropologues du XIXe siècle. Pourtant, elle est presque totalement absente de l'œuvre de Freud qui lui préfère des héros et des dieux phalliques. Lorsqu'elle y tente une timide apparition, c'est dans des textes inattendus, parfois inédits du vivant de Freud et, pour ainsi dire, hors du champ psychanalytique habituel.

Une multitude de raisons pourraient expliquer la surprenante absence de développements théoriques autour de la représentation mythique de la Déesse-mère : l'organisation privilégiée de l'œuvre de Freud autour de ce que l'on a pu appeler « la loi du père », sa réticence envers le « prégénital » et les structures non névrotiques de la personnalité, et, vraisemblablement, une certaine « gynophobie », pour s'en tenir aux plus manifestes. Cependant, chez Freud, les brèves apparitions de la Déesse-mère sont toutes organisées autour d'un complexe mythique qui court au travers de certains de ses textes et qui, quoique non identifié, est articulé avec une grande cohérence. C'est pourquoi il me semble que les développements que je propose se situent dans la plus pure tradition freudienne ; mais pour ce qui est d'« analyse laïque », il s'agira plutôt d'« analyse païenne ».

Dans « Grande est l'Artémis d'Éphèse » (1911), un petit texte malicieux, presque contemporain de *Totem et Tabou*, Freud rencontre une première fois la Déesse-mère. Si son *Totem* est entièrement centré autour du père et de sa difficile victoire post-mortem, sa brève *Artémis* proclame, non sans un certain lyrisme, l'immortalité de la Grande-Mère.

Pour comprendre ce texte, il nous faut d'abord noter une évidence encore parfaitement perceptible dans la Vienne d'aujourd'hui. Les fouilles du site d'Éphèse ayant été confiées à une équipe viennoise, la capitale autrichienne en a conservé une profonde empreinte, notamment dans la reproduction *ad libitum* de représentations plastiques de divinités féminines grecques, sculptées sur les portes cochères, en fresques sur les surplombs des immeubles bourgeois et même sur les poignées baroques de cafés ou de magasins de vêtements. On imagine volontiers Freud se promenant dans l'allée bordée de Sphynx, face au château du Belvédère, se rêvant nouvel Œdipe ou pétrifié devant la tête de *Méduse* de Rubens ; ou bien encore, passant en les effleurant à peine du regard devant les innombrables déesses et héroïnes de Gustav Klimt : Athéna, Artémis, Judith, Méduse, etc.

On a l'habitude de dire que Freud s'est identifié à Œdipe, mais on peut certes affirmer que la Vienne intellectuelle de la fin du XIXe siècle s'était pensée Éphèse. On peut encore y voir, au musée d'Éphèse, trôner la merveilleuse statue de Sphynx violant un jeune homme durant son sommeil, immortalisant la figure du cauchemar. Les pattes arrière, léonines, paralysant les jambes du dormeur, représentent les *liens du rêve* – autrement dit : la paralysie motrice. La provocante poitrine, brandie sous les yeux du garçon, évoque discrètement l'équivalence de l'écran du rêve et du sein de la mère. La position du jeune homme, à demi dressé sur ses bras, rappelle étrangement l'érection du paysan violé par une Sirène sur un bas-relief de l'époque alexandrine. La Sphynx est ici démon incube, mais incube féminin [4]. Le visage du jeune homme exprime à la fois l'orgasme et l'effroi. Cette statue résume, en une extraordinaire condensation, une somme de connaissances sur le fonctionnement onirique que Freud et ses continuateurs n'élaboreront qu'avec lenteur et difficulté. Essayons de démonter les détails de cette statue et leur articulation psychologique. D'abord, la position du jeune homme, couché sur le dos, à demi dressé sur un bras, comme s'il avait été éveillé en

4. Bas-relief de l'époque alexandrine : *Sirène s'approchant d'un paysan* ; reproduite dans Delcourt (1944) et dans Devereux (1976).

sursaut, évoque l'attitude d'un dormeur effrayé par un rêve. Ensuite, le poids de la Sphynx oppressant la poitrine est une figure traditionnelle de l'angoisse, notamment dans la Grèce antique [5]. Enfin, les positions respectives des deux personnages : le jeune homme sous la Sphynx, l'interrogeant du regard, renvoie sans qu'il soit nécessaire de forcer les faits à la position d'Œdipe, légèrement en contrebas, répondant à l'énigme, tel qu'il est classiquement représenté sur les poteries grecques. Ainsi, semble dire la statue, rêver c'est aussi s'interroger comme Œdipe.

Deux types de régression sont également représentés. D'une part, la régression phallique par la « double » érection du garçon – érection de son corps dressé par l'effroi, érection de son sexe au contact du sexe terrifiant de la Sphynx. Les yeux et le sexe du garçon, mobilisés par l'apparition, soulignent l'activité de ces deux organes durant le sommeil paradoxal, comme l'ont montré les recherches en neurophysiologie du rêve. D'autre part, la personnalité de la Sphynx, « mère phallique » s'il en est, symbolise comme l'a remarqué Lévi-Strauss [6] l'inversion entre le haut et le bas. Être chevauché par la Sphynx renverrait à son symétrique : « pénétrer les entrailles de la terre-mère » et, par conséquent, s'abandonner à la régression utérine. Régression phallique et régression utérine constituent selon Róheim (1952) les deux conditions fondamentales – quasi physiologiques – du prototype même du rêve, qu'il appelle *rêve de base.* Rêver, semble dire la statue d'Éphèse, c'est entrer tout entier, et en érection, dans le sexe béant de la terre-mère.

Ainsi, quand Freud entreprend d'écrire son petit texte

---

5. Voir le tableau de Füssli, *Le Cauchemar* (1782-1790), qui est construit à partir de la même représentation de l'angoisse.

6. C. Lévi-Strauss, « La structure des mythes », dans *Anthropologie structurale* (1958).

malicieux sur l'Artémis d'Éphèse, Éphèse est à Vienne ; Vienne est Éphèse. Rappelons dans les grandes lignes l'argument de ce texte qui prend pour titre une phrase des *Actes des Apôtres* (chap. 19) et qui, d'ailleurs, en suit le texte d'assez près. Les fouilles viennoises ayant mis au jour la superposition d'une série continue de temples sur le même site, Freud en propose la lecture suivante : Éphèse était habitée depuis la haute Antiquité par des tribus asiatiques pratiquant le culte d'une divinité maternelle qui a peut-être porté le nom d'Oupis. Au VIIIe siècle avant J.C., des émigrants d'Ionie identifièrent cette divinité à Artémis et continuèrent à pratiquer le culte en l'adaptant à la Kourotrophe. Ce temple était un lieu thérapeutique avec son « va-et-vient de prêtres, de magiciens, de pèlerins, avec (des) boutiques dans lesquelles on offrait au chaland des amulettes, des souvenirs, des offrandes [7] ». Vers l'an 54, Paul vint à Éphèse et y pratiqua à son tour des miracles : « Paul leur imposa les mains et l'Esprit Saint vint sur eux : ils parlaient en langues et prophétisaient [8]. » Qu'il survienne des miracles à Éphèse, nul ne s'en étonna, mais la personnalité de Paul inquiéta bien davantage les Éphésiens. Il était trop juif, trop inflexible dans son monothéisme et commençait à nuire au culte local à la divine Artémis. Les artisans qui vivaient du commerce des amulettes « devinrent furieux et n'en finissaient pas de crier " Grande est l'Artémis d'Éphèse " [9] ». Paul, contraint de quitter Éphèse, fut remplacé par Jean qui eut l'intelligence d'installer la divinité féminine chrétienne Marie en lieu et place d'Artémis. Bientôt, la vie reprit son cours normal, la déesse ayant simplement à nouveau changé de nom. Puis, au

7. S. Freud, « Grande est la Diane des Éphésiens » (1911), p. 171.
8. Actes des Apôtres 19,6.
9. Actes des Apôtres 19, 28.

VII^e siècle, survint la conquête islamique... et Éphèse fut recouverte de sable.

Mais, écrit Freud, « la grande déesse d'Éphèse n'avait toujours pas renoncé à ses droits ». Au XIX^e siècle, une jeune Allemande de Dülmen, Katarina Emmerich, eut une vision de la Vierge lui indiquant la maison où elle demeura autrefois à Éphèse. On entreprit des fouilles selon les indications de la jeune fille et maison et lit furent effectivement retrouvés à l'endroit précis décrit durant la vision mystique. Bientôt, les pèlerinages purent reprendre à Éphèse, Katarina Emmerich ayant été entre-temps canonisée.

Ce texte, publié en 1911 dans la *Zentralblatt für Psychoanalyse,* peut être lu de plusieurs façons. Dans l'esprit de Freud, la cure psychanalytique est comparable à des fouilles archéologiques qui procèdent à la mise au jour de sédiments de matériaux conservés intacts dans l'inconscient [10]. Freud a certainement vu dans les fouilles d'Éphèse entreprises par une équipe d'archéologues viennois un symbole de sa propre pratique. La terre d'Éphèse devrait donc être considérée, dans cette perspective, comme la représentation de l'inconscient refoulé par le père monothéiste de l'Islam et exhumé par de curieux fouilleurs scientistes, et viennois de surcroît !

Mais il y a plus ! Si certains peuvent retrouver leurs ancêtres enfouis en couches successives dans une même terre [11], ce n'était certes pas le cas de Freud ni de sa famille, émigrants en cours d'accomplissement du parcours juif classique : venant du Moyen-Orient, et après l'étape espagnole, ils entament le parcours Europe Est-Ouest, aller-retour. Freud était alors probablement confronté à la doctrine d'un autre Viennois célèbre, Theodor Herzl, qui proposait aux juifs l'idée d'un retour sur une terre d'an-

10. S. Freud, « Constructions dans l'analyse » (1937).
11. Voir la discussion de ce problème, *infra,* chapitre 7.

cêtres plus ou moins mythiques [12]. En regard de cette doctrine, dans ce texte, Freud répond par une pirouette : « La terre des ancêtres dans laquelle on pourrait retrouver la divine mère, ce n'est pas la Palestine mais l'inconscient. » Lui, grand collectionneur de statuettes devant l'Éternel, savait-il que les fouilles en Palestine avaient précisément exhumé des statuettes féminines démontrant que les juifs s'adonnaient à des pratiques magiques à l'aide de Vénus de terre cuite ?

Non sans humour, Freud remarque que le nom de la déesse importe peu : Oupis, Artémis, la Vierge Marie ou Katarina Emmerich, elle remplira également son office : rendre la vue aux aveugles, l'usage de la marche aux paralysés, une peau d'enfant aux galeux, aux pelés, aux parias. La terre-mère est régénérante ; prototype de la magicienne, elle accomplit en un seul instant ce que la psychanalyse obtient par un patient et pénible travail. La psychanalyse opère par dénomination ; la magie d'Artémis se moque bien des noms des choses et des personnes... et même des noms des dieux. La difficile production intellectuelle de l'homme est ici opposée à la fertilité spontanée et profuse de la femme, vierge qui plus est [13].

Ne nous y trompons pas, l'humour discret et un tantinet méprisant de Freud cache sans doute, comme chez nombre de créateurs masculins, cette envie haineuse de la matrice, infatigable productrice. Dans cette perspective, Freud serait alors le juif Paul ou l'Islam intolérant enfouissant sous le sable des mots et des noms les images, les amulettes, les statues de la divine guérisseuse. Ainsi la psychanalyse

12. Freud considérait (à tort, comme nous le savons aujourd'hui) l'histoire des patriarches (Abraham, Isaac et Jacob) comme purement mythique.

13. « Vierge » signifiant ici doublement « femme », puisque ne portant nulle part en son corps la marque de l'homme. Telles étaient Artémis et Athéna ; sans doute aussi Marie.

serait-elle juive dans son violent refoulement des représentations plastiques (suspectées d'utilisations magiques) et dans son culte du mot et de l'exégèse. Le texte « Grande est l'Artémis d'Éphèse » sonnerait alors comme l'aveu que, malgré les commandements, le feu sommeille toujours sous la braise.

L'inconscient est organisé de telle manière que ce qui est « dessous », tout au fond, en paroles, est aussi *montré,* telle la *Lettre volée* d'Edgar Poe au vu et au su de tout un chacun. Devant Freud écrivant son *Totem*, des statuettes par centaines ; il écrit le père, mais la Déesse-mère le contemple. Elle saura bientôt surgir à un autre endroit de son œuvre.

Dans un texte très bref, condensé, brandi comme une image, « Parallèles mythologiques à une représentation obsessionnelle plastique » (1916), Freud aborde la comparaison du matériel clinique et du matériel mythologique en termes de parallèle [14]. Il ne propose aucune interprétation ni de l'un ni de l'autre, se contentant d'exprimer son étonnement devant l'identité des représentations.

Il commence par évoquer la singularité du symptôme d'un de ses patients, âgé de vingt et un ans, qui souffrait non seulement de pensées obsessionnelles, mais aussi d'*images* obsessionnelles. Chaque fois que son père entrait dans sa chambre, un mot et une image s'imposaient à son esprit. Le mot était *Vaterarsch* – néologisme renvoyant à « patriarche », mais dont la décomposition signifie « cul du père ». « L'image qui accompagnait ce mot représentait le père sous la forme de la partie inférieure d'un corps nu, munie de bras et de jambes, et à laquelle manquaient la tête et le haut du corps. Les

14. Pour l'analyse des correspondances ethnopsychanalytiques chez Freud, voir T. Nathan, *La Folie des autres* (1986).

organes génitaux n'étaient pas indiqués, les traits du visage étaient peints sur le ventre [15]. »

Pour ce qui est du mot, l'interprétation ne pose naturellement aucun problème à Freud : « Mon père qui se prend pour un patriarche, je le compare à une caricature malicieuse et ravalante : il ne pense qu'à ça ; " *il est tout cul* ", comme l'on dit " *il est tout oreilles* " de quelqu'un qui écoute avec une grande attention. »

L'image, en revanche, laisse Freud perplexe, jusqu'à ce qu'il aperçoive une image à son tour : « Tout d'abord l'application des traits du visage sur le ventre de la caricature me parut très étrange, mais bientôt je me souvins d'avoir vu chose semblable dans des caricatures françaises. Puis le hasard me fit tomber sous la main une figuration antique qui correspond exactement (*sic*) à l'image obsessionnelle de mon patient [16]. »

Nous commencerons notre commmentaire par deux remarques. La première, c'est que le mot (néologisme) est interprété avec aisance ; mais pour ce qui concerne l'image obsessionnelle, Freud doit attendre de percevoir à son tour une image avant de proposer une élaboration. Nous retrouvons la problématique du mot en tant qu'occultation de l'image telle qu'elle apparaît dans le texte de 1911.

La seconde remarque, c'est que la première image perçue par Freud (les caricatures) ne le satisfait pas jusqu'à ce qu'il soit mis en présence d'une figuration antique qui, bien entendu, est une statuette représentant une divinité matricielle : une Baubô. C'est alors que Freud évoque rapidement l'épisode mythique où Déméter, endeuillée par la perte de sa fille, se rend à Éleusis. L'hôtesse, une certaine Baubô, parvient en se comportant d'une certaine façon à tirer la déesse de son deuil. Il en donne la version établie

---

15. S. Freud (1916), p. 83.
16. Ibid., p. 84.

par Salomon Reinach en 1912 dans laquelle Baubô, relevant subitement sa robe, se livre à une sorte de danse du ventre. Sur le ventre de Baubô, un visage est peint ; les mouvements de la danseuse animent le visage de rires et de grimaces. C'est ainsi, d'après Reinach, que Baubô serait parvenue à faire rire Déméter [17].

La statuette aperçue par Freud provient des fouilles effectuées par une équipe d'archéologues allemands à Priène en 1898. Dans les restes d'un temple à Déméter datant du IVe siècle avant J.C., les archéologues avaient découvert un lot de statuettes à l'aspect étrange. L'histoire tant de leur découverte que de la difficulté de leur identification mérite d'être contée, car elle ressemble à la démarche même de Freud dans ce texte. Ces statuettes présentent un aspect étrange : une grosse tête est posée sans corps sur une paire de jambes. Le visage s'inscrit là où devrait être le corps : les yeux en place des seins, la bouche juste au-dessus de l'inscription visible d'un sexe féminin. Là où l'on s'attendrait à trouver des oreilles surgissent les bras. La chevelure abondante encadre un ventre-visage. Tantôt la statuette tient une torche, tantôt une lyre, tantôt une corbeille de fruits posée sur le sommet de sa chevelure. En 1898, on ne sait pas encore leur attribuer de nom. C'est en 1901 qu'Herman Diels, dans son édition des fragments d'Empédocle, se trouve en présence d'un mot qu'il ne parvient pas à définir précisément : Baubô. Ce nom attribué à la nourrice de Déméter, à Éleusis dans certaines sources antiques, est également employé comme nom commun pour désigner la cavité féminine. C'est à la conjonction de ces deux séries de faits qu'Herman Diels propose de nommer

---

17. Freud ne considère que la version de S. Reinach, ce qui est assez étonnant lorsque l'on connaît son érudition classique. Nous verrons plus loin que cette version est un tant soit peu fantaisiste et pour le moins partielle.

« Baubô » les figurines de Priène. Et c'est finalement en 1912 que Salomon Reinach se livrera à une nouvelle synthèse des données et proposera de considérer ces nouvelles figurines comme une évocation symbolique d'un rituel faisant partie du culte de Déméter : une sorte de danse du ventre [18]. Ainsi les archéologues allemands, tout comme Freud avec son jeune patient, se trouvent-ils d'abord en possession d'une figuration puis cherchent à lui attribuer un nom. En effet, dans ce texte de 1916 réapparaît la Déesse-mère de 1911 sous l'aspect de l'une de ses représentantes les plus typiques : De-Me-ter = Gê-Meter = Gaïa-Meter = la terre-mère. À son tour, elle surgit des sables, exhumée par des archéologues, et de nouveau sous forme de statuette. D'abord image sans nom, rappelant la contingence du nom de la divinité d'Éphèse, elle est, tout comme l'Artémis, mais certes plus crûment encore, la personnification de la matrice enviée et haïe (Baubô = vulve). Puis, les archéologues, tout comme Freud avec son jeune patient, luttent contre leur perplexité face à l'image en recherchant et en finissant par proposer une dénomination. Remarquons en passant combien Freud se tient au courant de l'actualité archéologique, son texte étant presque contemporain de la publication du résultat des fouilles.

Nous percevons maintenant la nécessité de scruter au plus près les sources antiques relatives à Déméter, à Baubô et à quelques autres mères divines. Auparavant, observons la dernière apparition de la déesse dans l'œuvre de Freud. C'est dans un texte très bref, écrit en mai 1922 mais publié seulement en 1940, « La tête de la Méduse », qu'elle viendra à nouveau le visiter. Dans ce texte, Freud tente

18. Salomon Reinach a sans doute été inspiré par les observations d'anthropologues mentionnant l'existence de danses féminines, et tout particulièrement de « danses du ventre », dans les rituels thérapeutiques en Afrique du Nord.

d'« interpréter une figure mythologique isolée » : la tête de Méduse et l'effroi qui, selon la légende, pétrifie celui qui la regarde. Pour lui, l'interprétation va se soi : la tête de Méduse est la représentation du sexe de la mère. Mais d'où lui vient cette évidence ? Eh bien, la réponse est simple : de l'inversion du texte de 1916 ! Dans les « parallèles mythologiques », nous avions affaire à des corps sans tête au visage dessiné sur le ventre, ces statuettes étant une personnification de la vulve ; inversement, il est naturel de penser qu'une tête de femme, détachée du corps, représente le ventre féminin.

Jalonnons l'argumentation de Freud :

Le fait que la tête soit séparée du reste du corps lui évoque la castration selon l'équation symbolique tête coupée = pénis coupé (?).

La mise en valeur des cheveux lui évoque la fonction de masque des poils pubiens ; mais aussi, quoique inconsciemment, les cheveux de Baubô tombant de part et d'autre comme une robe qu'elle soulèverait pour exhiber son sexe. Baubô porte un visage sur le ventre, Méduse un ventre sur le visage. L'idée implicite de Freud – tout comme celle qui animait certainement H. Diels lorsqu'il proposa de nommer Baubô les figurines de Priène – semble avoir été la suivante : celui qui surprend le spectacle d'une femme qui, écartant ses cheveux, laisse apparaître son visage, peut percevoir une autre scène : celle d'une femme qui soulèverait sa robe pour présenter son ventre [19]. Ainsi ventre et visage sont-ils confondus de deux manières : plastiquement dans les statuettes, symboliquement dans la tête de Méduse.

La multiplication des serpents-cheveux de Méduse serait la représentation symbolique (?) de la castration par un processus d'inversion : absence = multitude dans une même opposition à l'un.

19. Les femmes grecques étaient voilées.

Si le regard de Méduse pétrifie c'est, selon une nouvelle inversion, du fait que le regard porté sur le sexe déclenche l'érection (« dur comme la pierre »). Ici l'inversion ne concerne plus le haut et le bas (ventre/visage), mais le sujet et l'objet (regarder/être regardé).

Hormis son aspect structuraliste, le texte de Freud est assez décevant. Outre son côté « dictionnaire de symboles », presque jungien, il n'éclaircit aucune situation clinique sinon celle, déjà connue par ailleurs, du garçon œdipien écartant du regard la toison de sa mère pour tenter d'y apercevoir, malgré l'évidence, un pénis consolateur. Ce texte n'est pas davantage une interprétation de la figure de la Gorgone, car il laisse de côté bien des aspects du mythe. Mais alors, d'où Freud tire-t-il la conviction d'une découverte qui lui paraît incontestable ? Cette question admet à mon avis deux réponses : l'une formelle, l'autre quant au contenu.

Pour ce qui est du contenu, la proposition selon laquelle la simple apparition de la matrice divine est équivalente à la castration [20] signifierait que la perception des capacités reproductrices de la mère ne peut que renvoyer l'homme à sa propre stérilité, car sa production n'est que de mots alors que la création féminine est de substance – comme l'image !

Plus intéressant est le point de vue formel. La proposition de Freud possède la vigueur d'une image, mais tout comme l'image elle est difficile à analyser. On pourrait l'énoncer ainsi : Méduse est un miroir inversé : on croit regarder et on est regardé ; on croit y apercevoir un visage et c'est un sexe qui se présente ; on croit voir le haut et c'est le bas qui nous contemple. On comprend alors l'effet saisissant de ce miroir ; reste à rattacher cette proposition à un fonc-

---

20. Voir « La divine maîtresse », dans G. Devereux, *Femme et Mythe* (1982).

tionnement psychique connu pour lui conférer une épaisseur humaine.

Un an après Freud, Ferenczi reprend la même argumentation : la tête de Méduse doit être interprétée comme « le symbole effrayant de la région génitale féminine dont les caractéristiques ont été déplacées du bas vers le haut [21] ». Mais il ajoute que cette interprétation est destinée à des patients qui représentent, soit dans leurs rêves, soit dans leurs associations d'idées, une telle représentation effrayante. Recentrage clinique et prudent, Ferenczi n'interprète pas la figure mythique mais l'emprunt de cette figure par un sujet déterminé. De plus, Ferenczi perçoit bien le statut visuel d'une telle représentation en notant que les yeux y occupent une place centrale : « Les yeux de la tête de Méduse, source de l'angoisse et de l'effroi, ont également l'érection pour signification secondaire. » Double position des yeux qui contemplent passivement ce qui est exhibé mais, dans le même temps, s'offrent à la vue, tels les yeux du loup de Tex Avery surgissant de leurs orbites devant le spectacle fascinant d'une femme affriolante qui exhibe son corps dansant et sa voix [22].

Pour Ferenczi, comme pour Freud, la tête de Méduse est une image contenant en elle-même, et hors de tout contexte, des processus d'inversion ; lecture correcte d'un mythe incluant le récit de l'utilisation du bouclier de Persée, miroir éblouissant Méduse, ou encore, retournant à l'envoyeur l'effroi contenu dans son propre regard [23]. Reste tout de même la lancinante question : quel statut clinique

---

21. S. Ferenczi, « Symbolisme de la tête de Méduse » (1923), p. 200.
22. Pour la discussion de l'équivalence symbolique de la voix et du phallus féminin, voir G. Devereux, *Femme et Mythe* (1982) et *Bambô, la vulve mythique* (1983).
23. Hésiode, *Le Bouclier.* Pour la notion du retour de l'effroi à l'envoyeur, voir T. Nathan, « Trauma et mémoire » (1986) et ma discussion de la maladie de Gilles de la Tourette, *infra.*

accorder à une telle analyse ? Serait-ce seulement un exercice de virtuosité dans le maniement du « symbolisme » comme pourrait le laisser penser le texte de Freud ? Cela ne ressemble guère à la manière du prince de tous les thérapeutes que fut Ferenczi. Pour ma part, je vois la réponse à cette question dans un texte de 1919, « La nudité comme moyen d'intimidation ». Ce texte déploie son argumentation autour de deux brèves observations cliniques – un rêve et un souvenir d'enfance – contenant chacune une séquence où une mère exhibe délibérément son sexe à son fils. Je ne discuterai pas ici la proposition de Ferenczi selon laquelle la nudité constitue un puissant moyen d'intimidation – un de ces rares traumatismes dont on peut à l'avance prévoir les effets – par le moyen du déclenchement par l'adulte d'une grande quantité de libido non maîtrisable par l'enfant. Je noterai simplement deux points que Ferenczi a omis de souligner.

Le premier est qu'il s'agit dans les deux observations d'une exhibition sexuelle de la mère au fils ; c'est-à-dire d'une séquence de comportement du type « tête de Méduse ».

Le second est l'état psychique dans lequel se trouve la mère qui fait le rêve suivant :

> « Elle était avec son fils cadet et elle hésitait à se mettre nue et à se laver devant le petit garçon. “ Si je fais cela, se disait-elle, ce souvenir gravé de façon indélébile, dans la mémoire de l'enfant pourrait lui nuire, voire le détruire. ” Après quelque hésitation, elle le fait quand même, se déshabille devant l'enfant et lave son corps nu avec une éponge [24]. »

Très déprimée par la mort de son fils aîné, elle a d'abord songé à se suicider. C'est alors qu'éveillée, lui est venue la pensée qu'elle a ensuite reprise dans le rêve : « Si je fais

24. S. Ferenczi, « La nudité comme moyen d'intimidation » (1919), p. 338.

cela... ce souvenir, gravé de façon indélébile dans la mémoire de l'enfant pourrait lui nuire, voire le détruire. » L'état psychique de la mère est donc une dépression occasionnée par le deuil d'un enfant. Le suicide est remplacé par l'exhibition sexuelle qui vient, pourrait-on dire, inverser la thymie de la patiente. Tout comme Déméter, endeuillée par la perte de sa fille, sort de sa dépression devant le spectacle de l'exhibition de Baubô, la patiente de Ferenczi inverse sa thymie à l'occasion de l'exhibition sexuelle d'une mère : elle-même. Alors nous vient tout naturellement l'idée selon laquelle l'application privilégiée du miroir inversé serait l'humeur dépressive. Méduse devrait donc être considérée comme un « inverseur de dépression » [25]. Cette idée aurait-elle quelque validité mythologique et/ou clinique ? C'est ce que je m'attacherai à considérer maintenant.

## *Clinique de l'exhibitionnisme féminin*

Le thème de la Déesse-mère, nous l'avons vu, surgit deci, de-là, de manière inopinée, telle une figurine antique d'un chantier de fouilles archéologiques. C'est bien de cette manière qu'il apparaît pour la première fois en 1911. Mais était-ce réellement la première apparition de ce thème ? Ne faudrait-il pas situer la première apparition dans le « Rêve de l'injection à Irma » (1895) où Freud, pensant pénétrer

25. Ce cas m'a d'autant plus frappé que j'ai été confronté dans ma jeunesse à des faits quelque peu semblables. Alors que, jeune étudiant, je m'occupais d'enfants dans un centre de vacances, une petite fille de six ans m'a demandé de s'isoler avec moi pour, m'a-t-elle dit, me parler d'un secret. Lorsque nous nous sommes retrouvés seuls, sans me dire un seul mot, elle a seulement relevé sa robe et exhibé ses parties sexuelles. J'appris peu de temps après qu'elle venait de perdre accidentellement sa mère. Dans ce cas également, l'exhibition sexuelle prenait la place de l'évocation de la souffrance dépressive.

du même coup les secrets de l'hystérie et ceux du corps féminin, procède à une inversion du même type que celle dont nous venons d'ébaucher l'analyse : il examine la *gorge* et non l'*utérus* d'Irma [26]. Alors, peut-être devrions-nous revoir l'opinion généralement admise selon laquelle la dépression de Freud serait consécutive au décès de son père et, nous fondant sur la présence du mécanisme d'inversion thymique dans le « Rêve de l'injection à Irma », inférer chez Freud l'existence d'une sorte de dépression essentielle attachée à la figure maternelle.

Mais quelle est donc la validité scientifique de la poursuite d'un thème chez un auteur, fût-il aussi perspicace et, qui plus est, particulièrement compétent en matière de mythologie et d'archéologie que Freud ? Parmi la masse de faits de toute nature appréhendés par Freud, la cohérence de sa psychologie profonde en a organisé un certain nombre en séries paradigmatiques. Me fondant sur les hypothèses ethnopsychanalytiques, selon lesquelles il existerait une homologie de structure entre les organisations culturelles et les organisations psychiques, je suis amené à considérer la forme et le contexte de l'apparition d'un thème déterminé chez un auteur, car son propre « contre-transfert [27] » lui a permis d'ordonner inconsciemment la cohérence de cette représentation. Apparaissant toujours en tant que figuration plastique, la divine mère est pour Freud une image en relief : statue de la Sphynx d'Éphèse, temple d'Artémis, tête de Méduse de Rubens, statuettes de type Baubô. Quoique Freud n'analyse jamais cette singularité, il me semble que nous devons lui accorder une place essentielle dans l'analyse du thème.

---

26. Voir le lumineux commentaire de D. Anzieu dans *L'Auto-analyse de Freud* (1975).

27. Au sens où l'entend Devereux (1980), c'est-à-dire la réaction affective de tout chercheur et non pas seulement le clinicien face à son matériel de recherche.

Dans son texte de 1922, Freud s'interroge d'emblée sur la validité de l'analyse d'un thème mythologique isolé [28]. Sa réponse, invoquant le critère d'évidence ne nous satisfait naturellement pas. C'est avec mauvaise grâce que je reconnais la faiblesse méthodologique du point de vue freudien, car je souhaite précisément entreprendre l'analyse d'un thème mythologique et/ou clinique isolé : l'exhibition par une mère ou une nourrice de ses parties sexuelles en tant qu'organisateur de la thymie dépressive. Je n'ignore pas l'écueil et souhaite m'en expliquer au préalable.

Je reconnais volontiers que les mythes ne sont pas susceptibles d'être « interprétés », *a fortiori* de manière psychanalytique, puisqu'ils contiennent précisément des mécanismes destinés à générer des interprétations. Bref, étant machines à générer des interprétations, ils ne relèvent pas eux-mêmes de l'interprétation. De ce fait, comme l'a signalé Lévi-Strauss, l'interprétation d'un mythe est une nouvelle variante du même mythe.

Je suis également persuadé de la nécessité, pour rendre compte d'un mythe, d'envisager l'ensemble de ses variantes ainsi que le contexte culturel dans lequel il se déploie.

Ces préalables méthodologiques parviennent la plupart du temps à nous protéger des interprétations « symboliques », si souvent gratuites, tautologiques et, pire que tout, inutiles. Quelquefois cependant, la méthodologie est l'arbre qui cache la forêt. Car ce qui me conduit à isoler certains thèmes mythologiques est la constatation d'une identité à priori inexplicable entre certains thèmes mythologiques et certaines séquences cliniques recueillies au cours de psychanalyses ou de psychothérapies [29]. Bien entendu, on

---

28. « Nous n'avons pas souvent tenté l'interprétation de thèmes mythologiques isolés... » Freud (1922), p. 49.

29. Par exemple, l'exhibition sexuelle tirant tant Déméter que la patiente de Ferenczi de leur humeur dépressive.

pourrait considérer l'identité des séquences mythiques et cliniques comme non signifiante et abandonner la discussion ici. Car il est vrai que la pratique psychanalytique n'a que de très lointains rapports avec la mythologie et les psychanalystes se sont souvent montrés de piètres amateurs en matière de mythologie. Cependant, mon analyse comparée des thérapies traditionnelles et de la psychanalyse m'a conduit à constater combien les thérapies traditionnelles ont tendance à utiliser le rite et l'objet de préférence au langage. C'est pourquoi les explications psychanalytiques – c'est-à-dire dans le registre du langage – des thérapies traditionnelles semblent si souvent naïves et dénuées d'intérêt. Les images, les objets thérapeutiques paraissent avoir une efficacité *sui generis*. Il me semble que les séquences que j'évoquais plus haut s'apparentent, tout au moins dans leur fonction, à ces images et à ces objets.

Avant de commencer l'analyse de la séquence que je me propose de considérer, je poserai quelques postulats dont la capacité heuristique se révélera au cours de la démonstration.

– Les mythes comportent des séquences (groupes de mythèmes) mettant en jeu des mouvements corporels et/ou des comportements dont la cohérence est indestructible à travers toute variante ou traduction.

– Ces séquences, agglomérats d'une densité exceptionnelle, constituent des noyaux de sens à partir desquels s'organisent les trames des récits mythiques.

– Ces séquences ne sont pas, comme les mythèmes, comparables à des fragments de discours – sortes de phrases –, mais à des images. Dans cette perspective, le discours par lequel est généralement véhiculé le mythe doit être considéré comme un simple vecteur des séquences-images. D'ailleurs, s'il arrive que le mythe utilise le seul discours, étant donné la nature de l'objet transmis (image), il peut également utiliser les gestes (rituels) ou les figurations plastiques (monuments, statues, tableaux, tapisseries, poteries, etc.).

– Pour l'appareil psychique, ces séquences-images, à l'instar des souvenirs-écrans ou des images mnémotechniques des prodiges de la mémoire, fonctionnent comme contenants et opérateurs des suites associatives. Elles doivent donc être considérées comme des conditions de possibilité du discours et non comme des fragments de discours. De plus, elles doivent rester images ou objets. C'est cette caractéristique qui semble permettre la fluidité associative, c'est-à-dire le fonctionnement psychique même.

– Ayant une fonction tant pour les capacités transformatives du mythe que pour sa mémorisation, les séquences-images semblent indispensables à la pérennité du mythe ; faute de quoi, perdant son armature mnémotechnique, il sombrerait bientôt dans l'oubli des temps d'où il a un jour surgi.

– Soumis à une contrainte similaire (nécessité de préserver la mémoire et d'organiser le discours), l'appareil psychique d'un individu déterminé, confronté à un conflit donné, produira également des séquences, soit en gestes (tics), soit en actes (comportements rituels, pervers, stratégies inconscientes), soit en images (par exemple l'image obsessionnelle du patient de Freud).

– Les séquences individuelles, à condition qu'elles soient identiques, peuvent être comparées aux séquences mythiques.

Je suis conscient du caractère audacieux de cette série d'hypothèses qui pourraient apparaître peu fondées. Mais une longue pratique psychothérapique et psychanalytique m'a abondamment démontré leur utilité. Le mouvement se prouve en marchant !

Devereux, dans son livre sur Baubô, note l'extraordinaire cohérence, à travers une série de mythes d'origine diverse [30], de la séquence constituée par l'exhibitionnisme féminin. En revanche, la psychopathologie est extrêmement pauvre en ce domaine. Krafft-Ebing et Moll ne relèvent que onze cas, d'ailleurs tous français [31], encore faut-il noter qu'il s'agit toujours d'exhibition de la poitrine et non des parties sexuelles. J'ai moi-même entendu évoquer deux ou trois cas d'exhibitionnisme féminin, mais il ne s'agissait pas de personnalités perverses comme dans l'exhibitionnisme masculin. Chez les femmes, les épisodes exhibitionnistes s'inscrivaient généralement dans une activité délirante.

Devereux note que l'exhibitionnisme féminin doit être relié à l'existence d'une multitude de statuettes féminines au sexe exhibé, comme celles de Sheila Na Gig (Sheila des têtons) dont les caractéristiques rappellent les figurations de Méduse ou de Baubô tout en se démarquant d'elles par certains points : ce sont des femmes généralement très laides ; pourvues de têtes à la grosseur disproportionnée ; qui, quelquefois, tirent la langue ; le corps, peu détaillé, semble secondaire ; alors qu'un sexe féminin immense et proéminent est exhibé.

La psychopathologie de l'exhibitionnisme féminin est plutôt réduite alors que les figurations plastiques sont relativement fréquentes et dans des aires culturelles éloignées les unes des autres. De plus, la pratique psychanalytique est beaucoup plus riche que la psychiatrie en la matière.

---

30. La comparaison d'un même thème au travers d'une série de mythes provenant de cultures différentes me semble très difficile à manier, et, pour tout dire, méthodologiquement indéfendable en l'absence d'une théorie bien établie de la séquence-image. Les deux thèmes mythiques isolés traités par Devereux dans son œuvre – le pénis retourné et l'exhibition féminine – entrent parfaitement dans ma définition de la séquence-image.

31. Quand Freud, étonné devant l'image obsessionnelle de son patient, recherche quelque chose de semblable dans sa mémoire, lui reviennent alors à l'esprit des caricatures françaises.

Car la séquence exhibitionniste fonctionne en tant qu'image organisatrice et non en tant que comportement réel. Une lecture attentive du texte de Ferenczi de 1919 nous met sur la voie de ce fonctionnement par image organisatrice. Si, dans le cas de la mère dépressive, l'exhibition sexuelle est une image onirique, transformation d'une pensée de la veille, dans la seconde observation, il s'agit d'une image transmise de génération en génération :

> « Un autre patient, le même jour, me rapporta quelque chose de très semblable. Il raconta ce souvenir d'enfance, qui avait fait sur lui une impression très vive : sa mère lui avait raconté que son frère à elle, quand il était petit, était un “ fils à sa maman ” ; il était toujours dans les jupes de sa mère, ne voulait pas dormir sans elle, etc. Leur mère n'avait réussi à lui faire perdre cette habitude qu'en se mettant nue devant l'enfant pour l'intimider et le détourner de sa personne. La chose – telle était la morale de l'histoire – avait eu le résultat escompté. Ce moyen d'intimidation semble avoir agi jusqu'à la seconde génération, sur mon patient en l'occurrence. Aujourd'hui encore, il ne peut parler du traitement infligé à son oncle sans exprimer la plus vive indignation ; et je soupçonne sa mère de lui avoir raconté cette histoire dans un but pédagogique [32]. »

Dans cette famille, l'exhibition sexuelle de la mère constitue donc une séquence transmise de génération en génération pour décourager les désirs incestueux des jeunes garçons. Ce fonctionnement par transmission d'image se retrouve également dans la relation thérapeutique : l'oncle a (peut-être) vu ; la mère n'a pas vu, mais véhicule l'image au patient, le patient à Ferenczi, et ainsi de suite. De même, lorsque le patient de Freud lui évoque son image obsessionnelle, il l'incite à voir à son tour une image de même nature. Nous ne nous étonnerons donc pas de retrouver bien

32. S. Ferenczi, « La nudité comme moyen d'intimidation » (1919), p. 339-340.

plus fréquemment des récits d'exhibitionnisme féminin en pratique psychanalytique qu'en tant que comportement psycho-pathologique, car la psychanalyse se prête bien mieux à un tel type de fonctionnement par transmission d'images [33].

## *La dépression de Déméter*

### DEUIL ET MÉLANCOLIE DE DÉMÉTER

Reprenons le fragment de mythe qui contient la séquence concernant Déméter. Les hellénistes, c'est bien naturel, accordent toute leur attention aux contextes historique, religieux ou philologique du récit. Freud, nous l'avons vu, dans les quelques lignes consacrées à Déméter ne considère que l'éventuelle signification « symbolique » du geste de Baubô. Devereux cherche d'abord à établir le déroulement « réel » du geste de Baubô pour ensuite tenter d'évaluer son caractère réparateur sur la psyché de Déméter. Quoiqu'il accorde d'emblée une vérité et une profondeur psychologique aux récits mythiques, il ne tient pas compte de la thymie de Déméter dans sa discussion de la séquence Baubô, préférant souligner le symbolisme des représentations. Or une lecture détaillée des sources antiques indique que la plupart des auteurs, mais surtout Homère, insistent avec une grande précision clinique sur l'état dépressif de Déméter.

Relisons le récit d'Homère [34]. Les Grecs anciens semblent avoir eu de Déméter l'image d'une mère « exclusivement tournée vers sa fille [35] ». Quel pouvait être le lien

33. À l'ère des écrans électroniques tous azimuts et de la fabrication d'images synthétiques, nous ne pouvons plus ignorer l'effet organisateur (et désorganisateur) de l'image sur la psyché. Voir par exemple E. Couchot, « Culture numérique : tissage, métissage » (1986).
34. *Hymne à Déméter*.
35. M. Détienne, *Les jardins d'Adonis* (1972), p. 158.

entre ces deux femmes abîmées dans une contemplation mutuelle et identificatoire ? Mais un jour, Perséphone, jouant avec les jeunes océanides, s'éloigna de sa mère. Les jeunes filles cueillaient des fleurs miraculeuses que la terre laissait surgir devant leurs yeux. Ces magnifiques iris, jacinthes et narcisses ne sont que le premier piège visuel d'un récit qui contient toute une série d'images illusoires : tantôt leurres, tantôt visions restructurantes [36]. Zeus avait en effet accordé en secret la main de Perséphone à son frère Hadès, roi des enfers. L'extraordinaire beauté des fleurs n'était qu'une diversion détournant l'attention de Perséphone d'une autre apparition chtonienne. La terre nysienne s'ouvrit aussi pour laisser passage au char d'Aidoneus (Hadès) qui kidnappa la jeune fille et l'entraîna dans les profondeurs du monde des morts. Perséphone tenta d'appeler à l'aide Zeus son père. Elle poussa un long cri qui rebondit sur les monts et les gouffres des mers [37]. Sa mère, entendant le hurlement de frayeur [38], comprit immédiatement qu'un malheur venait de frapper sa fille. Avant même d'en connaître la nature, la tristesse et l'angoisse s'emparèrent de son cœur *(thymoï).*

> « Déchirante, la douleur s'empara de son cœur ; de ses mains elle arracha ses deux bandeaux sur sa chevelure divine, jeta sur ses épaules un voile sombre et s'élança comme un oiseau, par les terres et les mers à sa recherche [39]. »

Durant neuf (!) jours, elle parcourut la terre en tous sens. La dépression commençait de l'envahir. Elle devint anorexique (« Dans sa douleur, elle ne goûta point à l'ambroi-

---

36. Là aussi, trop peu de travaux se sont penchés sur la fonction thérapeutique des véritables tours d'illusionnistes que comportent si souvent les techniques thérapeutiques traditionnelles.
37. *Hymne à Déméter,* 1-40.
38. La frayeur, quoique jamais signalée expressément par les auteurs classiques, me semble occuper une place essentielle dans le récit.
39. *Hymne à Déméter,* 40-45.

sie ni au doux breuvage du nectar » [48-49]) et commença de déprécier son propre corps (« ...et ne plongea pas son corps dans un bain » [49-50]). Mais c'est lorsqu'elle apprit la vérité par les révélations d'Hécate et d'Helios que débuta la véritable souffrance dépressive : « Alors un chagrin plus cruel, plus sauvage s'empara du cœur de la déesse » [90-91]. Le rabaissement, signe habituel d'auto-reproches conscients et/ou inconscients, entamé par le refus du bain, se fit plus aigu : « Pendant longtemps, elle sut dérober sa beauté » [94]. Pire même, elle décida de se mêler aux mortels. Son apparence avait dû bien changer entre-temps : le visage défait, le corps rétracté, elle semblait une vieille femme, portant la tête basse, le regard éteint, fatigué :

> « Elle s'assit près du chemin... » [98] « Elle était dans l'ombre... et ressemblait à une vieille femme que son grand âge prive du pouvoir d'enfanter et des dons d'Aphrodite » [99-102].

Arrivons à la scène d'exhibition de Baubô-Iambe. Dans son errance terrestre, Déméter parvint au bourg d'Éleusis. Là, trois jeunes filles, frappées par la noblesse de son port, perceptible en dépit du rabaissement dépressif, lui proposèrent d'être la nourrice de leur jeune frère. Elles la conduisirent à la demeure de leur père où la divine mère exhiba sa dépression de manière plus manifeste encore. Mutique, elle fixait le sol, refusant de s'asseoir sur le siège étincelant offert par la maîtresse du lieu. Finalement, elle accepta le siège rustique présenté par la servante Iambe. Mais, accaparée par sa tristesse, elle n'accordait aucune attention aux paroles et aux mouvements des habitants de la demeure :

> « Elle restait silencieuse, et fixait à terre son beau regard... elle y prit place et, de sa main, ramena le voile sur son visage ; pendant longtemps elle resta sur ce siège, *muette de douleur,* sans s'occuper de personne en paroles ni en actes. Sans sourire, sans prendre de nourriture ni de boisson, elle restait assise

> et se *consumait en regrets de la perte de sa fille...* » [194-201] [40].

Force nous est de constater combien le poète se montre précis et détaillé dans la description de l'état dépressif de la mère. Les traits décrits signent sans ambiguïté le tableau clinique : anorexie ; rabaissement du corps propre ; présence probable d'auto-reproches ; retrait confinant à la perplexité ; mutisme ; faciès de souffrance ; souffrance morale.

C'est à la suite de cette description que se situe l'évocation d'un certain comportement de la servante Iambe qui va déclencher une inversion de l'humeur de Déméter. Homère est assez évasif quant à ce geste :

> « Jusqu'au moment où à force de *saillies et de railleries,* la diligente Iambe amena la sainte souveraine à sourire, puis à rire, et à prendre une humeur favorable [41]. » [202-204].

De quels ressorts secrets dispose donc Iambe, la servante, pour réussir à tirer Déméter de sa profonde dépression ? Avec Homère, nous savons seulement qu'il s'agit de plaisanteries obscènes (*Polla paraskoptousa* [42]) et que l'étymologie des mots désignant ces plaisanteries dénote leur parenté avec le regard et la vue [43].

L'existence d'une dizaine de variantes, dans diverses sources antiques, a incité les commentateurs à tenter de restituer un déroulement originel au geste de Iambe, supposé perdu ou caché. Pour ma part, je pense que la superposition des significations est une caractéristique des séquences-images qui, fonctionnant à la manière des souvenirs-écrans, condensent et rendent solidaires plusieurs strates de réseaux de signification. Il n'en reste pas moins évident que le geste de Iambe est un acte « thérapeutique »

---

40. Souligné par moi.
41. Souligné par moi.
42. M. Olender, « Aspects de Baubô » (1985), p. 11.
43. G. Devereux, *Baubô, la vulve mythique* (1983), p. 37.

que l'on pourrait dire « global » et que son efficacité est immédiate. En cela, cet acte ressemble bien aux activités thérapeutiques telles qu'elles se déroulent encore dans les sociétés traditionnelles [44].

Dans l'*Hymne à Déméter* de Philikos, Déméter, que rien ni personne ne parvient à consoler de la perte de sa fille, rencontre une vieille montagnarde bavarde aux mœurs rustiques, également nommée Iambe. Iambe lui annonce que, bien qu'inculte, elle peut la guérir de sa douleur : « Si tu veux relâcher les liens de ton deuil, moi je peux t'en libérer. » Malheureusement, le papyrus s'interrompt à cet endroit, sans plus de détails sur la technique de la « vieille bavarde ».

Dans une *Scholie à Nicandre (Alexipharmaka),* Iambe est une esclave thrace. Là, elle tient des propos sans retenue, sans frein.

Apollodore (I,5,1) décrit également une « vieille Iambe » qui tire Déméter de sa dépression en lui proférant des mots obscènes et railleurs.

Euripide, dans son *Hélène*, attribue à la seule musique d'Aphrodite la guérison de Déméter :

> « Quand elle eut mis fin aux festins pour les dieux comme pour les hommes, Zeus voulut adoucir son funeste courroux. “ Allez, dit-il, Grâces augustes, apaisez par vos cris joyeux le deuil de la déesse pour sa fille perdue, et vous muses, par vos chœurs et vos chants. ” Cypris alors, la plus belle des bienheureuses, fit résonner pour la première fois le bronze grondant et le rhombe tendu de cuir. Charmée par le cri rituel, la déesse rit et tendit les mains à la flûte sonore. » [1336-1350].

Mais Clément d'Alexandrie, un père de l'Église, donne une version beaucoup plus crue des événements. S'il s'en fait le porte-parole, c'est naturellement pour déconsidérer la religion païenne et faire prévaloir par contraste la pureté

44. T. Nathan, « Thérapie et Culture » (1987).

du christianisme. Sa version présente cependant le plus grand intérêt, car elle comble certaines lacunes des versions précédentes :

> « Voulez-vous que je vous raconte aussi la cueillette des fleurs par Phéréphatta (Perséphone), sa corbeille, le rapt accompli par Aïdoneus, la déchirure de la terre, les pourceaux d'Eubouleus engouffrés avec les deux déesses – ce pourquoi aux thesmophories, on jette dans les " Megara " des porcelets [45] ? »

Notons que Clément relie immédiatement le récit mythique au rituel des thesmophories et à ses mystères destinés à favoriser la fertilité du sol [46]. D'un côté le mythe, et de l'autre, son symétrique, l'activité rituelle ou « magique ». Dans la version de Clément, c'est aussi dans le bourg d'Éleusis que parvient Déméter endeuillée. Les habitants étaient alors des autochtones (nés de la terre). Baubô qui, dans ce récit, est la personne qui parviendra à dérider la déesse, est la propre femme du maître de maison, Dysaulès :

> « Baubô, qui avait accueilli Déo (Déméter), lui offre du Cyceon ; mais celle-ci dédaigne de le prendre et refuse de boire, plongée qu'elle était dans son deuil. Très chagrinée, Baubô se croit méprisée et, *découvrant ses parties, elle les montre à la déesse*. À cette vue, Déo, toute réjouie, accepte enfin, mais non sans peine, le breuvage, enchantée qu'elle avait été du spectacle [47]. »

Le personnage aux vertus thérapeutiques a donc changé de nom et de comportement. Iambe, l'humble servante aux manières rustiques, la vieille bavarde, la montagnarde inculte, se contente de proférer des injures ou des plaisanteries obscènes, alors que Baubô, l'autochtone, dans un

---

45. *Protreptique,* II, 17, 1.
46. M. Détienne et J.-P. Vernant, *La Cuisine du sacrifice en pays grec* (1979).
47. *Protreptique,* II, 20, 3 ; souligné par moi.

geste apparemment magique, découvre son pubis et l'exhibe à la déesse. Et Clément d'Alexandrie de s'offenser : « Voilà bien les mystères secrets des Athéniens ! » Mais il y a plus encore ! Clément reprend ensuite les vers d'un poème orphique encore plus explicites :

> « Ayant ainsi parlé, Baubô retroussa son péplos pour montrer de son corps tout ce qu'il y avait d'obscène ; le jeune Iacchos, *qui était là,* tout en riant, agitait la main sous le sein de Baubô ; la déesse alors sourit, sourit dans son cœur ; elle accepta la coupe aux reflets bigarrés où se trouvait le cycéon. »

Et Clément de commenter encore :

> « Beaux spectacles et qui conviennent à des déesses [48] ! »

Voilà certes d'utiles précisions, mais le problème clinique reste entier : pourquoi le spectacle du sexe d'une vieille nourrice parvient-il à modifier l'humeur de Déméter ? Quelle est d'ailleurs exactement la scène présentée à la déesse ?

Le poème orphique apporte un supplément d'information : la présence du jeune Iacchos sous le sein *(Kolpos)* de Baubô. La discussion assez convaincante de G. Devereux, sur laquelle je ne reviendrai pas, conduit à l'idée que le petit enfant, *dans* le sein de Baubô, sort la tête en riant et agite quelque chose (peut-être même le clitoris de la nourrice) avec la main. Cette version me paraît d'autant plus vraisemblable que j'ai pu voir plusieurs statuettes de divinités mexicaines de type Ixcuica, mère originelle aztèque, représentant une femme accroupie, au visage marqué par l'effort. Les yeux sont grands ; la bouche entrouverte laisse voir très distinctement des dents bien dessinées, le plus souvent pointues. De nos jours, ces statuettes sont encore utilisées au Mexique dans un but thérapeutique. Elles ne

---

48. *Protreptique,* II, 21, 1-2 ; souligné par moi.

peuvent cependant servir qu'une seule fois, démontrant par cette dernière caractéristique que leur est associée une notion de « nouvelle naissance ».

Ces constatations ne doivent pas clore la discussion. Trois types de commentaires ont pu être soutenus au sujet du passage du poème orphique rapporté par Clément :

*Une interprétation rituelle* se rattachant aux mystères de Dionysos. Iacchos, autre nom de Dionysos, serait le fruit de l'accouplement de Perséphone et de son père Zeus métamorphosé en serpent. Clément, dans le paragraphe qui précède l'épisode éleusinien, rapporte ainsi cette légende :

> « ...le voilà, lui, Zeus, père et corrupteur de la jeune-fille ; il s'unit à elle transformé en dragon... en tout cas, dans les mystères de Sabazios (Dionysos), le mot symbolique pour ceux qu'on initie est " le dieu qui passe par le sein " : c'est un serpent qu'on fait passer par leur sein, témoignage de l'inconduite de Zeus [49]. »

Le serpent-Zeus doit être considéré comme le vagin vivant de la femme, du concave représenté par du convexe. Ainsi le sexe de la femme, caressé, et, pour tout dire, ressenti de l'intérieur, trouve-t-il une heureuse représentation dans le rituel du serpent. Iacchos serait alors le nom donné à cette sensation secrète, non représentable, car, à la différence de l'excitation virile, toujours cachée au regard. Dans cette perspective, Iacchos serait à la femme ce que Phallos est à l'homme : la visualisation de l'excitation. Lorsque Baubô laisse passer le visage rieur de Iacchos, elle dit à Déméter : « Regarde, on peut encore jouir de son sexe » – paroles on ne peut plus consolantes, surtout en état de deuil [50].

---

49. *Protreptique*, II, 16, 1-2.

50. Il faudrait étudier les passages à l'acte sexuel au cours des deuils. Devereux mentionne en passant la fréquence de ces conduites ; j'ai signalé également dans *La Folie des autres* combien le diable (que l'on

*Une interprétation philologique.* Iacchos serait tout simplement le nom du sexe féminin. Baubô montrerait l'intérieur de son sexe mais, dans un même mouvement, niant l'impossibilité d'une telle représentation, en proposerait une métonymie sous la forme de son contenant : l'enfant.

*Une interprétation syncrétique.* Salomon Reinach (1912) puis C. Picard (1927) ont condensé la version de Clément et la version musicale d'Euripide (musique d'Aphrodite) en une sorte de « danse du ventre » qu'accomplirait Baubô devant Déméter. Les manipulations de Iacchos deviennent alors manipulations rythmiques de Baubô sur un visage d'enfant dessiné sur son ventre, l'animant d'expressions de rire et de grimaces. C'est de cette version que s'inspirera Freud dans son texte de 1916.

Il existe encore d'autres versions. D'autres pères de l'Église (Arnobius, Eusèbe) reprennent une version quasiment identique à celle de Clément d'Alexandrie [51].

Deux versions tardives nous retiendront un moment car, s'écartant des sources anciennes, elles nous permettront de dégager plus distinctement les oppositions signifiantes qui perdurent au travers de toutes les variantes.

Antoninus Liberalis [52] relate l'histoire d'Ascalabos, fils de l'hôtesse de Déméter qui, dans ce récit, est Mismé, la propre fille de Baubô. Ici, la déesse, la bouche desséchée par la chaleur, demande à boire. Mismé lui offre le Cycéon. À la vue de Déméter assoiffée engloutissant le breuvage rituel, Ascalabos, le jeune enfant, éclate de

---

peut considérer, au moins d'un certain point de vue, comme une représentation de l'excitation sexuelle) a tendance à choisir ses victimes chez les endeuillés ou les mélancoliques.

51. Pour une discussion très détaillée de l'ensemble des sources antiques, voir M. Olender, « Aspects de Baubô » (1985).

52. *Métamorphoses*, XXIV.

rire [53]. Irritée, la déesse lui jette au visage le reste de sa boisson. Ascalabos est alors transformé en gecko (lézard) au corps moucheté, désormais objet de haine pour les hommes.

La symétrie de ce récit avec les précédents saute aux yeux :

– Déméter, assoiffée, ne refuse pas la boisson mais, au contraire, la réclame.

– L'avidité de Déméter, symétrique de son refus et de son mutisme dans les versions précédentes, déclenche le rire de l'enfant. Ici, ce n'est pas la déesse mais son vis-à-vis qui éclate de rire.

– C'est donc l'interlocuteur de Déméter qui, cette fois, rit à la vue d'un certain spectacle. Mais qu'a-t-il vu ? Un indice nous laisse supposer la nature de sa vision : nous connaissons d'autres exemples de la sanction divine qu'il subit. Il est en effet transformé en animal moucheté ; les ocelles (yeux) étant les marques à jamais inscrites sur sa peau des gouttelettes rageuses de la déesse. Or le déroulement de cette métamorphose est identique à celle d'Actéon [54], transformé en cerf pour avoir surpris une déesse au bain (Artémis). Il reçoit d'abord les gouttes d'eau projetées par la déesse qui s'inscrivent sur sa fourrure désormais

---

53. On ne peut s'empêcher de relever la parenté de l'*anasyrma* avec l'annonce de la conception d'Itzhak dans la Bible, d'autant que ce récit contient une flagrante erreur : *c'est Sarah qui rit* en entendant l'ange annoncer à Abraham qu'elle sera enceinte et le nom du fils sera Itzhak, c'est-à-dire : *il rira* : « " Je reviendrai vers toi à la même époque, et alors Sarah, ta femme aura un fils. " Or, Sarah écoutait à l'entrée de la tente, derrière lui Sarah rit en elle-même et dit : " À présent que je suis usée, pourrais-je avoir de la volupté, alors que mon seigneur est vieux ? " Yahvé dit à Abraham : " Pourquoi Sarah a-t-elle ri en disant : ' Est-ce que vraiment j'enfanterai maintenant que je suis vieille ' ? " Y a-t-il quelque chose d'impossible à Yahvé ? » (*Genèse* 18, 10-14) « Abraham appela son fils qui lui était né, celui que Sarah lui avait enfanté : Itzhak » (il rira) (*Genèse* 21, 3).

54. Ovide, *Métamorphoses* III, 191.

tachetée. Actéon a surpris la nudité de la déesse : euphémisme évident pour désigner ses parties sexuelles. Notons que dans ce récit, tout comme dans celui d'Ascalabos, il existe une subtile dialectique du regard puisque le regard transgressif vient s'inscrire sur la peau du coupable sous forme d'yeux sauvages : d'ocelles. Notons enfin que le gecko est un animal tout à fait inoffensif et qu'encore aujourd'hui, au Moyen-Orient, on l'accepte dans les maisons, tout comme le caméléon en Afrique, à cause de sa grande capacité insecticide. Pourquoi alors Antoninus Liberalis prétend-il que le gecko devient objet de haine pour les hommes ? À cause, il me semble, d'une caractéristique très frappante de cet animal : des sortes de lamelles qu'il porte sur la face inférieure de ses « mains » et qui lui permettent d'adhérer, comme une ventouse, à tous les supports, y compris les plus lisses. Le gecko est donc la représentation animale de l'agrippement au support ; j'y reviendrai.

Dans une version presque identique, Ovide [55] ajoute certains détails. Ici, la déesse, assoiffée par la chaleur, frappe à la porte d'une modeste cabane au toit couvert de chaume. Tout comme chez Antoninus Liberalis, le fils de l'hôtesse se moque de son avidité et la déesse l'éclabousse puis le métamorphose. Cependant, Ovide se montre plus disert sur les conséquences du mouvement d'humeur de Déméter :

> « (Le reste du liquide mélangé à de la farine d'orge) pénètre dans les pores du visage qui se couvre de taches. L'enfant, un instant avant pourvu de bras, maintenant l'est de pattes ; à ses membres transformés s'ajoute une queue ; son corps est ramené à des proportions réduites pour qu'il n'ait pas la possibilité de nuire et, dans sa taille amoindrie, ce n'est plus qu'un lézard. Comme la vieille femme surprise et éplorée s'apprête à toucher l'animal né du prodige, il la fuit et gagne une cachette. »

---

55. *Métamorphoses,* V, 443-461.

La version d'Ovide rend manifestes les distorsions du rapport dedans/dehors :

D'une part, la peau de l'enfant n'est pas étanche : le liquide la pénètre et la marque à jamais, comme un tatouage ; d'autre part, l'enfant qui, dans les versions précédentes, surgissait en riant sous les jupes ou du sein-même de Baubô, va maintenant se terrer dans quelque orifice. Il ne sort pas des entrailles ; au contraire, devenu lézard, il va se blottir dans quelque trou de muraille [56] ; enfin, la même inversion que dans la variante précédente est ici encore plus explicite. Ce n'est pas Déméter qui contemple la vulve de Baubô mais l'enfant qui éclate de rire – probablement à la vue du sexe de Déméter [57]. Autant dire que la déesse, voyant l'enfant contempler son sexe et pensant qu'il en est le virtuel contenu, l'utilise tel un miroir. C'est pourquoi le « miroir inversé » – le sexe de Baubô – n'est plus nécessaire dans ces dernières variantes.

Une première évidence mérite d'être soulignée d'emblée. Au travers de l'ensemble des variantes, un élément du récit reste constant : Déméter, déprimée de la perte du contact – voire de l'agrippement de sa fille – est guérie par une scène fondée sur une dialectique du regard. Dans la première série, hormis la variante d'Euripide, la déesse contemple un certain spectacle qui déclenche son sourire, puis son rire. La modification de son humeur ne doit pas être étrangère au fait que croyant voir une certaine image, c'est l'image symétrique qui s'impose à sa vue. Baubô lui présente son sexe (le bas) et c'est le visage d'un enfant agité et rieur

---

56. Sur l'équivalence symbolique entre les petits animaux et les enfants, voir S. Ferenczi (1914). La phobie qu'éprouvent traditionnellement les femmes envers les petits animaux – souris, lézards, insectes – provient sans doute de leur ambivalence à l'égard des enfants.

57. Grégoire de Nazianze *(Contre Julien)* attribue tout bonnement l'*anasyrma,* c'est-à-dire la scène d'exhibition, à Déméter elle-même.

qu'aperçoit Déméter (le haut). Ainsi les statuettes de Priène sont-elles particulièrement expressives : si, contemplant le bas, on aperçoit le haut du corps, c'est qu'une dynamique de la perception a gommé le tronc et confondu les deux orifices (la bouche du haut et celle du bas). C'est exactement le mouvement auquel procède la figuration des statuettes. J'attribue donc un effet propre aux statuettes de Priène, probablement thérapeutique, du fait qu'elles contiennent, condensées, deux dynamiques perceptives : inversion haut-bas [58] et confusion. Ces dynamiques agiraient, comme dans les rituels thérapeutiques traditionnels, à l'insu du thérapeute comme du patient. J'appelle « opérateurs thérapeutiques » ces éléments, véritables conjonctions logiques vectorisées par des objets, des statuettes, des rythmes, des consonnances. Le premier opérateur (confondre dans une même image des catégories opposées) reconnaît l'état dépressif de Déméter, le second (inverser les orifices) est le procédé thérapeutique proprement dit. Si l'on formulait le processus thérapeutique à l'aide du langage, on obtiendrait l'énoncé suivant : « Je reconnais que dans ton état dépressif tu procèdes à une confusion brouillant toutes les catégories essentielles [59] (telle par exemple que la nourriture et la sexualité) ; je t'intime l'ordre d'inverser ton humeur. » Comme toute psychothérapie, la méthode de Baubô condense dans une même séquence reconnaissance du trouble et procédé technique [60].

---

58. Pour une ébauche de l'analyse des inversions corporelles dans les techniques thérapeutiques, voir T. Nathan, « Hystérie ou possession » (1986).

59. Pour ce qui concerne la confusion à laquelle conduit la dynamique dépressive, voir T. Nathan, « À travers le miroir » (1985) et « Fantômes » (1987).

60. Sur la fonction « syncrétique » des techniques thérapeutiques traditionnelles, voir T. Nathan, « Un homme sans qualités, un Djinn et une vieille femme kabyle » (1986).

Le processus d'inversion, comme nous l'a enseigné l'interprétation psychanalytique des rêves, est contagieux et se transmet au reste du corpus mythologique. Ainsi retrouve-t-on une cascade d'inversions dans les fragments de mythes considérés. La description de l'état psychique dans lequel se trouve Déméter insiste sur la notion de fermeture de la déesse. C'est en refusant toute relation avec son environnement que Déméter signifie son état dépressif : son corps, ratatiné, semble celui d'un humain vieilli, son visage est fermé, le voile rabattu sur le regard. L'image qu'elle présente s'oppose d'autant plus à l'ouverture expansive du couple Baubô-Iacchos : bouche grande ouverte de Iambé proférant ses plaisanteries scatologiques (« grande gueule ») ; corps « éclaté » de Baubô gesticulant-boîtant-dansant ; rires et mouvements de l'enfant Iacchos.

L'opposition fermé/ouvert renvoie naturellement à un codage agraire du mythe de Déméter. Dans son deuil, la déesse, identifiée à la terre même [61], interdit au blé de pousser. Si Déméter est « fermée » (déprimée), alors la terre, sèche et stérile, ne laisse aucun végétal surgir de son sein. « Fermé » est donc l'équivalent de « sec, aride » ; tout comme « ouvert » l'est de « gras, humide, fertile ». Dans cette perspective, nous pouvons considérer tant le refus de

---

61. L'identification de la terre productrice de blé à la mère féconde, si fréquente dans les sociétés agricoles, était parfaitement explicite chez les Grecs qui utilisaient ce symbolisme précodé dans l'interprétation de leurs rêves : « Une femme rêva qu'il lui était poussé sur la poitrine des épis de blé, lesquels, se fléchissant, s'enfonçaient de nouveau dans sa vulve. Les circonstances avaient voulu que, à son insu, elle fût en commerce sexuel avec son fils. Ensuite elle se suicida et mourut misérablement. Les épis signifiaient le fils, l'enfoncement dans la vulve, le commerce sexuel *et les semences qui étaient nées de son corps son triste destin,* du fait que ces semences naissent de la terre et non des corps. » Artémidore, *Onirocriticon,* V, 63 (souligné par moi). On aura remarqué que l'association du corps maternel et de la terre productrice de blé signait la dépression pour l'onirocrite.

boire que l'avidité de Déméter comme une allégorie transparente de la terre en état de sécheresse.

L'opposition fermé/ouvert accepte également un codage biologique. Le ventre « fermé » est « sec », déféminisé, stérile, comme chez les vieilles femmes. Rappelons que pour les Grecs anciens, « l'humidité » est l'attribut qui caractérise au mieux la féminité [62]. Un ventre « ouvert », fécond, est aussi un ventre « humide ». Déméter est « sèche », elle refuse le Cyceon ; Baubô est « humide », elle exhibe un enfant qui surgit joyeusement de son sein.

L'opposition fermé/ouvert renferme aussi un codage de la distinction entre le monde des morts et celui des vivants. La terre avide et fermée qui interdit aux graines de germer et de crever la surface est comme Hadès retenant Perséphone aux enfers. Car si la terre, devenue pierre, interdit la germination, c'est à ce moment qu'il lui arrive de s'ouvrir pour accueillir les humains, morts de famine du fait de la sécheresse. Cette opposition est signifiée dès les premiers vers de l'hymne homérique. Perséphone, attirée par « les roses, les crocus, violettes... les iris, les jacinthes et aussi le narcisse [63] », n'aperçoit pas la fente d'où surgit Aïdoneus, le maître des enfers. La terre peut s'ouvrir pour donner la vie mais aussi pour la reprendre. Le regard porté sur la fente féconde peut y apercevoir le fruit des entrailles mais dans un soudain renversement de perspective signifier le retour dans l'antre de l'éternel repos. L'enfant (Iacchos) peut surgir joyeusement de la vulve de Baubô, mais aussi courir se terrer dans une fente de muraille (Ascalabos) [64].

---

62. Aristote, *De la génération des animaux,* I, 20 et sq.
63. *Hymne à Déméter,* 6-7.
64. Il existe naturellement d'autres codages du mythe de Déméter, par exemple politique. Je ne traiterai pas ici de tout ce qui a trait à Déméter Thesmophore et qui concernait le mode de pouvoir des femmes dans la cité grecque ; on peut cependant consulter M. Détienne et J.-P. Vernant (1979), S. Saïd (1979).

L'analyse de ces oppositions illustre la plausibilité psychologique de la séquence éleusinienne. Nous pouvons affirmer qu'à Éleusis, Déméter fut soignée de sa dépression à l'aide d'une thérapeutique par l'image (visuelle et acoustique). D'autre part, la scène de l'exhibition – *l'anasyrma* – qui condense l'ensemble des mouvements psychiques possède une série de caractéristiques : il s'agit d'une séquence-image qui traverse toutes les variantes sans en être altérée ; cette séquence-image agit comme un inverseur déclenchant par contagion des inversions sur les autres séquences du mythe ; cet inverseur est toujours lié à la description clinique de la dépression ; l'inverseur s'adresse à l'humeur du sujet. Les représentations doivent être considérées comme le vecteur du processus psychique qui cherche à être déclenché. Je propose de nommer cette séquence-image « inverseur thymique ».

La séquence-image que nous avons repérée la première fois dans Homère survit à toutes les élaborations, même les plus tardives. En guise d'illustration, je mentionnerai un épisode du *Quart Livre* de Rabelais qui reprend, quoique avec une autre organisation, les oppositions signifiantes que je viens de dégager de l'analyse des sources antiques. Il s'agit du récit concernant l'île de Papefigues.

Les habitants de l'île de Papefigues, jadis riches et libres, étaient allés se divertir à l'île voisine de Papimanie. Ce jour-là, dans l'île voisine, c'était la fête. Apercevant le portrait du pape, l'un d'eux lui fit le « geste de la figue ». Là, Rabelais laisse entendre qu'il s'agit d'un geste obscène. Étant donné que le mot grec désignant la figue *(sykon)* était aussi employé pour nommer les parties sexuelles féminines, on peut supposer que les habitants de Papefigues ont présenté leur derrière à l'icône. Cette interprétation est sans doute la bonne, car la sanction pour ce geste impie consista précisément, pour chacun des hommes de Papefigues, à arracher avec les dents une figue introduite dans les

« organes honteux » de la mule Thacor. Ceux qui refusèrent une « si abominable punition » furent pendus. Les autres eurent la vie sauve mais furent peu ou prou réduits en esclavage.

Voici donc les Papefiguiers, jadis riches et libres, maintenant « pauvres, malheureux et soumis aux papimanes ». Dans ce contexte, survient un diable qui tente de dérober à un laboureur de Papefigues le fruit de son travail. Il propose à ce dernier de séparer sa récolte en deux lots : « L'un sera ce qui sort de terre, l'autre ce qui sera enfoui sous terre. » Le diable s'étant réservé la partie souterraine, le laboureur planta du blé. Ainsi le diable fut-il trompé une première fois. Il revint à la charge et se réserva cette fois la partie aérienne de la récolte. Le laboureur planta alors des raves et le diable fut à nouveau trompé. Furieux, désirant obtenir une revanche décisive, il proposa au paysan un concours de « grattage ». Le mot grec signifiant « faire des chatouilles » : *sykophantein,* est directement dérivé de *sykon,* la « figue ». Le laboureur savait qu'il n'avait aucune chance contre le diable avec ses griffes acérées qui le feraient saigner jusqu'à la mort. Mais c'est la femme du laboureur, encore une vieille paysanne, qui parvint à tirer son mari d'affaire. Lorsque le diable se présenta, la vieille, étendue par terre, pleurait et se lamentait. Elle prétendait que son mari, afin de s'entraîner au « grattage », lui avait fait une véritable plaie entre les jambes :

> « Alors, elle se découvrit jusqu'au menton, tout comme les femmes perses se présentèrent jadis à leurs enfants fuyant la bataille, et lui montra son *comment-a-nom.* Le diable, voyant l'énorme solution de continuité dans tous les sens, s'écria : " Mahomet, Démiurge, Mégère, Alecto, Perséphone ! Je n'y puis tenir ! Je prends mes jambes à mon cou. À coup sûr, je lui abandonne le champ [65]. " »

---

65. Rabelais, *Le quart-livre des faicts et dicts héroïques du bon Pantagruel.* (Souligné par moi.)

Un long commentaire est ici inutile. Notons simplement que l'exhibition sexuelle de la vieille paysanne, qui est la séquence-image proprement dite, est conservée intacte. Mais le contexte du récit de Rabelais que j'ai rapidement résumé met en scène plusieurs des oppositions signifiantes relevées dans les variantes grecques : haut/bas : au portrait du pape, l'habitant de Papefigues présente le derrière ; bouche/vulve : la sanction pour l'acte impie consiste à retirer avec les dents une figue introduite dans les « parties honteuses » d'une mule, c'est-à-dire à faire se recouvrir bouche du haut et bouche du bas ; sous la terre/sur la terre : c'est dans ce couple d'opposés que se jouent les péripéties entre le laboureur et le diable ; enfin, l'humeur dépressive est signifiée par la « pauvreté du peuple et la calamité du lieu ».

## RYTHMES ET HUMEURS

Nous avons remarqué à plusieurs reprises que le personnage de Iambe-Baubô est associé à la musique et à un pas de danse, sans doute satyrique. Des commentateurs ont tenté de conférer un autre sens au couple Baubô/baubon (vulve/phallos). A.N. Athanassakis a proposé une interprétation musicale de ce couple. Il s'agirait pour lui de « Mère-tambour » et de « Père-flûte », deux instruments qui jouaient un rôle, nous le savons, dans les mystères d'Éleusis [66]. De plus, Euripide attribue le changement d'humeur de Déméter à la seule « musique d'Aphrodite » [67]. Ainsi le geste de Baubô-Iambe articulerait-il de manière particulièrement condensée musique, danse et sexualité « sauvage ».

66. Cité par M. Olender (1985), n. 111.

67. Je passe sur la proposition, à mon avis fantaisiste, de Devereux, interprétant la « musique d'Aphrodite » comme le son du vagin durant le coït, car il me semble que ce qu'envisage Euripide est bien plus fondamental que la simple évocation de l'acte sexuel.

Les étymologies plus ou moins savantes des deux noms de la thérapeute de Déméter vont maintenant nous conduire sur une voie qui nous rapprochera davantage de la clinique.

Le nom Iambé est incontestablement lié au rythme « iambique » et à son mètre utilisé dans les comédies satyriques. L'utilisation poétique reste tout de même liée à son origine corporelle : une attitude à la fois risible et malséante, une gesticulation rythmée et claudicante. Par son nom, Iambé évoquerait donc la démarche tressautante d'une boîteuse [68] ou bien un pas de danse satyrique, ou enfin, c'est là mon hypothèse, un tic secouant brutalement l'hémicorps.

Le nom Baubô est un mot contenant une même syllabe redoublée. M. Olender, avec raison, le rapproche de Mormô, Gorgô : autant de figures de cauchemar. Une série étymologique remontant à l'antiquité rapproche le mot Baubô de l'expression d'onomatopées : *babazein, bazo* (bavarder), *bauzo* (crier, aboyer, gronder) et surtout *baubau,* onomatopée exprimant l'aboiement d'un chien. Baubô est par ailleurs mêlée à des figures mythiques canines par l'intermédiaire d'Hécate.

Lorsque son nom signifie « geste brusque et rythmé, décharge motrice, tic », le personnage profère des plaisanteries obscènes ; lorsque son nom signifie « cris, aboiements », le personnage se livre à des actes obscènes d'exhibition sexuelle. Cette association complémentaire et inversée entre geste obscène et plaisanterie scatologique évoque un syndrome bien connu du psychopathologiste : la maladie de Gilles de la Tourette.

Gilles de la Tourette a décrit en 1885 un syndrome caractérisé par l'association de deux catégories de tics : les décharges motrices et les tics vocaux. Cependant, les manifestations vocales restent les plus caractéristiques. Elles

---

68. Le rythme du coït d'après G. Devereux, *Baubô, la vulve mythique* (1983).

consistent en explosions de bruits, en aboiements, mais aussi en expressions scatologiques compulsives. Dans son article princeps, G. de la Tourette évoquait le cas de la marquise de D., examinée par Itard en 1825. Cette dernière présentait depuis sa huitième année des mouvements brusques et désordonnés. De plus, cette femme lettrée, qui tenait salon, ne pouvait se retenir, en pleine réception mondaine, de s'écrier brutalement : « Merde et foutre-cochon ! »

Si nous reprenons la liste des symptômes de la maladie de Gilles de la Tourette, classés par ordre statistique de fréquence, nous retrouvons les gestes et les actes que nous avons isolés dans la séquence mythologique :

*Tics musculaires.*

Clignements des yeux, secousses de la tête, haussements d'épaule, secousses d'un membre supérieur, tics de la bouche, tics des mains, secousses d'un membre inférieur, toucher des objets, donner des coups, sauter, sautiller, s'accroupir.

*Tics vocaux.*

Grognements, s'éclaircir la gorge, cris perçants, hurlements, reniflements, aboiements, ébrouements, toux, coprolalie [69].

Ainsi la maladie de Gilles de la Tourette est-elle caractérisée par une association de signes acoustiques et visuels : aboiements *(bau-bau),* grondements, grognements *(bauzo),* interjections scatologiques (*skopsasa* = mots obscènes), d'une part ; décharges motrices donnant au corps une allure obscène et risible, d'autre part.

Ayant eu l'occasion de m'occuper très attentivement de trois adodescents souffrant d'une maladie de Gilles de la

---

69. D'après A.K. Shapiro, E. Shapiro et col., *Gilles de la Tourette Syndrom* (1978).

Tourette (l'un en psychanalyse, les deux autres en entretiens familiaux à visée psychothérapique), j'ai été frappé par le fait que les distorsions corporelles, lors des décharges motrices ou vocales, déclenchent habituellement le rire chez les spectateurs. L'un de ces patients, jeune Kabyle de quatorze ans, souffrait d'un véritable tic d'aboiement. Lorsqu'il arrivait dans les couloirs de l'hôpital, ce tic, qu'il essayait de contenir par tous les moyens – en mâchouillant son pull-over ou en se mordant les lèvres –, déclenchait inévitablement l'hilarité des autres patients de la salle d'attente. De plus, le malheureux garçon était traversé par des interjections obscènes (« Nique, pute, salope ! ») exacerbant les rires [70].

Nous devons tirer deux conclusions de cette comparaison entre Baubô-Iambe et la maladie de Gilles de la Tourette : la première, c'est que les paroles de Iambé sont aussi étroitement imbriquées aux gestes de Baubô que les tics vocaux le sont aux décharges motrices de la maladie de Gilles de la Tourette ; la seconde, c'est que la maladie de Gilles de la Tourette doit contenir des opérateurs psychodynamiques spécifiques suffisamment généraux pour se retrouver tant dans les thérapies traditionnelles que dans certains symptômes culturellement codés [71]. En effet, il existe davantage qu'une simple analogie formelle entre le couple fonctionnel Baubô-Iambe et le syndrome que je viens d'évoquer. Gilles de la Tourette avait déjà remarqué que l'étiologie spontanément présentée par les malades ou par leur entourage

---

70. Ce cas a fait l'objet d'un exposé détaillé dans S. Lebovici, J.F. Rabain, T. Nathan, R. Thomas, M.M. Duboz, « À propos de la maladie de Gilles de la Tourette » (1986).

71. Je pense en particulier au *susto* du Pérou (Ocampo [1980], Arias-Schreiber [1984]), à la *paura* de l'Italie du Sud, à la *khal'a* du Maghreb et aux plus classiques *latah* malais, *myriatchit* sibérien et *imu* des aïnous du Japon, par ailleurs déjà évoqués par G. de la Tourette. Pour une mise en relations de ces manifestations, voir G. Devereux, *Essais d'ethnopsychiatrie générale* (1970, chap. 1).

était dans tous les cas une « émotion morale vive » et la plupart du temps : la *frayeur* [72].

Le jeune patient kabyle que j'ai suivi à la consultation d'ethnopsychiatrie avait consulté lors d'un voyage en Algérie un *cheikh* (guérisseur traditionnel musulman) qui ne s'y était pas trompé et avait immédiatement diagnostiqué une maladie de l'effroi *(khal'a).* Cette étiologie traditionnelle par l'effroi comporte l'idée implicite selon laquelle le lien du psyché-soma et de l'esprit est fragile et n'est jamais établi de manière définitive [73]. L'intrication essentielle des deux structures dont l'absence signerait la disparition de toute vie spontanée peut être perdue soit à la suite d'un cauchemar, soit du fait d'une activité sorcière. De même, une forte frayeur peut aussi déclencher un abandon du psyché-soma par l'esprit. Cette conception étiologique s'étaye sur l'observation du sursaut physique (incoordination motrice passagère) traversant la personne effrayée. Dans cette conception, le sursaut indiquerait que l'« âme » (ou son équivalent dans l'ethnie considérée) vient peut-être de quitter le corps du sujet [74]. Au Maghreb, ainsi que dans d'autres pays musulmans (par exemple en Égypte), la personne effrayée crache sur sa poitrine en écartant son vêtement comme s'il s'agissait de réintégrer le « souffle » dans la poitrine. Dans certaines cultures africaines [75], on attend

---

72. Notons qu'au moment de la théorie des états hypnoïdes, pour rendre compte de l'étiologie de l'hystérie Freud conférait une place centrale à la frayeur, retrouvant ainsi, à son insu, un grand courant explicatif traditionnel.

73. Cette idée correspond assez bien à certaines théories psychanalytiques modernes, telle celle de Winnicott (1949) sur les liens entre le Moi psychique et le Moi corporel.

74. On devrait s'interroger de manière systématique sur l'intrication des diverses notions de l'âme avec les formes de sursaut physique : éternuements (Aristote), décharges motrices, épilepsie (Hippocrate), frayeur, etc.

75. Comme chez les Bassa du Cameroun.

anxieusement le prochain éternuement du patient, preuve tangible que son âme ne s'est pas absentée – théorie singulièrement proche de la pensée d'Aristote selon laquelle l'éternuement est la manifestation de l'âme. Au Pérou, lors d'un syndrome très fréquent que l'on nomme *susto* (« frayeur » en espagnol) et qui désigne une sorte de dépression, on dit explicitement que, suite à une frayeur, la terre a dérobé *l'âme* du malade. Ces étiologies traditionnelles par la frayeur sont en partie naturalistes – traumatiques et ressemblant quelque peu à certaines hypothèses développées par Freud (1892, 1893, 1920) et Ferenczi (1913, 1934) – et en partie surnaturelles, car c'est souvent la rencontre avec un démon, un animal-garou ou avec l'âme d'un suicide [76] qui peut déclencher une aussi forte frayeur.

*Échopraxie et écholalie.*

Dans les symptômes traditionnels tels que le *latah,* le *myriatchit* et l'*imu,* au sursaut initial succède un comportement échopraxique et écholalique également très fréquent dans la maladie de Gilles de la Tourette. F. Adelman (1955) rapporte par exemple le cas d'une vieille Malaise qui, se trouvant au détour d'un chemin nez à nez avec un tigre (frayeur), fut prise d'une crise de *latah* et se mit à imiter le tigre (échopraxie). Elle inquiéta tant l'animal par son comportement inhabituel que ce dernier prit la fuite.

Ainsi l'étiologie par la frayeur semble-t-elle contenir la notion selon laquelle le corps, ayant perdu son « âme », deviendrait désormais le miroir du corps de son vis-à-vis, tout comme la voix deviendrait écho. Nous comprenons maintenant que certaines généalogies mythiques de Baubô lui reconnaissent Écho pour mère ; laquelle, on s'en souvient, déçue dans son amour pour Narcisse, a été méta-

---

76. Idée très fréquente ; voir un cas d'un Indien de Pondichéry détaillé dans T. Nathan, *La Folie des autres* (1986).

morphosée en un filet de voix, désormais condamnée à répéter les trois dernières syllabes entendues.

*Rire, effroi, perte et miroir.*

Pour résumer, nous pouvons dire que la parenté de la séquence Baubô-Iambe avec les symptômes de la maladie de Gilles de la Tourette nous précisent quelques points déjà soulignés de l'*anasyrma* : Baubô est un personnage de rire (elle déclenche le rire de Déméter), mais aussi d'effroi (démon enlevant les jeunes enfants comme Mormô) ; tout au long de cette séquence existe une notion de perte d'âme, de perte de vitalité, perceptible dans la symptomatologie de Déméter, mais aussi dans l'évocation des sentiments de la série dépressive ; une subtile dialectique du regard, sorte de miroir symbolique ou son équivalent dans la sphère auditive – l'écho –, semble étroitement liée à cette perte de vitalité et à sa réparation.

Iambe est liée à la notion même de rythme. Elle pourrait être considérée comme le pied d'un vers [77], autrement dit une particule de rythme. Sa parenté avec les vers iambiques évoque un rythme tant de parole que de musique, sa parenté avec les danses satyriques évoque un rythme dans le mouvement corporel. Le rythme, quelle que soit la sphère où il s'applique, est la marque sensible d'une opposition et la répétition *ad libitum* de cette opposition. Il est par conséquent étroitement lié à la symétrie corporelle. Or, si l'on considère attentivement la métaphore agricole du mythe de Déméter, l'omniprésence de la notion de rythme saute aux yeux. Lorsque Déméter, endeuillée, interdit au blé de pousser, elle interrompt le cycle des saisons, la répétition des oppositions entre hiver, printemps, été et automne. Elle installe le monde

---

77. Le fait que l'on continue à désigner par le mot « pied » le rythme de la versification montre la permanence de la symbolique corporelle dans la poétique.

dans un éternel été qu'aucune fente, aucune humidité ne vient séparer de la saison suivante. Elle impose aux bêtes et aux hommes une confusion chronologique et empêche désormais la comptabilisation des années. La confusion spatiale isolée plus haut (haut/bas ; bouche du haut/bouche du bas) est par conséquent répétée par la confusion chronologique : disparition de l'opposition entre l'avant et l'après. Enfin, la résolution de l'affaire du rapt impliquant que Perséphone devra rester quatre mois aux enfers avec son époux Hadès et le reste du temps sur terre en compagnie de sa mère comporte davantage qu'une simple allégorie agraire. Elle signifie la réinstallation de la discontinuité dans le monde et dans les esprits et par conséquent la disparition des confusions spatiales, chronologique (saisons, mais aussi rythme jour/nuit), ontologique (moi/l'autre ou plus exactement moi/mon symétrique, mon double, mon miroir).

D'où il apparaît que, pour les Grecs anciens, la mélancolie était équivalente à la perte de la discontinuité, à la disparition ou à la distorsion des rythmes. Un mélancolique serait une personne ayant perdu toutes ses oppositions, vivant dans un univers en continu, une sorte de magma incolore, un monde de confusion. Le sentiment d'une vie sans relief, sans rupture, sans opposition, serait le signe pathognomonique du syndrome dépressif. D'ailleurs, de nombreux patients dépressifs décrivent leur sommeil de cette manière : ils ont l'impression de ne pas avoir dormi, se réveillent aussi fatigués que la veille, comme si la rupture de la nuit n'avait pas eu lieu. Dans une même perspective, nous pourrions décrire la boulimie ou l'anorexie comme une entreprise visant à instaurer la confusion chronologique en supprimant la faim qui oppose l'avant et l'après (du repas). Cette conception de la mélancolie comme suppression de la discontinuité, donc comme une maladie de la distorsion des rythmes, rejoint les théories modernes sur la dépression :

> « Restent les troubles du sommeil dont la fréquence est très grande. Des travaux récents ont montré qu'ils pouvaient constituer en partie le terrain prédisposant reflétant un trouble de certains *rythmes biologiques.* Les rythmes de la nature gouvernent la vie. Le cycle du jour et de la nuit, celui des saisons... Or, un certain nombre d'indices font penser que dans la dépression, les *rythmes peuvent jouer un rôle.* Les troubles du sommeil y sont fréquents [78]. »

Ainsi, lorsque Iambé, particule incarnée de rythme, s'exhibe devant Déméter, lorsque Baubô lui présente ce que Rabelais nomme plaisamment son « énorme solution de continuité », elles ne font rien d'autre que de tenter de réintroduire Déméter à la perception des rythmes naturels en l'incitant à s'identifier à son vis-à-vis. Si la mélancolie est la maladie de la distorsion des rythmes, sa thérapeutique est l'imposition des rythmes par le moyen d'opérateurs spécifiques.

Il est bien connu que le mot « mélancolie » signifie en grec « bile noire ». Ce terme fait explicitement allusion à l'étiologie humorale du syndrome, surtout développée par Hippocrate. La théorie des humeurs admettait qu'il existait quatre humeurs dans le corps humain qui devaient rester dans des proportions précises : le sang, la bile noire ou atrabile, la lymphe et la bile jaune. Selon cette théorie, tout excès de l'une des humeurs engendrait un type de maladie et, à faible dose, un type de caractère. La mélancolie était attribuée à un excès d'atrabile, humeur particulièrement toxique et même mortelle comme le sang surgissant des artères gauches de Méduse ou celui de l'Hydre de Lerne. Ces quatre humeurs du microcosme étaient en harmonie

78. D. Widlöcher, *Les Logiques de la dépression* (1983) (souligné par moi).

avec les quatre éléments du macrocosme (terre, air, eau, feu), les quatre qualités des substances (sec, humide, froid, chaud), les quatre saisons et les quatre directions de l'espace. La mélancolie, cela ne nous étonnera pas, était en correspondance avec la terre (Déméter) et l'automne. Tout cela semble fort logique. En revanche, une conception grecque qui a survécu jusqu'au XIII^e siècle n'est compréhensible qu'à la lumière de mes développements précédents. Il s'agit de l'équivalence entre la mélancolie et l'épilepsie :

> « Les mélancoliques deviennent d'ordinaire épileptiques, et les épileptiques mélancoliques. De ces deux états, ce qui détermine l'un de préférence à l'autre, c'est la direction que prend la maladie, si elle porte sur le corps : épilepsie ; si c'est sur l'intelligence : mélancolie [79]. »

Les éclaircissements que nous avons apportés sur l'équivalence des paroles déchaînées (sans frein) de Iambé et les gestes sans retenue de Baubô face à la dépression de Déméter nous ont accoutumé à l'idée d'une double polarité du syndrome mélancolique dans sa perte du rythme : perte du contrôle de la parole d'une part (atteinte de l'intelligence), perte du contrôle moteur d'autre part (atteinte corporelle). Ainsi voyons-nous jusque dans la théorie humorale d'Hippocrate la double polarité de la séquence-image isolée dans l'analyse du mythe de Déméter.

D'ailleurs, une longue fréquentation de la psychopathologie africaine m'a depuis longtemps habitué à l'idée qu'un corps déchaîné signe autant la mélancolie que l'humeur triste, les auto-reproches ou les idées suicidaires – ce que l'on a appelé, bien à tort selon moi, « dépression masquée ».

J.-P. Vernant remarque que les Grecs n'ont représenté

---

79. Hippocrate, cité par R. Boubakeur (1979), p. 21.

que trois de leurs dieux sous forme de masque : « il s'agit pour l'essentiel des trois puissances de l'au-delà : Gorgô (la gorgone Méduse), Dionysos et Artémis [80] ». Dans la suite de son texte, il démontre que ces trois divinités ont pour fonction essentielle de représenter l'autre (l'étranger) et d'envisager une relation possible avec lui. Vernant n'envisageant dans sa discussion à aucun moment la dimension psychologique de cette reconnaissance de l'autre, je vais rappeler quelques points bien établis en ce domaine.

La représentation de l'autre et l'établissement d'une relation avec lui est depuis le début du siècle l'une des préoccupations majeures de la psychologie génétique et de la psychanalyse des enfants. Il s'agit de la question de l'établissement de la relation d'objet. Freud avait déjà vigoureusement souligné que l'investissement de l'objet (non-soi) n'était pas automatique et qu'il dépendait étroitement du bon déroulement de la relation du tout-petit à sa mère. Mais il est remarquable pour mon propos que le domaine ainsi dessiné par Freud ait donné lieu non seulement à des recherches cliniques mais aussi à des recherches expérimentales.

Hermann a décrit chez le tout-petit une « pulsion d'emprise » s'exprimant au début par des activités d'agrippement et évoluant progressivement vers une appropriation plus distanciée de l'objet, vers une mentalisation [81].

Spitz a consacré une grande part de ses travaux à l'exploration de la première relation entre la mère et le tout-petit ainsi qu'à ses vicissitudes. Il a établi de manière incontestable que :

– durant la tétée, le nourrisson fixe continuellement le visage de sa mère. L'absorption alimentaire s'accompagne

80. J.-P. Vernant, *La Mort dans les yeux* (1985), p. 11.
81. J. Hermann, *L'Instinct filial* (1930).

par conséquent d'une captation imaginaire, celle du visage de la nourrice ;

– entre le deuxième et le sixième mois, le nourrisson réagit par le sourire, par le rire et même par des explosions de joie à la vue d'un visage présenté de face. Il est important de noter que la présentation d'un visage de profil, même celui de la mère, ne déclenche aucune réaction alors qu'un simple masque exagérant les caractères de la facialité (yeux anormalement grands, bouche largement échancrée) déclenche une explosion de joie au moins aussi vive que le visage de la nourrice. Or les masques de Gorgô possèdent ces trois caractéristiques : facialité, taille exagérée des yeux, bouche largement ouverte ;

– si durant cette première période (deux à six mois) l'enfant est séparé de sa mère, il présente un syndrome parfaitement décrit : la dépression anaclitique. Au début, il est pleurnicheur, exigeant, a tendance à s'accrocher au premier venu. Suit une phase de refus de contact, de retrait et de retard de développement. Enfin apparaît l'insomnie et surtout la rigidité faciale, trait pathognomonique de la dépression anaclitique. Nous pourrions dire ici qu'en l'absence du visage « ouvert » de la mère, l'enfant présente un visage fermé et rigide, et que cette attitude signe, tout comme chez Déméter, la dépression ;

– aux alentours du huitième mois, la présentation à l'enfant d'un visage étranger déclenche de violentes réactions d'angoisse, preuve que le visage de la mère est identifié, par conséquent distingué de tout autre visage. Cette intériorisation d'une forme visuelle est l'aboutissement d'un intense et long travail psychique [82] semblable à celui

---

82. Les recherches actuelles sur la reconnaissance des images par ordinateur montrent combien l'« analyse de l'image » qu'opère l'œil humain en une fraction de seconde est un travail extrêmement complexe qu'il est pour l'instant très difficile d'automatiser : « Comment des

d'un deuil et permettant à l'enfant de supporter l'absence réelle de la mère sans être destructuré par les pulsions cannibaliques et agressives ressenties à son égard [83]. Cette intériorisation de l'image du visage de la mère, fragile dans les premiers temps, semble remise en cause tout au long de la vie dans les moments de passage d'un état psychique à l'autre : solitude, endormissement. La pratique psychanalytique avec les jeunes enfants ainsi que l'analyse des souvenirs de la petite enfance surgis durant les psychanalyses d'adultes montrent que la perte de cet « objet interne » se manifeste avant tout par des distorsions kaléidoscopiques de visages. Le visage non reconnaissable devient grimaçant et adopte rapidement des formes de monstres animaux ou humains. Dans ce contexte, on comprend aisément qu'un masque rassure l'enfant par sa fixité en le protégeant des métamorphoses, expressions visuelles de la non-permanence de l'objet.

Ces derniers commentaires permettent de comprendre pourquoi Baubô est aussi, dans certaines traditions, assimilée à une sorcière faisant peur aux enfants [84], car l'une de ses fonctions est, tout comme dans nos contes pour enfants, de rassurer contre la perte de l'objet que fait courir le processus d'endormissement (désinvestissement de la réalité extérieure).

C'est Winnicott qui, à partir de sa pratique clinique, tant avec des jeunes enfants qu'avec des adultes gravement

---

tâches que nous réalisons facilement, telles que les analyses d'une scène ou d'une image, et particulièrement les analyses de texture (dont la synthèse à l'aide d'un ordinateur est déjà difficile), ou encore la reconnaissance de la parole, peuvent-elles être si difficile à automatiser ? Ainsi des heures de calculs d'ordinateurs très puissants sont souvent nécessaires pour détecter sur une image ce qu'un œil exercé y voit en une fraction de seconde », M. Habib, « image et intelligence artificielle » (1986), 117-118.

83. Phase dépressive de M. Klein.

84. G. Devereux, *Baubô, la vulve mythique* (1983).

atteints, est parvenu à restituer la dynamique intrapsychique des observations quasiment éthologiques de Spitz. Il a proposé l'hypothèse selon laquelle, lorsque le bébé s'abîme dans le regard de sa mère, c'est lui-même qu'il aperçoit :

> « Que voit le bébé quand il tourne son regard vers le visage de sa mère ? Généralement, ce qu'il voit c'est lui-même. En d'autres termes, la mère regarde le bébé et ce que son visage exprime est en relation directe avec ce qu'elle voit [85]. »

Cette remarque décisive de Winnicott, qui a d'ailleurs donné lieu à des recherches spécifiques approfondies sur les interactions précoces [86], appelle deux commentaires en rapport avec notre sujet :

D'une part, Winnicott souligne avec raison que, lorsque la mère est envahie de préoccupations d'ordre dépressif, l'enfant ne peut utiliser son regard comme miroir. Au lieu de s'apercevoir, il perçoit les seuls yeux de sa mère. Cette perception est comparable à celle d'un miroir vide, séquence romanesque classique signifiant la perte d'âme (par exemple dans *L'Étudiant de Prague*). Cela explique la véritable passion pour les yeux (parfois rationalisée en recherche de « beaux yeux [87] ») que nourrissent nombre de déprimés. Ainsi, la dépression de la mère, en entravant sa fonction de miroir maternel, conduit-elle à la perte du « self » spontané de l'enfant. Cette fine dialectique du regard, fort bien décrite par Winnicott, rejoint celle que j'ai précédemment établie dans l'analyse de la

85. D. W. Winnicott, « Le rôle de miroir de la mère et de la famille dans le développement de l'enfant », dans *Jeu et Réalité* (1971).

86. Les travaux sont très nombreux en ce domaine. Pour un point sur la question, voir S. Lebovici, *Le Nourrisson, la Mère et le Psychanalyste* (1983).

87. Voir la notion de « beaux yeux » dans *L'Homme au sable* d'Hoffmann qui mériterait dans ce contexte un développement particulier.

séquence mythique avec ses brutales inversions entre sujet et objet.

D'autre part, pour l'analyse de l'établissement de la distinction essentielle entre le même et l'autre, le soi et le non-soi dans la relation mère-enfant, le couple mère-fille occupe une place paradigmatique car, lorsque la petite fille se regarde dans les yeux de sa mère et qu'elle s'y voit, c'est bien quelqu'un du même sexe qu'elle aperçoit. *Mutatis mutandis,* ce même chatoiement se retrouve du côté de la mère qui, dans les yeux de sa fille, voit sa propre mère remplissant la même fonction maternelle avec elle [88]. Winnicott a d'ailleurs bien perçu l'importance du couple mère-fille à l'exclusion de l'autre couple possible (mère-fils) dans l'établissement de la distinction soi/non-soi. Parlant d'une de ses patientes, mère de trois garçons et perdue dans une profonde détresse dépressive, il écrit :

> « Il fallait que cette femme soit sa propre mère. *Si elle avait eu une fille, elle aurait certainement éprouvé un grand soulagement,* mais peut-être la fille en eût-elle souffert. Il lui serait incombé de corriger l'incertitude qu'avait sa mère quant à la vision que sa propre mère avait d'elle [89]. »

Le mythe de Déméter semble avoir compris ces points essentiels de psychologie humaine : la distinction soi/non-soi se formule à partir du couple mère-fille. Le rituel grec confondait Déméter et Perséphone ; le récit de l'enlèvement par Hadès met en scène la difficulté à les distinguer. Les précisions cliniques de Winnicott éclairent la persistance tout au long du mythe de couples mère-fille (Déméter-Perséphone,

---

88. Voir un cas clinique détaillé illustrant cette subtile dialectique du sujet et de l'objet dans la relation précoce entre une mère et sa fille, dans T. Nathan, « L'utérus, le chaman et le psychanalyste » (1986).

89. D.W. Winnicott, *Jeu et Réalité* (1971), p. 157 (souligné par moi). Notons que les mères dépressives qui ont la malchance d'avoir un garçon s'amusent souvent à l'habiller en fille.

Baubô-Mismé) et d'une complexe dialectique du regard entre les vis-à-vis (Déméter-Baubô, Déméter-Mismé).

### SCHÉMA DE LA SÉQUENCE-IMAGE DÉPRESSIVE

Après cette longue analyse, je voudrais établir le schéma de la séquence-image telle qu'elle découle de mon analyse mythologique.

Il s'agit nécessairement d'une mère et de sa fille [90], étroitement unies, car la souffrance dépressive et la confusion qu'elle implique trouvent une expression parfaite dans une représentation qui lie : *la confusion entre le sujet et l'objet* (ici, l'objet duquel doit se différencier l'enfant est du même sexe que lui) ; *la confusion entre le dedans et le dehors* (le contenu de l'utérus, maintenant dehors (la fille), est lui-même un contenant puisqu'il est à son tour nanti d'un utérus [91]).

Il existe plusieurs symptômes de l'état dépressif :

*Distorsions du rythme* : disparition ou distorsion du rythme réglant l'ordre naturel : sommeil/veille, faim/satiété, gauche/droite dans la marche ou dans la danse, haut/bas, et, bien entendu, les catégories plus allégoriques telles que le rythme des saisons et l'opposition vie/mort.

*La décharge motrice incontrôlée* : l'analyse mythologique a parfaitement établi l'équivalence entre la perte d'âme (disparition de la vitalité, dépression) et la décharge motrice incontrôlée. Les deux symptômes sont regroupés de la manière la plus explicite dans la maladie de Gilles de la Tourette.

*Le miroir vide* : le miroir constitue la visualisation privilégiée de la dépression, plus particiulièrement dans la terreur du miroir vide (disparition du « self »). Il semble être

---

90. En revanche, j'ai montré comment la problématique œdipienne est nécessairement représentée par *un garçon* entre sa mère et son père.
91. T. Nathan, *Le Sperme du Diable* (1988).

l'inverse du masque qui assure la permanence du visage de l'objet (*persona* en latin [personne] = masque) [92].

L'analyse mythologique nous a permis de découvrir plusieurs psychothérapies de la dépression. Je pense que ces thérapeutiques présentent pour nous de multiples intérêts. Elles nous permettent de comprendre comment les Grecs anciens soignaient leurs déprimés et leurs mélancoliques. Ces thérapeutiques ou leurs dérivés sont encore utilisées dans les sociétés traditionnelles actuelles. Même si elles avaient totalement disparu, ces thérapeutiques trouveraient encore le fonctionnement de certains processus actifs que j'ai appelés « opérateurs » et que nous nous devons d'isoler pour éventuellement les utiliser à notre tour en les incluant dans notre arsenal thérapeutique. Enfin, nos déprimés actuels « inventent » spontanément tout ou partie de ces éléments actifs dans un but autothérapeutique.

L'analyse mythologique m'a permis de mettre à jour les items suivants : exhibition d'une parole sans frein, de plaisanteries obscènes, de formules scatologiques comportant généralement des processus d'inversion ; exhibition de décharges motrices : tics, gestes obscènes, danse claudicante, généralement risibles ; exhibition d'un masque possédant les attributs du masque de Spitz : yeux démesurément grands, bouche largement ouverte [93] ; utilisation (rituelle) de statuettes type statuettes de Priène, au visage

92. Une intuition de la fonction du miroir dans la dépression mais mal visible derrière les lourdeurs de style et les préciosités obscures dans J. Lacan : « Le stade du miroir comme formateur de la fonction du Je » in *Écrits* (1966). Pour ce qui concerne le masque, il me semble que mes développements rendent compte du fait que les Grecs n'ont représenté sous forme de masque que leurs dieux ayant de quelque façon trait au monde des morts, c'est-à-dire ceux en qui ils déposaient leur souffrance dépressive.

93. Pour la fonction du masque dans le carnaval et son rapport à la thymie dépressive, voir M. I. Sampaio, « Le chat mis à mort » (1983).

dessiné sur le tronc, bouche du haut tendant à fusionner avec la bouche du bas.

L'analyse de ces images et objets utilisés dans la psychothérapie traditionnelle de la dépression m'a conduit à formuler l'hypothèse selon laquelle leur efficacité proviendrait de leur capacité à inverser les images perçues et, par contagion, toutes les représentations du sujet percevant, y compris son humeur.

### *Le cas d'Écho*

L'idée d'un texte articulant le mythe de Déméter et la clinique psychanalytique m'est venue (comme c'est souvent le cas) de la prise en charge d'une patiente. Extrêmement perturbée dans sa vie familiale, sociale et affective, elle a pourtant toujours gardé le désir de conserver un lien, quoique conflictuel, avec l'environnement et l'espoir d'une vie plus sereine.

Nous avons entrepris ensemble une cure psychanalytique à raison de quatre séances par semaine, le plus souvent sur le divan, quelquefois en face à face, par téléphone dans les moments de grande terreur. Il s'agissait d'une femme de cinquante ans, petite de taille, à l'aspect juvénile, exagéré par le port de vêtements qui eussent mieux convenu à une enfant d'une dizaine d'années.

Personnalité sensible, elle basculait régulièrement dans un délire de persécution qui envahissait soudain toute sa vie et brisait net les relations qu'elle était parfois parvenue à établir. Durant son traitement, qui a duré quatre années de manière intensive, puis deux années de manière plus épisodique, ses pensées délirantes sont restées dans des proportions acceptables et leur durée était relativement brève, comme si elle avait souhaité m'en protéger. Après ces périodes marquées par la confusion et le délire, elle émergeait tout étonnée, semblant sortir d'un cauchemar. Durant les périodes d'éclaircie, elle se révélait intelligente et très fine dans la compréhension des mécanismes psychiques et son commerce durant les séances me paraissait particulièrement subtil. Pendant les moments délirants, au contraire, elle se montrait totalement opaque à toute compréhension, relativement ennuyeuse dans la répétition indéfinie des mêmes thématiques délirantes. De plus, je me sentais alors en perpétuel danger d'être assimilé à l'infinie cohorte des persécuteurs.

Elle se plaignait d'un marasme psychique permanent, d'un sentiment de vide et d'une confusion des repères qu'elle ne pouvait exprimer par des paroles, sinon par cette onomatopée : « Ah ! Je ressens à nouveau cela : *Pouah* ! » Son corps était bien plus prolixe. Ses yeux largement ouverts, tels ceux d'un enfant à la fois curieux et inquiet, furetaient partout et plongeaient dans votre regard pour vous explorer jusqu'aux os. Mais le plus frappant était une agitation permanente qui rythmait son corps debout selon un axe vertical, tel le balancier d'une pendule. Assise face à moi, elle ne savait où poser ses jambes : sous elle, puis étendues en appui sur le bureau, à nouveau sous elle, sur le divan, et ainsi de suite. De plus, une partie intime de son corps était souvent présentée « innocemment » à l'interlocuteur : un bouton de chemisier absent laissait apparaître un carré de sein nu ; une robe maladroitement ramenée au moment de s'asseoir lui permettait d'exhiber le haut de ses cuisses et surtout, lorsqu'elle retirait ses souliers – ce qu'elle faisait immanquablement au début de chaque séance –, elle laissait apparaître une « coquine » portion d'orteil au travers du trou de sa grosse chaussette de laine.

Son enfance avait été cahotique. Le père, cadre supérieur, avait épousé une femme originaire du Moyen-Orient (« ces Orientales, avait-elle l'habitude de répéter, habituées à ne rien faire sinon la sieste... »). Après la naissance de la première fille, le couple souhaitait naturellement un garçon. Et ce fut une fille : Écho. Le garçon arriva seulement six ans plus tard. À l'âge de trois ans, devant les restrictions alimentaires, dues à la guerre, puis à l'Occupation, ses parents envoyèrent Écho dans une ferme à la campagne. Elle ne conservait strictement aucun souvenir de son séjour rural. C'est seulement après trois ans d'analyse qu'elle fit le premier rêve mettant en scène cette période de sa vie. À son retour de la campagne, ses parents avaient déménagé et le petit frère était né. Les repères, déjà gravement perturbés durant l'absence, étaient maintenant totalement brouillés : l'espace modifié puisqu'elle arrivait dans un lieu qui lui était inconnu, la composition de la famille également du fait de la naissance du frère. Puisque les parents avaient eu une fille aînée (la sœur d'Écho) et un garçon (son frère), Écho semblait désormais destinée à un statut et à un sexe indéterminés. Quand elle les revit, elle ne reconnut pas ses parents. Puis, elle se mit à les haïr, profondément, à son insu.

D'après ce que nous avons pu reconstituer durant le travail psychanalytique, il semble que les parents la considéraient débile. Ils pensaient qu'elle ne se marierait jamais et resterait auprès d'eux pour accompagner leurs vieux jours. Ne la pensant capable que de menus travaux, ils l'incitèrent à interrompre rapidement ses études alors qu'ils encourageaient son frère et sa sœur dans la poursuite d'études supérieures. Curieusement, elle se plaignait beaucoup de l'absence de nourriture dans la maison familiale. Malgré la présence de la grand-mère maternelle, qui parlait avec la mère dans une langue orientale incompréhensible, le réfrigérateur était toujours vide sinon de gruyère dont se nourrissait à peu près exclusivement la mère d'Écho. La mère et la grand-mère, qu'elle percevait identiques et antagonistes, étaient aussi égoïstes qu'agitées. Leur comportement, leur excitation, cette langue étrange qu'elle ne parvint jamais à apprendre, lui paraissaient encore comme le symbole même de la vulgarité, voire de l'obscénité.

Jusqu'à l'âge de vingt-quatre ans, elle resta chez ses parents, le regard fixé sur eux dans un état de perplexité immobile dont, encore aujourd'hui, elle est incapable de se souvenir. Puis, elle décida brusquement d'émigrer dans un pays d'Europe du Nord pour s'arracher de force à cette coque de fascination. « Je voulais alors me donner... heu... me prendre la vie », me révéla-t-elle en fin d'analyse. Mourir ou renaître, telle était l'alternative qu'elle tenta d'inscrire dans les faits.

D'apathique, elle devint d'une activité fébrile. Elle apprit activement la langue (fort difficile) de son pays d'adoption, entreprit avec succès plusieurs formations dans le domaine de la santé, obtint des diplômes, parvint à occuper des emplois en rapport avec ses nouvelles qualifications mais ne put les conserver au-delà de six mois du fait de l'apparition inéluctable des idées de persécution. C'est à l'étranger qu'elle prit conscience de sa maladie. Elle souffrit d'abord de symptômes psychosomatiques (constipations opiniâtres, douleurs gastriques rétives à tout traitement [94]), puis de symptômes plus franchement psychopathologiques (insomnies, sentiments dépressifs). On lui conseilla une consultation de médecine psychosomatique. Elle fit plusieurs tentatives de psychothérapie souvent bénéfiques, mais toujours assez brèves. Souffrant d'une totale impossibilité de conserver un emploi stable, de s'installer réellement dans une relation psychothérapique mais aussi d'établir des liens objectaux, elle maintenait le règne de la précarité dans tous les domaines touchant à la sphère affective.

---

94. Pour ce qui concerne les troubles digestifs des migrants, voir T. Nathan, « L'acide et la mère » (1986).

Manifestement, aucun désir sexuel ne l'animait quoiqu'elle ait toujours présenté une excitation généralisée à tout le corps. Elle n'eut cependant jamais de véritable vie sexuelle, sauf un viol qu'elle subit à l'âge de vingt-six ans.

C'est vingt-trois ans plus tard, à son retour d'exil, qu'elle entreprit un traitement avec moi. La première fois que je la vis, elle me formula simultanément trois demandes : elle souhaitait d'abord que j'intervienne auprès des autorités municipales, car son voisin allait la violer, peut-être même la tuer ; elle me demanda si elle pourrait collaborer, au vu de ses diplômes, avec l'équipe du dispensaire où je la recevais alors ; elle me remit une lettre qu'elle venait d'écrire à ses parents, véritable réquisitoire décrivant par le menu toutes les injustices qu'ils lui avaient fait subir, pour m'expliquer l'origine de son mal. Cette lettre exigeait réparation du préjudice financier qu'elle estimait avoir subi, ses parents ne lui ayant pas payé d'études comme ils l'avaient fait pour sa sœur et son frère. Elle leur réclamait une somme d'ailleurs assez modique, afin d'entreprendre un stage de recyclage.

Avec le recul, je pense que ces trois demandes, apparemment hétéroclites, servaient en vérité à m'introduire tout de go à la confusion impensable qu'elle sentait envahir sa psyché : auxiliaire, délirante quérulente ou état-limite ? Je ne compris pas immédiatement qu'elle exigeait de moi un travail de délimitation. D'ailleurs, de portes, de fenêtres, de murs, de délimitations d'espaces, il en fut beaucoup question au début : « Mon voisin, c'est un fou. Il fait des histoires à tout le monde. Il passe son temps à surveiller la grille. Il faut qu'elle soit toujours fermée. Il crie tout le temps parce qu'elle est ouverte... »

Dès les premières séances, elle se plaignait de percevoir les pensées des autres, plus particulièrement celles qui la concernaient, et lorsqu'elle y surprenait la moindre trace de rejet ou de mépris, elle injuriait l'interlocuteur, commettait quelque acte de violence (notamment briser les portes) et rompait la relation.

Elle explorait également les regards obliques, chargés de sens. Tel homme l'avait regardée d'un air concupiscent. Elle avait alors immédiatement sauté dans le premier autobus mais avait eu le temps de surprendre le regard complice de son vis-à-vis vers le premier homme. Sans doute avaient-ils partie liée. Elle avait quitté l'autobus au premier arrêt, s'était réfugiée dans une cabine téléphonique, pour m'appeler, affolée : « Je suis suivie ! Toute une bande qui me désigne comme victime par le regard. Que dois-je faire ? » Je lui conseillais de rentrer chez elle en fixant le sol, sans lever les yeux un seul instant, et de me rappeler aussitôt arrivée. Ce qu'elle faisait dans un soupir de soulagement en se retrouvant vivante et entière jusqu'à la prochaine alerte, et ainsi de suite, de réverbération en réverbération, à l'infini.

La première séance qui suivit notre accord de commencer un traitement psychanalytique, elle arriva en avance d'une heure, s'installa dans la salle d'attente, par terre, tout contre le mur délimitant mon cabinet, et somnola, recroquevillée en chien de fusil. Elle me suivit des yeux lorsque je raccompagnai le premier patient, me regarda inviter le second à entrer dans mon cabinet et repartit dans sa rêverie. Lorsqu'elle pénétra à son tour, elle déposa son manteau sur un fauteuil, son sac à main sur le bureau, son filet à provisions sur le divan, occupant tout l'espace disponible, puis me demanda : « Puis-je retirer mes souliers ? » Je répondis que je souhaitais qu'elle se sentît à l'aise pour me parler. À la fin de la séance, elle reprit sa place dans la salle d'attente, le dos appuyé contre le mur de mon cabinet et d'heure en heure levant les yeux pour scruter mon regard, jusqu'à ce que j'aie terminé de recevoir mon dernier patient. Puis, nous fermâmes ensemble la porte du dispensaire et chacun partit de son côté.

Les matins suivants, elle se présenta à l'heure d'ouverture sous un prétexte ou un autre. Lorsque c'était un jour de séance, cela se déroulait comme le premier jour. Lorsque j'étais absent, elle se disputait avec la secrétaire ou une infirmière, renversait les chaises, claquait violemment la porte de l'établissement et partait en maugréant.

Durant le premier mois les séances, assez ennuyeuses, contenaient des récits identiques : des hommes la suivaient, elle percevait leurs intentions dans leur regard et tentait de les semer tout au long de la journée ; le voisin du dessous allait sans doute forcer sa porte en son absence et la voler, ou bien cela se passerait en sa présence et il la violerait.

Pendant des mois, dans son discours, elle fut incapable de distinguer son père ou sa mère comme personne indépendante. Elle les désignait assemblés en un tout : « léparents » ou « lézacadémiciens ». Elle soupçonnait cette entité composite d'ourdir contre elle toutes sortes de complots dans le but de la rabaisser ou de la rendre à nouveau dépendante d'eux. Chaque visite chez eux se soldait d'ailleurs par une véritable crise clastique, généralement en pleine rue, qui lui permettait de se libérer de l'emprise imaginaire dans laquelle elle retombait aussitôt qu'elle se retrouvait en leur présence. Ces contacts avec ses parents, toujours occasionnels et brefs, se déroulaient tous selon la même séquence : désir d'investir l'objet, terreur délirante de confusion avec l'objet, sentiment de persécution, retrait. Il était frappant que la répétition identique du même schéma n'ébranlât à aucun moment sa conviction délirante. Elle me rappelait un nourrisson, jamais lassé de poser la même demande malgré les refus réitérés de sa mère.

Écho était très désireuse d'entreprendre un traitement sérieux et en profondeur mais, manifestement, la souffrance qui la tenait ne pouvait s'exprimer par la parole ou bien, lorsqu'elle parvenait à prononcer des paroles, elles étaient insignifiantes et répétitives. Le sens était véhiculé par le comportement du locuteur et non par le contenu des mots. En vérité, elle proposait une forme *(Gestalt)* en touches impressionnistes faites d'images, de mouvements, d'attitudes et de quelques mots clefs. Que je lui démontre que j'avais perçu la forme et que je pouvais y associer des mots la rassurait sur l'instant. Parfois, elle me téléphonait, affolée, pour me raconter sa dernière séquence de comportement persécutif, puis me demandait : « Je vous en prie, dites-moi quelque chose là-dessus... » Je ne parvenais pas toujours à le faire.

Son rapport au discours portait d'ailleurs une autre empreinte de la fonction visuelle. Si l'on entend soi-même ce que l'on dit, on ne peut voir ce que l'on montre. La réflexivité de l'ouïe n'est donc pas équivalente à la réflexivité de la vision. Or il arrivait souvent à Écho d'expliquer la raison pour laquelle elle avait été happée par le regard de l'autre en invoquant une parole qui lui avait échappé comme ces portions de corps qui s'offraient brusquement à la vue – carré de sein, rondelle d'orteil, etc.

« J'étais à la banque et j'ai dit au guichetier qu'il me restait deux mille francs sur mon compte en banque. Sitôt cette parole échappée, j'ai bien vu les yeux de l'Algérien qui me fixaient, etc. »

Ce qu'elle avait à me montrer relevait de la confusion entre le sujet et l'objet : patiente et auxiliaire médicale, père et mère, enfin elle et moi, car bien évidemment elle lisait dans mes pensées, surtout quand celles-ci se mettaient à vagabonder en s'écartant quelque peu du matériel qu'elle me présentait. Elle disait alors : « Vous n'êtes plus avec moi ; je le sens ! À quoi pensez-vous donc ? » L'expérience m'ayant enseigné qu'il était inutile de ruser avec elle encore moins qu'avec n'importe quel autre patient, je lui répondais à peu près ceci : « J'étais avec la personne qui vous précédait sur ce divan car elle est l'exact opposé de vous : elle souhaite me tenir le plus éloigné d'elle alors que manifestement vous souhaitez que nous ne fassions qu'un. » Et lorsque la tentative de fusion avec moi devenait trop angoissante, elle bondissait du divan comme un diable de sa boîte et, m'accusant d'inattention ou d'indifférence, entreprenait de renverser mes meubles ou ma bibliothèque.

Ainsi la confusion qui régnait à l'intérieur de son appareil psychique s'était-elle transmise au cadre analytique lui-même, la fusion avec moi tentant de réparer la désorganisation temporo-spatiale.

Nous sortîmes de l'ennui des terreurs répétitives par la médiation de dessins. Un jour, Écho vint à sa séance avec deux grandes feuilles de papier. Elle me montra ses dessins réalisés au crayon de couleur en disant : « Cette nuit, j'ai pensé à vous et voilà ce que j'ai dessiné. » Le premier était constitué d'une myriade de petits points multicolores qui envahissaient toute la feuille. L'harmonie des couleurs était assez réussie mais aucune forme ne parvenait à se dégager de cette multitude. Dans le dessin suivant, la feuille était également couverte de couleurs mais elles avaient été passées, comme diluées, sans appuyer sur la pointe du crayon. Les plages de couleur se chevauchaient deux par deux et formaient des séries de délimitations diffuses, irisées et zigzagantes. Elle m'affirma que le second dessin était la suite logique du premier. Je repris son affirmation en lui disant qu'elle voulait me montrer que lorsque la tête était vide, régnait l'agitation corporelle, comme la multitude pointilliste, au mouvement brownien du premier dessin, alors que quand elle pouvait s'appuyer sur la pensée qu'elle avait de mon propre corps, c'était comme si démarrait une tentative d'unification et de délimitation. Si dans cette entreprise s'insinuait un doute sur la fiabilité de cet appui, une angoisse de perte intolérable déclenchait alors une irruption de rage.

C'est de ce jour, je crois, que débuta véritablement le travail psychanalytique. Nous fîmes alors chacun un pas l'un vers l'autre. Elle me rapporta des dessins, des croquis, des peintures, toujours plus nombreux ; quant à moi, je fis l'acquisition d'un tableau fait de grandes feuilles de papier détachables. Lorsque, durant la séance, l'excitation s'emparait d'elle, je lui proposais de me faire un dessin. Elle me montrait alors le contraste entre son corps agité inscrivant fébrilement des traces et cette image par laquelle elle tentait de figer l'agitation sur la feuille de papier.

La délimitation du cadre thérapeutique commençait à s'instaurer, mais elle découlait d'une véritable « négociation » entre ses tendances et les miennes. En entrant, elle commençait par débrancher la prise du téléphone : « Je suppose que vous n'attendez pas de coup de fil durant ma séance. » À la fin de l'analyse, néanmoins, il lui arriva de penser que certains patients, tout comme elle, avaient peut-être besoin de me joindre immédiatement et elle supporta de laisser fonctionner le téléphone. Bientôt, elle commença de découvrir chez elle une part de fonctionnement psychique. Elle me dit qu'elle n'avait jamais fait qu'un seul rêve, toujours le même, et d'ailleurs très rarement : elle était sur une île déserte, ou dans un désert de sable ou de glace ; elle avançait avec peine puis tombait dans un trou sans fond. Elle se réveillait alors envahie de terreur.

Quelque temps plus tard, durant une séance, elle me tendit une image. C'était une carte de tarot où, dans un paysage de neige, une femme âgée marchait péniblement auprès d'une jeune fille, passant devant des vitraux que l'on pouvait supposer être ceux d'une église. Les deux femmes semblaient assez misérables. Pour ma part, je pensais qu'il s'agissait de mendiantes. Écho semblait révoltée ; cette image symbolisait pour elle à la perfection cette indéfinissable impression qu'elle exprimait par l'onomatopée « Pouah ». Je la questionnai : « Qu'y a-t-il de si révoltant dans cette image ?

– Ne voyez-vous pas qu'il s'agit de la solitude absolue ?

Elles sont là, l'une auprès de l'autre, et n'échangent aucun regard. Chacune tourne les yeux dans une direction. C'est là l'image de la plus grande douleur possible. »

C'est alors que je me dis que le trou dans lequel elle tombait dans ses rêves était l'absence de « holding » par le regard maternel [95].

Elle me rapporta également un souvenir-écran qui lui permit enfin de mettre en mots cette sensation indéfinissable faite d'un mélange de perte, de honte et de dégoût (« pouah ») :

*Elle était toute petite. Peut-être avait-elle trois ans. Elle glissait un œil dans l'embrasure de la porte de la cuisine. Sa mère était étendue sur la table, jupe relevée, jambes écartées. Elle exhibait son sexe qu'elle maintenait béant des deux mains. Son père semblait examiner l'étrange spectacle. Du sang s'écoulait entre les jambes de sa mère.*

La séance où elle put me rapporter ce souvenir, elle fut saisie de mouvements de plus en plus désordonnés, hurla des mots incompréhensibles (« comme un petit singe », pensai-je par-devers moi) : « Vous vous rendez compte... aucune pudeur... ce n'est pas un être humain... un animal... »

Le téléphone, qu'elle n'avait pas débranché ce jour-là, se mit à sonner. Je répondis : « Oui... oui... je vous rappelle à sept heures moins le quart... » Elle bondit comme une furie : « Je n'ai plus confiance en vous. Vous venez de commettre une faute professionnelle. En disant à votre correspondant l'heure à laquelle vous le rappellerez, vous avez fixé une limite à la séance. Vous ne comprenez rien ! » Et elle sortit en claquant violemment la porte. Le lendemain, la séance se révéla d'une richesse exceptionnelle.

« Je ne suis plus fâchée contre vous parce que cette nuit,

---

95. D. W. Winnicott (1971) : « Le rôle du miroir... », *op. cit.* ; voir aussi T. Nathan, « L'utérus, le chaman et le psychanalyste » (1986).

j'ai rêvé. En sortant de la dernière séance j'étais vraiment furieuse. Je ne voulais plus jamais revenir vous voir. Alors, je suis allée me promener. Puis me vint l'idée de retourner voir la maison de mon enfance. Je connaissais le nom de la rue. Je l'ai parcourue pendant des heures, tantôt dans un sens, tantôt dans l'autre, observant avec attention chacune des maisons sans pouvoir identifier la mienne. Quand je me suis enfin décidée à quitter la rue, j'ai soudain eu la conviction que j'étais suivie. Je me suis retournée et j'ai alors surpris le regard d'un homme qui semblait bien savoir ce qu'il voulait... Je ne sais par quels détours je parvins chez moi. La nuit, j'ai fait le rêve suivant :

*Il s'agissait d'un litige de limites. Il fallait arriver à matérialiser les limites d'un champ. Tout le monde participait à cette activité, moi la première. Il y avait un conflit à ce sujet. Alors, je dis : " Je vais appeler la vendeuse ou bien le chef de rayon. " À ce moment est apparue une femme habillée de blanc. Je savais qu'elle allait parvenir à régler le problème.* »

Il n'est pas question de présenter ici le déroulement de la psychanalyse d'Écho, ni même d'évoquer les mouvements dynamiques profonds qui se sont révélés dans le cours du traitement. Je voudrais seulement montrer la cohérence de la séquence-image dépressive et en démontrer la fonction organisatrice.

Au début du traitement, Écho présente des épisodes délirants totalement répétitifs. L'identité parfaite de leur déroulement montre tant l'absence du vecteur chronologique (le temps n'a aucune prise sur les séquences délirantes) que l'annihilation de l'objet (il s'agit d'une ombre dont on surprend le regard et son identité n'infléchit le scénario en aucune manière). Ces deux éléments – absence de chronologie et annihilation de l'objet – auraient dû nous suffire à identifier la dépression analytique qui renvoie à un moment du développement psychogénétique précédant l'accession au temps et la reconnaissance de l'objet.

Le langage est inadapté pour l'expression d'une telle souffrance. Le patient montre plus qu'il ne raconte.

L'issue transférentielle de cette situation répétitive survient à l'occasion de la présentation de dessins. Le fait que non seulement j'autorise cette distorsion du cadre, mais plus encore encourage Écho à poursuivre cette forme d'expression, la conduisent à un surprenant mouvement psychique qui rebondit d'image en image.

Les deux premiers dessins sont la description de la relation transférentielle (« cette nuit, j'ai pensé à vous et voilà ce que j'ai fait... »). Chaque séance, peut-être même chaque geste d'Écho, devient dès lors comme un point sur la feuille de papier. Mais il s'agit d'une sorte de chaos. Mon association d'idées (mouvements browniens) montre que ma perception a privilégié l'entreprise de déliaison et l'absence de relation entre les points de couleur. Je ne peux alors être représenté qu'en tant que membrane entourant, contenant la myriade multicolore. En revanche, dans le dessin suivant, les points sont reliés entre eux jusqu'à constituer des bandes de couleurs distinctes. C'est le chevauchement de deux bandes de couleurs distinctes qui donne l'idée d'une délimitation et par conséquent de la naissance d'une forme et d'un ordre [96]. Nous devons en conclure que c'est du contact et de l'appui du corps d'Écho contre mon corps que pourront naître chronologie et distinction sujet/objet.

Après la présentation de la carte de tarot, mon attention est attirée sur l'importance du regard : présentation à l'interlocuteur d'un corps agité du type danse de Baubô, exhibition de portions intimes du corps, activité d'exploration

---

96. « Donc, avant tout fut Abîme ; puis Terre aux larges flancs, assise sûre offerte à tous les vivants... » Hésiode, *Théogonie,* 116-118.

scopique permanente, conviction délirante de présence de regards obliques et persécuteurs.

Le souvenir-écran souligne bien l'importance organisatrice de l'image. En effet, son récit commence comme l'évocation d'une scène primitive mais se poursuit en une séquence type Baubô : exhibition du sexe par la mère et matérialisation de son contenu (écoulement de sang).

Le rêve de la nuit suivante vient éclairer la signification de ce souvenir-écran. La première phrase la résume à la perfection : « Il s'agit d'un litige de limites. » Le fait qu'une femme en blanc parvienne à régler ce litige évoque évidemment l'accouchement et l'activité de la sage-femme qui délimite les corps réciproques de l'enfant et de sa mère.

Je dois préciser qu'Écho n'a jamais absorbé aucun psychotrope, donc aucun anti-dépresseur, mais l'image du souvenir-écran, celle de l'exhibition de la mère, a bien agi comme inverseur de son humeur. Après ce rêve, elle eut une période d'une fécondité intellectuelle exceptionnelle. Un jour, elle me résuma son dilemme dans un schéma structuraliste digne de Lévi-Strauss qu'elle me dessina au tableau :

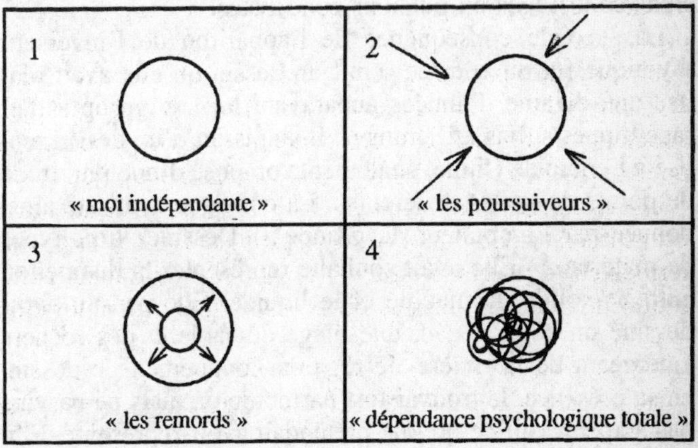

1 – L'état psychique qu'elle souhaitait atteindre grâce au traitement psychanalytique, elle l'appelait « moi indépendante ».

4 – L'état où elle se sentait quand elle était envahie de pensées délirantes et de rancœur vis-à-vis de ses parents, elle l'appelait « dépendance psychologique totale ».

3 – Lorsque des impulsions désordonnées et incoercibles, centrifuges la poussaient à commettre des actes qu'elle regrettait ensuite, elle appelait cet état « les remords ».

2 – Et lorsque des hommes la suivaient afin de la violer ou de pénétrer chez elle et de la voler, elle appelait cet état « les poursuiveurs ».

À la suite de l'évocation du souvenir-écran qui montrait clairement le fonctionnement de la séquence-image dépressive, Écho était parvenue à intégrer tous ses symptômes dans un même schéma et à leur conférer un sens. En effet, on pourrait facilement ajouter à sa démonstration une formule logique du type « 1 est à 4 ce que 3 est à 2 » ; c'est-à-dire que pour passer de la « dépendance psychologique totale » à l'état de « moi indépendante », il faut opérer le même type d'inversion que celui qui transforme les pulsions centrifuges en pulsions centripètes.

La seconde conséquence de l'appariton de l'inverseur thymique fut qu'elle me remit un dessin qu'elle avait réalisé une dizaine d'années auparavant lors de groupes thérapeutiques suivis à l'étranger. Il s'agissait d'un dessin réalisé à l'encre de Chine, également composé d'une multitude de points de tailles différentes. La consigne avait été ainsi donnée par l'animateur du groupe : « Dessinez trois types de matériau. » Elle avait souhaité représenter la distinction entre le solide, le meuble et le liquide. Elle pensait avoir dessiné un cours d'eau, une plage de sable et des rochers émergeant de la rivière. Je regardai longuement le dessin, en sa présence, le trouvai fort harmonieux, mais ne parvins pas à apercevoir ce qu'elle prétendait avoir représenté. Elle me le laissa en dépôt dans un classeur qui contenait de vieux textes et dessins. Je la rangeai dans mon bureau. À plusieurs reprises, je le ressortis pour le contempler, perplexe. Durant l'une des séances où elle parlait de sa mère, j'eus soudain une illumination. Je sortis une nouvelle fois le dessin et ressentis une sorte d'« Eurêka ». Une image très distincte émergeait de la multitude pointilliste : un corps de femme allongée sur le dos. La tête en était absente mais l'on distinguait parfaitement la poitrine, les jambes écartées et les deux bras retombant sur les côtés. Nous fûmes tous deux très impressionnés par l'image qui venait de nous apparaître.

Percevoir le corps de la mère, c'est sortir de la fusion originelle. Elle s'étonna de son habileté à réaliser un dessin aussi complexe à son insu et souhaita immédiatement le récupérer. Je le lui rendis en pensant par-devers moi que pour identifier une image, il fallait d'abord la faire transiter par l'appareil psychique d'un autre.

Je dispose d'une demi-douzaine d'observations cliniques dans lesquelles la sortie de la dépression anaclitique s'est opérée autour d'une image de type Baubô, mais aucune n'était aussi explicite ni surtout aussi complète que celle d'Écho. Dans l'une, le souvenir-écran consistait en l'exhibition à la fille du ventre de sa mère. Cette fille venait d'avouer une relation adultère avec un homme marié et beaucoup plus âgé qu'elle. La mère, pour lui signifier sa douleur, découvrit son ventre couvert de vergetures pour lui montrer combien elle avait souffert en l'accouchant. La fille en conservait cette même indéfinissable impression de malaise et de dégoût qui signe la fusion anaclitique. Pour une autre, la mère exhiba la cicatrice de la césarienne qu'elle avait dû subir lors de la naissance de sa fille. J'ai publié ailleurs le récit de la psychothérapie d'une femme algérienne souffrant de psychose puerpérale et dont la guérison s'est opérée autour d'un rêve où elle me représentait avec une cicatrice mal refermée et suintante sur le ventre [97].

Il m'est désormais devenu clair que dans les cas de dépression anaclitique ancienne se manifestant à l'âge adulte soit par des symptômes de type « état-limite », soit par des symptômes mélancoliques et/ou sensitifs, la dynamique réintégrative passe nécessairement un jour ou l'autre par la séquence-image que j'ai nommée *inverseur thymique*. Je me contente de remarquer que le mythe de Déméter, à condition de le suivre dans toute sa complexité, en avait parfaitement énoncé la forme et j'en tire la conclusion que les recherches sur le statut de l'image (et non de la représentation) en psychopathologie et en psychanalyse se révéleront sans doute d'une fécondité exceptionnelle.

### *Le corps inversé : symptôme culturel et opérateur thérapeutique*

Au café, le midi, j'aperçois toujours cette jeune femme dans la grande glace située face à moi. Elle porte de longs cheveux bruns qu'elle relève, tout en bavardant, d'un élégant geste de la main. Je ne lui ai jamais parlé mais je pourrais, j'en suis sûr, dessiner son visage de mémoire. Je ne m'y aventure pas, cependant, car il me faudrait suspendre ce moment aérien qui me séduit tant, mélange d'une subtile sensation soyeuse, d'imperceptibles et prometteurs mouvements de doigts et d'un naïf et soudain écarquillement du regard. Séquence à fixer dans toutes ses dimensions, peut-être en y intégrant ces odeurs de fromage fondu ainsi que le bruit de fond de l'incessant cliquetis des tasses ; séquence composite aux innombrables paramètres et que je reconnais pourtant en une fraction de seconde : « C'est

97. T. Nathan, « L'utérus, le chaman et le psychanalyste » (1986).

elle ! » De manière automatique je l'ai photographiée, j'ai enregistré chaque détail de la scène, j'ai constitué une image... fixe.

Il est cependant possible que cette image s'agglutine à des séries de mots. Alors, elle se décomposera en éléments que je pourrai combiner entre eux, peut-être en y adjoignant des fragments provenant d'autres images décomposées de la même façon. Au lieu de rester cette forme globale que je peux reconnaître en un instant, elle se met à fonctionner à la manière des mots constitués d'une combinaison d'un nombre limité d'éléments discrets : les phonèmes. Lorsqu'une image, infiltrée de langage, se met à fonctionner comme un mot, elle devient rébus, *reste diurne*. Les psychanalystes pensaient jusqu'alors que toute image était constituée ainsi...

Une pratique quotidienne souligne le double lien existant entre l'image et les mots : il s'agit de l'habitude d'adresser des cartes postales – pratique obligée des touristes, fantaisies d'amoureux, mais aussi nécessité ressentie de manière absolue par les malades souffrant d'une dépression mélancolique. Le destinataire jette un coup d'œil sur l'image puis lit plus ou moins attentivement le texte – ces deux activités ne demandent pas la même attention. Les mots reviennent en mémoire, se déforment, s'amalgament à d'autres mots surgis d'un souvenir ou de nouvelles combinaisons de sens le long de telle ou telle série associative. L'image, une fois aperçue, se fixe, indélébile ; mais on peut y revenir à loisir pour relever tel détail, tel symbole, tel sens. L'image est matière.

Les psychanalystes ont abondamment développé la notion de représentation mais assez peu réfléchi à la notion d'image, au sens où pourraient par exemple la définir les informaticiens qui travaillent sur la fabrication d'images numériques. En psychanalyse, il existe classiquement deux sortes de représentation : la représentation de chose, très proche de la trace mnésique des premiers écrits techniques de Freud, et la représentation de mot qui appartiendrait au système préconscient ; la première serait plutôt d'origine visuelle et la seconde auditive. Avec ces deux concepts, on parvient à rendre compte de manière relativement satisfaisante de la réalité clinique de la psychanalyse. Ces dernières années, cependant, deux types de données sont venus bousculer la tranquille sérénité théorique des psychanalystes : l'une toute neuve, l'autre antique, voire « sauvage ».

Le monde s'est peuplé d'écrans : téléviseurs, ordinateurs, minitels, caméras-vidéo, et les patients conduisent ces images jusqu'à nous. Les métamorphoses de la psyché s'étalent désormais sur un support de points lumineux. Jusqu'alors nous nous représentions les images fabriquées à l'entrecroisement des paroles et des affects, mais que penser de ces images de synthèse nées de longues suites d'équations ? On tape une série de chiffres sur un clavier et voici qu'apparaît une image qui n'avait jamais existé auparavant.

Pressés par la nécessité d'assurer la psychothérapie des patients immigrés issus de cultures non occidentales, il nous a bien fallu rendre compte du fonctionnement des thérapies traditionnelles auxquelles la pathologie de ces patients semblait le mieux s'adapter. Or ces thérapies n'utilisent qu'assez peu le discours et jamais le discours scientifique qui, tel le langage, décompose en éléments discrets, « analyse ». En revanche, elles usent abondamment d'objets (fétiches, statuettes, instruments de divination, amulettes, « écritures » diverses), de rythmes, corporels (danses, longues litanies poétiques, chants) et d'animaux de sacrifice. Il s'agit de thérapies centrées plutôt autour du *montrer* et du *faire* que du *dire*. Ces techniques, que l'on a parfois qualifiées de « magiques », de « corporelles » ou de « cathartiques », me semblent en vérité profondément logiques. Je peux affirmer qu'il n'y a rien de « magique » dans la magie, rien que des « opérateurs techniques », et ces opérateurs techniques, à l'instar des images, fonctionnent à l'insu tant du thérapeute que du patient [98]. Et lorsque nous demandons à ces patients dont le fonctionnement psychique est organisé sous le règne de l'image de « parler » leur souffrance, ils nous répondent qu'*ils n'ont rien à dire,* simplement à nous montrer... les certificats d'arrêt de travail, les séquelles corporelles de l'accident, les photographies des enfants restés au pays...

Abdallah, Arabe originaire du Maroc, est un homme petit de taille, trapu, à la carrure athlétique. Son visage aux traits réguliers donne une impression de sérieux. Je pense en moi-même : « Peut-être est-il délégué syndical ? » Un collègue s'est longuement occupé de lui, mais, lassé de n'obtenir aucune amélioration symptomatique, nous l'a adressé. Combien en avons-nous traité, de ces névroses traumatiques apparaissant chez les migrants après dix, vingt, parfois trente ans de séjour en France [99] ! À notre première question, il nous exhibe un article de journal où figure sa photographie. Aussitôt, il revendique : il s'agit d'un accident de travail ; terrassier, il s'est fait ensevelir sous un mètre cinquante de terre. Le journal parle des mauvaises conditions de travail, de la négligence du patron. Depuis cet accident survenu il y a déjà huit mois, les douleurs n'en finissent plus : lombalgies, céphalalgies incoercibles et rétives à tout traitement. Maintenant, il nous montre son corps ; il se dévêt, nous présente la large ceinture de laine, les collants : il a froid. Il prétend ne plus dormir la nuit. Quand il lui arrive de trouver le sommeil à l'aide des hyp-

---

98. Le paradoxe consistant à rendre conscient le processus thérapeutique même – par exemple par l'analyse du transfert – est à ma connaissance totalement absent des thérapies traditionnelles.

99. Voir T. Nathan, « Hystérie ou possession » (1986).

notiques que lui a prescrits son médecin, il se réveille plus fatigué que la veille. Quelquefois, il se met à trembler, sans raison ; d'autres fois, il tombe et perd connaissance. Maintenant, il sort de son sac les ordonnances, nous les présente ; puis les différents certificats d'arrêt de travail. Voilà, c'est fini ! Il nous regarde anxieusement : c'est à nous de parler... Le groupe n'est pas surpris. Il nous semble comprendre ce qui se joue là car, pour nous, l'ensemble de signes que nous présente Abdallah est parfaitement structuré.

Voyons comment aurait pu se dérouler quelque chose de comparable au Maroc [100]. Yasmina a vingt-sept ans. Plutôt jolie, elle est vêtue à l'occidentale, a suivi avec succès un enseignement supérieur à l'université de Rabat et obtenu sa maîtrise d'histoire. Naturellement, voilà quelque temps que, dans la famille, on songe au mariage, d'autant que sa sœur cadette est déjà mariée et mère de deux enfants. Mais Yasmina refuse tant les jeunes gens qu'elle rencontre à l'université que les prétendants que lui présentent ses parents. Elle a d'abord souhaité terminer ses études, puis trouver un travail ; mais à présent elle n'a plus aucune excuse. Un jour, elle « tombe », s'évanouit, est saisie de convulsions, puis émerge de sa « crise » sans aucune mémoire des événements. Une vieille femme lui propose un diagnostic : peut-être s'agit-il d'un djinn ? Que perdrait-elle à aller consulter cette femme, la *Moqadama,* de la congrégation qui organise régulièrement les rituels de possession, les *lilas* [101] ? Yasmina ne croit pas à ce genre de choses, mais elle commence à se sentir mal à l'aise, a peur de sortir seule, sent des picotements au bout de ses doigts, est parfois

---

100. Observation recueillie par Abdelmajid Lheimeur au cours de son travail de terrain dans la perspective d'une thèse de troisième cycle sur *Hystérie et possession au Maroc*.

101. *Lila,* en arabe, signifie « nuit », quelquefois « veillée », mais ici, il s'agit de « veillées thérapeutiques ».

saisie de tremblements. Puis, elle se souvient : un soir, la congrégation commençait une *lila* dans la rue, devant la maison d'une malade. Par curiosité, dit-elle, elle a rejoint le groupe de badauds qui s'amassent toujours en cette occasion. Une vieille femme est brutalement sortie de la foule et l'a bousculée. Elle est alors « tombée » mais n'y a pas attaché plus d'importance que cela. Elle accepte de consulter la vieille guérisseuse qui, après avoir écouté le récit des événements, lui demande si elle n'a pas rêvé. Yasmina se souvient d'un rêve où un homme noir s'approchait d'elle. La vieille lui propose de participer à une *lila*. Elle accepte... pour voir. Le soir venu, les tambours commencent leur litanie. Imperceptiblement, ils changent de rythmes. Les possédées professionnelles, assistantes de la responsable de la congrégation, commencent à « tomber » en transe. Lorsque les musiciens entament leur cinquième série de rythmes, ceux-là mêmes qui sont l'emblème d'un certain djinn à la peau noire, Sidi Mimoun, Yasmina tombe à son tour. Immédiatement, la vieille et ses assistantes l'entourent, la caressent, la soutiennent. Plus besoin d'aucune parole : la musique a posé son diagnostic. Six mois plus tard, Yasmina est mariée. Il ne s'est guère échangé davantage de paroles depuis. Tout le monde semble avoir compris que jusqu'alors Yasmina avait été mariée dans le secret de ses nuits avec le djinn à la peau noire, mais nul ne manquera de tact au point de le lui dire. Tout le monde sait aussi depuis longtemps que le père de Yasmina est un père abusif, jaloux, voulant garder ses filles pour lui seul. Nul ne pensera à établir la comparaison avec le djinn des nuits de Yasmina. Quant à Yasmina, prise entre le désir de poursuivre plus avant la séduction de son père et celui de s'assurer une victoire intellectuelle sur lui, elle semble maintenant parvenue à un subtil équilibre. Elle affiche clairement son désir mais se préserve des espaces hors champ :

des espaces de liberté [102]. Périodiquement – environ une fois l'an – elle assistera à une nouvelle *lila* que l'on organisera pour une autre malade et, à cette occasion, elle « tombera » à nouveau mais pour ainsi dire sur commande et sous la bienveillante protection de la maîtresse de cérémonie [103].

Comment pouvons-nous maintenant analyser ces deux séries de faits ? Abdallah et Yasmina proviennent de la même région du Maroc. Ils ont été tous deux soumis à un processus d'acculturation : Yasmina se veut moderne, refuse les idées traditionnelles de sa famille et entreprend des études universitaires. Abdallah émigre pour tenter sa chance en France mais, comme souvent dans ces émigrations « volontaires », l'acculturation avait déjà commencé au Maroc. Relativement doué pour les études, il était parvenu jusqu'à la capacité en droit, mais avait dû interrompre l'université. Puis, il avait commencé un stage de formation pour devenir commissaire de police et c'est alors qu'avait eu lieu le coup d'État qui conduisit le roi à dissoudre toutes les écoles de police. Après quoi il émigra.

Dans un moment crucial de leur vie, un moment de changement, Yasmina et Abdallah exhibent des symptômes corporels que l'on pourrait qualifier – à tort, je crois – d'hystériques. Yasmina tombe, tremble, ressent des picotements et commence à développer une phobie. Abdallah souffre d'étranges sensations de chaleur et de froid, de douleurs lombaires et pariétales, de tremblements et également de chutes. Mais ces deux patients possèdent autre chose en commun, quelque chose de plus profond, on pourrait dire de structural : ils *montrent* un corps soumis à une distorsion

---

102. Voir J. Monfouga-Broustra, « La femme libre de Birnin Koni » (1979).

103. Pour la différence entre possession-maladie et possession-thérapie, voir Zempleni, « L'enfant Nit-Ku-Bon » (1984), et T. Nathan, *La Folie des autres* (1986).

dont on perçoit la parenté sans parvenir à réellement la nommer. Abandonnons un instant notre façon de penser le corps de manière intrapsychique et envisageons-le dans l'interaction imaginaire. Dans cette perspective, le corps de l'autre est image [104] pour moi, alors que mon corps propre ne peut être pour moi que représentation. Cependant, quelque chose distingue radicalement les deux malades : la réaction de leur environnement. La réponse renvoyée à Yasmina est exprimée dans la même grammaire que la question qu'elle pose : on lui *montre* – des rythmes, des corps agités qui tremblent et qui tombent et une foule qui entoure, admire, craint et contient ces corps. Certes, quelquefois des anthropologues questionnent et reçoivent des réponses élaborées [105]. La *Moqadama* leur explique la signification de la couleur des étoffes dont se recouvrent les possédées, leur révèle le nom et les séquences des rythmes, leur raconte et quelquefois reconstruit à sa manière le panthéon des djinn. Mais tout cela, la plupart du temps, le malade l'ignore ; s'il lui est restitué un sens, ce n'est pas par l'intermédiaire de la parole mais par l'image, le geste et l'objet. Quant à Abdallah, non seulement il ne lui est renvoyé aucune image, mais on le questionne ; on attend de lui au moins un récit, quelquefois même une parole associative – curieux malentendu au décours duquel on le taxe de « pauvreté fantasmatique », de « difficulté d'élaboration », de « pensée opératoire », d'« hystérie à visée pensionnaire [106] ».

Essayons de comparer systématiquement les cas d'Abdallah et de Yasmina.

Il est d'abord frappant de constater l'absence de paroles

---

104. Image dans le sens que je tentais de définir plus haut.

105. Pour comprendre le fonctionnement de ces systèmes thérapeutiques, il est urgent que des recherches soient entreprises dans une perspective non pas seulement anthropologique, mais aussi clinique.

106. Expression que nous devons à Charcot.

de la part du malade. Il ne s'agit pas d'un manque, mais d'une attitude interactive [107] que l'on pourrait décomposer ainsi : Yasmina présente certains dysfonctionnements corporels ; ce sont des personnes de l'entourage familial qui d'abord supposent, puis proposent une forme de thérapie ; enfin la « thérapeute » énonce et la technique démontre le bien-fondé de l'énoncé du thérapeute : quelquefois, il s'agit de « voyances », dans le cas de Yasmina, c'est le rythme musical qui a décidé de l'identité du djinn.

Si Abdallah n'a rien à nous dire, c'est sans doute parce que, culturellement, tout est déjà dit.

Quels sont ces dysfonctionnements corporels et comment sont-ils codifiés puisque habituellement ils parviennent à un énoncé et à des propositions thérapeutiques satisfaisantes pour le patient ? Il s'agit essentiellement de la mise en image d'un mécanisme : l'inversion. Ce mécanisme est redondant à travers toutes les plaintes.

Dans la représentation culturelle, le corps est un vecteur orienté : les pieds touchent le sol sous lequel vivent les djinn ; la tête s'élève vers le ciel, royaume de Dieu. La maladie inverse les repères régissant l'orientation du corps selon un axe haut-bas essentiellement par l'intermédiaire de deux symptômes : la chute et les sensations de chaleur. Pour ce qui concerne la chute, la signification est évidente, d'ailleurs le langage reprend volontiers la même métaphore [108]. Quant à la chaleur, il s'agit d'une transmission

107. Les patients maghrébins nous disent habituellement : « Lorsque je vais chez le guérisseur, je ne lui explique pas les motifs de ma visite. Il faut qu'il le devine pour que je sois sûr qu'il s'agit d'un bon guérisseur » ; ou bien, comme disent les Antillais : « neuf charlatans pour un qui sait... ».

108. Les expressions telles que « tomber malade », « tomber amoureux », « tomber à la renverse » possèdent naturellement leur équivalent en arabe. Mais le verbe « tomber » utilisé seul renvoie très communément au phénomène de transe. En arabe, être « inversé », « bouleversé » est synonyme d'être malade.

d'image assez complexe. En effet, tout se passe comme si l'on savait que tenir debout consistait en une sensation relative de chaleur en bas (les pieds) et de fraîcheur en haut (la tête). Il suffit que le patient évoque le fait qu'il a la tête chaude et les pieds glacés pour que le guérisseur comprenne pour ainsi dire à son insu qu'il s'agit d'une « chute ».

La notion de rythme est constante dans les thérapies traditionnelles. Conserver un rythme régulier signifie que l'on est bien vivant. Mais le rythme, comme le cœur ou les poumons, doit rester caché, ainsi que le souffle qui se manifeste quelquefois par un éternuement (Aristote) et rassure sur la certitude de sa propre existence [109]. Il s'agit naturellement des rythmes biologiques, mais tout autant des rythmes sociaux comme, par exemple, ceux de la prière qui s'accomplit cinq fois dans les pays musulmans et scande la journée avec une régularité d'horloge. La perte ou la distorsion du rythme signe à coup sûr l'intrusion de la mort au sein de la vie : apparition d'êtres surnaturels ou de fantômes. La manifestation culturellement codée la plus courante de l'imminence de la perte du rythme est le tremblement – le plus souvent des mains, parfois des jambes, au moment de la transe de possession : du corps tout entier. Car le tremblement, en exhibant le rythme interne, dénude le souffle et livre ce fragile noyau de vie à la convoitise des jaloux, des envieux, des sorciers. La disparition du sommeil ou plus précisément la disparition de la sensation d'avoir dormi possède la même signification de mise en danger de la permanence du rythme. Ainsi Abdallah nous dira-t-il qu'il se réveille aussi fatigué que la veille.

Un corps vivant est lourd. Il pèse son poids car l'individu vaut sa valeur. En Afrique noire, si le sujet a été capturé

109. Dans les pays arabes, un éternuement est généralement salué par l'expression « sois vivant ! ».

comme esclave par des sorciers de la nuit qui généralement commencent par lui dévorer l'intérieur du ventre, il se sent léger. Ainsi, à un patient Bété de Côte-d'Ivoire nous ayant dit lors de son premier entretien qu'il se sentait léger dans le ventre, nous avons pu répondre sans hésiter qu'il avait été ensorcelé. Ce qu'il confirma immédiatement par l'expression d'une sorte d'automatisme mental : « Ils commentent tous mes gestes, ils disent : “ il va allumer une cigarette, maintenant il va aller aux cabinets ”... »

Les orifices constituent des zones essentielles d'orientation corporelle. Lorsqu'un orifice est inversé, c'est la fonction tout entière qui « marche à l'envers ». Si la bouche laisse entrer des aliments, l'inversion pathologique provoquera des vomissements. Mais il existe également des inversions beaucoup plus subtiles. Un patient Sarakolé de Mauritanie se plaignait d'émettre des odeurs par le nez et circulait avec un foulard pour protéger ses interlocuteurs des exhalaisons nauséabondes. Lorsqu'on lui demanda quelles sortes d'odeurs étaient ainsi émises, on ne fut pas étonné de s'entendre dire qu'il s'agissait d'une « odeur de macchabée », car l'inversion de l'odorat ne peut renvoyer qu'au monde de l'envers, au monde des morts. Quelquefois la fonction corporelle peut être transférée à un objet symbolique facilement reconnaissable. Un patient tunisien disait qu'il voyait « sortir du vomi par le trou du lavabo ». Quant à l'inversion de la fonction d'excrétion, elle s'exprime le plus souvent au Maghreb par le fait que les djinn vivent très souvent dans les conduites souterraines et les égouts. On ne sera donc pas étonné d'apprendre que tel djinn est sorti du trou des toilettes. Jamais pourtant on ne dira qu'il a pénétré le patient par l'anus. Mais la représentation implicite du djinn l'envisage comme un démon coprophage et principalement intéressé par l'envers, donc par l'anus.

En conclusion, nous sommes amenés à considérer que le

patient présente un *corps inversé* ; que cette inversion est redondante à travers toute une série de signes cliniques ; qu'elle est transmise sous forme d'image et non en paroles – d'où l'apparent théâtralisme ; que cette inversion possède un codage symbolique très riche renvoyant implicitement à des discours métaphysiques, religieux, sexuels, etc.

Deux commentaires théoriques s'imposent dans la perspective que je propose : l'hystérie ne peut être considérée comme une « structure » dans laquelle le « corps » est soumis pour des raisons intrapsychiques à la dictature du langage, mais comme un « opérateur » interactif instaurant une sorte de « jeu » dans lequel l'un (le patient) *montre* et l'autre (le thérapeute) *dit* ; le corps ne peut plus être considéré comme ce magma théorique au confluent de théories pseudo-biologiques sur l'affect et de vagues métaphores poétiques, il doit être considéré comme image présentée à l'autre.

Considérons maintenant la façon dont répondent les thérapeutes traditionnels à l'exhibition de ce corps inversé. Il est facile de constater que le rituel de possession propose une inversion en miroir ; cependant, il ne s'agit plus de l'inversion spontanée et pour ainsi dire « sauvage » du symptôme, mais d'une inversion délibérée, contrôlée. Pour l'analyse de cette inversion, j'utiliserai les trois formes d'inversion repérées par Freud dans l'analyse des transformations des pulsions : le renversement dans le contraire, lequel se ramène à deux processus différents – le retournement d'une pulsion de l'activité à la passivité et le renversement de contenu – et le retournement sur la personne propre [110].

Ces trois mécanismes d'inversion sont mobilisés à plusieurs niveaux dans le rituel de possession. D'abord, au rythme corporel distordu de Yasmina (difficultés du som-

110. S. Freud, « Pulsions et destin des pulsions » (1915), p. 25 et suiv.

meil, tremblements), on opposera en miroir une série de rythmes parfaitement identifiés dont chacun représente le battement spécifique, pour ainsi dire le noyau vivant d'un djinn déterminé. Pour rendre cette identification encore plus explicite, on associe à chaque rythme une couleur et lorsqu'une transe est déclenchée par un rythme musical déterminé, on recouvre la femme qui vient d'en être victime d'une étoffe de la couleur du djinn. Ainsi s'inscrivent dans les corps des séries explicites de trois éléments comprenant un nom, un rythme musical et une couleur. En exhibant et en explicitant de longues séries de rythmes, le rituel de possession procède à l'inversion radicale d'une pensée culturelle selon laquelle le rythme est caché-protégé au centre du corps. Bref, si Yasmina « vomit son cœur », les possédées extirpent et présentent à l'assemblée un cœur d'emprunt, celui de leur esprit. Il s'agit par conséquent d'une mise en scène de l'inversion activité/passivité.

Le renversement de contenu dont Freud disait – en traitant seulement des pulsions, il est vrai – qu'il ne concernait que la transformation de l'amour en haine est dans le rituel de possession parfaitement décodable dans la transformation de la douleur en joie. Car plus frappant dans ces rituels, c'est que s'ils sont inaugurés dans une visée thérapeutique, ils se poursuivent le plus généralement en activités festives qui rassemblent et réjouissent une bonne part de la communauté.

Enfin, l'inversion sujet/objet est particulièrement mise en évidence durant ces rituels. Au début, lors de la phase diagnostique, le djinn est identifié comme objet persécuteur, mais très rapidement, lorsqu'il « gifle-possède-habite-prend-monte... [111] » le corps du possédé, il se révèle « esprit

---

111. Pour ce qui concerne les différentes dénominations qui désignent la cohabitation du djinn et de la possédée, voir T. Nathan « Un homme sans qualités... » (1986).

protecteur », voire esprit tutélaire du lignage, et s'assimile peu ou prou au sujet.

Ainsi, au « corps inversé » de Yasmina, le rituel va opposer une série d'inversions en actes : activité/passivité, douleur/joie, objet/sujet [112]. La thérapie par le rituel de possession va par conséquent faire fonctionner ce que j'appelle un opérateur – ici l'inversion – sans guère se soucier de le rendre conscient ni au patient ni au maître de cérémonie. Les énoncés signifiants, les discours symboliques n'interviendront que dans l'après-coup et n'auront aucune efficacité dans la thérapie proprement dite.

Revenons à Abdallah et considérons les soins que nous lui avons prodigués.

Nous recevons le patient en groupe [113]. Très vite, les commentaires du groupe, rompu à la thérapie de patients souffrant d'une névrose traumatique, s'orientent vers l'investigation de la problématique concernant la mort. Au corps inversé d'Abdallah, le groupe oppose des pensées concernant des morts intervenues dans sa famille. Nous ne questionnons pas le patient mais parlons, devant lui, de lui : « Lorsqu'Abdallah s'est trouvé enseveli, il a pensé qu'il était mort... et enterré...

– Sans doute les morts sont-ils comme lui, incapables d'érection, mais aussi incapables de sommeil, puisqu'ils sont parvenus au pays de l'éternel sommeil...

– Peut-être que, depuis cet accident, Abdallah pense à un mort de sa famille... »

C'est alors que notre patient reprendra la parole : « Mon frère est mort d'un accident de voiture il y a cinq ans de

---

112. Pour certains rituels de possession qui comportent des sacrifices, on peut parfaitement observer une inversion redondante dedans/dehors ; pour une analyse détaillée de ce phénomène, voir A. Zempleni, « Possession et sacrifice » (1984).

113. Le patient est seul au sein d'un groupe d'une dizaine de cothérapeutes.

cela. Mais il n'est pas mort tout de suite. Il était dans le coma et c'est moi qui l'ai conduit d'hôpital en hôpital. J'ai traversé le Maroc en voiture, de service d'urgence en service d'urgence, il était impossible de trouver un médecin qui accepte de s'occuper immédiatement de lui. Je le voyais étendu là, comme mort, couvert de sang, mais vivant, et personne ne pouvait le soigner. Il a fini par mourir... »

Le groupe reprend : « La suspension du temps, ce moment intermédiaire entre la vie et la mort, voilà ce qu'Abdallah est en train de revivre pour son compte à l'heure actuelle...

– Abdallah est entré tout vivant dans le monde des morts...

– Voilà pourquoi ses pieds sont froids, ils sont restés comme enterrés...

– Pour Abdallah, tout s'interrompt prématurément : ses études, la vie de son frère... »

Quelque temps plus tard, au cours d'une séance, Abdallah nous dit qu'il va de plus en plus mal. Puis, il nous apprend qu'il se réveille après des nuits très agitées et qu'il porte alors des marques de luttes sur le corps : des bleus [114]. La séance suivante, il nous apprend qu'il a été pris de malaises dans la rue et qu'il est « tombé ». À chaque fois, quelqu'un l'a ramassé sans connaissance. Il ne conserve plus aucun souvenir de ce qui lui est arrivé. Enfin, il est pris devant nous d'une véritable transe de possession. D'abord, il tombe sur sa chaise, puis manifeste tous les signes d'une lutte dans laquelle la main gauche représente le djinn saisissant le poignet droit le représentant lui,

---

114. Voilà encore un signe pathognomonique de l'attaque des djinn. En général, les rêves significatifs dont tiennent compte les thérapies traditionnelles sont toujours des rêves qui laissent des traces au réveil. Pour des exemples extrêmement nombreux de tels rêves, voir Aelius Aristide, *Discours sacrés.* Le rêve de Jacob dans la Bible, duquel il conservera sa vie durant une boiterie, est assurément conçu sur le même modèle.

Abdallah, attaqué par l'être surnaturel [115]. Cette lutte est alors suivie d'un véritable « grand arc hystérique » avant que le patient ne s'apaise et que l'on puisse reprendre le dialogue avec lui. Nous lui disons alors que l'on a *vu* le djinn. Dès lors, nous sommes entrés dans un système étiologique cohérent qui nous servira de contenant et permettra à Abdallah d'élaborer le traumatisme.

Je ne traiterai pas ici de la problématique spécifique d'Abdallah mais des opérateurs que nous avons fait fonctionner jusqu'à parvenir à l'instauration de l'étiologie traditionnelle par les djinn.

Lorsque le groupe a proposé ses formulations, nous les pensions conformes à notre propre cadre théorique, psychanalytique. Nous savons que le traumatisme interrompt le travail de l'appareil psychique, c'est-à-dire le travail associatif, et nous tentons, en établissant des liens, de permettre un redémarrage de l'élaboration psychique. Lorsque nous procédons ainsi, nous percevons notre activité comme psychanalytique. Cependant, manifestement, le patient ne l'entend pas de cette oreille. Ce qui, pour nous, constitue des mots qui font sens, fonctionne pour lui comme des images d'inversion. D'abord, nous lui rendons présent le monde des morts, ensuite nous tirons de l'inconscient le souvenir de la mort du frère. Peu importe que nous attribuions un effet thérapeutique au surgissement du refoulé. Pour Abdallah, notre procédure de mise à jour opère de la même façon que l'exhibition des « inverseurs » à laquelle procèdent les maîtres de la possession... et nous obtenons le même résultat : la transe.

Curieuse entreprise thérapeutique au cours de laquelle chacun chante sa propre chanson et qui se termine néan-

---

115. Scène parfaitement compréhensible selon la perspective offerte par Freud dans « Les fantasmes hystériques et leur rapport à la bisexualité » (1908).

moins par une modification structurale de la symptomatologie du patient... Irons-nous un jour jusqu'à penser que lors de l'activité psychothérapique, la théorie – science, idéologie ou croyance religieuse – n'est rien qu'un leurre d'illusionniste servant à détourner l'attention des protagonistes des véritables opérateurs ? Quoique ne souhaitant pas m'aventurer jusqu'à ces extrémités, je laisserai néanmoins cette question ouverte.

Cette radicale incompréhension entre le fonctionnement psychique centré autour de l'image et celui centré autour du corps se manifeste de la manière la plus crue chez les patients migrants.

« Je suis malade ! » nous dit Larbi. « Toute la maladie provient d'une chute. Je suis tombé d'un mètre cinquante... pas de très haut. Puis, j'ai été mal soigné. J'ai erré d'hôpital en hôpital. On m'a fait des piqûres, et ça m'a donné des migraines. Puis, j'ai été à nouveau hospitalisé et j'ai souffert des mêmes migraines. Puis, on m'a fait une opération de la hanche et j'ai été encore plus mal après. »

Nous lui demandons de décrire l'accident à l'origine de sa souffrance. « Je guidais les rails que l'on déchargeait d'un wagon – ce sont des rails de 18 mètres de long ; un rail m'a déséquilibré et je suis tombé dans la fosse. Cela m'a « traumatisé » partout : la tête, la bouche, le nez, tout ! Je suis resté 13 jours à la maison, puis 46 jours à l'hôpital. J'ai obtenu une petite amélioration, mais pas suffisamment. Lorsque je suis sorti, je ne marchais pas. Un rhumatologue m'a fait des infiltrations. Je ne les ai pas supportées. Au bout de trois piqûres, j'étais paralysé sur mon lit. Chaque fois que l'on a essayé un traitement, mon état empirait. Finalement, on a prétendu que j'étais malade des nerfs. Je sais maintenant que tout est pourri ! »

Larbi, Kabyle originaire d'Algérie, est âgé de cinquante-sept ans. Analphabète, il a d'abord été berger en Kabylie, puis est venu faire son service militaire en France où il s'est ensuite fixé. Il a depuis toujours occupé des emplois de manœuvre. Marié à une Française, il est père de huit enfants âgés de vingt-cinq à trente-quatre ans. Tous ses enfants ont des enfants. Son père est mort alors qu'il était adolescent, sa mère quand il avait vingt ans, l'année même de son mariage. Il n'a pu rentrer pour son enterrement. Manifestement, il s'agit d'un souvenir douloureux.

Il se plaint de symptômes multiples : il a mal à la tête, il perçoit une sensation de froid dans l'hémicorps gauche, des fourmillements le long de la nuque, une bizarre sensation de nerf coincé du bas du crâne jusqu'aux reins, des bourdonnements d'oreilles, des tremblements des mains et des jambes.

Une fois la symptomatologie décrite, nous lui disons que nous souhaitons le connaître mieux, savoir qui il est. C'est alors qu'il nous répond : « Non pas *qui* je suis, mais *comment* je suis. Je n'ai rien à dire de plus. Je suis malade et j'attends que vous me soigniez. »

Cependant, au détours du premier entretien, nous apprenons que sa fille, la plus jeune de ses enfants, est toxicomane. Elle a commencé à « faire des bêtises » à peu près au moment de son accident. Nous sommes habitués à découvrir le véritable élément déclencheur dans des faits de la vie du patient qui évoquent une rupture de la filiation. Non seulement sa fille est devenue toxicomane, rompant définitivement avec la tradition algérienne, mais elle a également fait un enfant qu'elle a aussitôt abandonné. Larbi l'a adopté.

Ainsi Larbi n'a-t-il pris conscience du bouleversement de son environnement que lorsque sa fille est venue lui signifier par ses passages à l'acte, trente-cinq ans après sa propre émigration, que *le monde est à l'envers.* Quoi d'étonnant à ce qu'il fasse alors une chute ? Mais ce renversement du cadre ne peut être consciemment pensé, il est vécu au travers du corps dans des manifestations cliniques surprenantes, et toujours sur le mode de l'exhibition. C'est pourquoi, à la séance suivante, Larbi se montre très réticent à parler, il veut nous montrer : « J'ai les radios. Les voilà ! Je vous ai tout amené : les certificats, les ordonnances. Les voilà ! » Naturellement, nous refusons de les regarder et l'invitons à poursuivre notre conversation. « Je ne suis pas journaliste, nous répond-il, parler, c'est parler dans le vide. J'ai mal... dans la nuque. D'ailleurs, je n'ai pas de mémoire ; je n'ai pas le moral, je ne peux pas marcher... »

Cependant, une fois que Larbi est parvenu à nous raconter un traitement traditionnel qu'il a reçu en Algérie, le mécanisme associatif se décoince. Un cheikh lui avait conseillé d'aller se faire enterrer dans le sable chaud au Sahara. On a d'abord creusé une sorte de tombe, puis on l'a enterré sous le sable. On l'y a laissé aussi longtemps qu'il a pu tenir. Il s'est senti beaucoup mieux, mais quand il est rentré en France, tout a recommencé.

Puis, de fil en aiguille, il nous raconte une série de traumatismes qu'il a vécus avant la chute.

D'abord, un accident de voiture survenu vingt ans plus tôt. Il venait de passer la nuit dans une « boîte », tout près de chez lui. Il voulait doubler une autre voiture dans un virage. Il a touché le trottoir, a perdu le contrôle. La voiture s'est retournée sur le côté (gauche : le même que celui sur lequel il est tombé). Il est sorti de la voiture, presque inconscient. Il a marché quelques mètres, puis il est tombé et a perdu connaissance.

Ensuite, une gastrectomie, suite à un ulcère de l'estomac, il y a vingt-cinq ans, qui l'a gravement invalidé durant trois années.

Quand il évoque son mariage, durant la séance, ses douleurs s'accroissent considérablement. « Mon mariage, c'est mon affaire ! Au pays, ils n'ont rien à dire... (long silence)... Ma femme m'a trompé. Ici, c'est la mode quand on est une belle femme... »

Enfin, le dernier traumatisme évoqué semble être à la fois le plus clivé et le plus douloureux : « Lorsque mon père est mort, j'étais en train de jouer. On m'a dit : “ Ton père est mort ” et j'ai continué de jouer sur la pelouse. Je ne suis même pas allé voir ce qui était arrivé. »

L'illustration est claire : à la mort de son père, Larbi a perdu son environnement habituel, mais il ne le sait pas encore. Sitôt qu'il le peut, il émigre, rompt les attaches, ne rentre pas au pays pour l'enterrement de sa mère, épouse une Française. Bientôt, le monde bouleversé revient en boomerang : sa femme le trompe, il perce un ulcère à l'estomac, il a un accident de voiture, sa fille devient toxicomane. C'en est trop ! Comment représenter ce bouleversement total du cadre ? Par la chute ! Et il est vrai que cette représentation condense tous les bouleversements passés...

Et cette représentation n'est pas un récit incrusté sur le corps ; il s'agit d'une image attendant la parole de l'autre – le thérapeute – pour constituer un sens.

À la fin du second entretien, je remarque un tatouage sur le poignet gauche et lui en demande l'origine. « Ça m'est arrivé durant les moissons, lorsque j'étais jeune. À force de travailler, la main a gonflé. J'ai vu une femme kabyle, elle m'a dit : “ Je vais te faire un tatouage et ça va partir. ” Jamais plus cette douleur n'est revenue. »

Et c'était bien le seul traitement à n'avoir pas agi sur Larbi comme un traumatisme... un traitement par l'image incrustée dans le corps ! Toute intervention tendant à imposer la logique du discours à une structure relevant de la logique de l'image ne peut être prise par le sujet que comme un nouveau traumatisme.

*Document* [116]

Boukhari rapporte dans son *Cabih* le dialogue suivant entre deux compagnons du prophète, Ibn Rabbah et Ibn Abbas :

*Ibn Abbas* : « Veux-tu que je te montre une femme qui a gagné de son vivant une place au paradis ?

*Ibn Rabbah* : Oui, laquelle ?

*Ibn Abbas* : C'est cette femme noire là-bas. Elle est venue voir le prophète Mohamed et lui a dit : " Ô envoyé de Dieu je m'*ouçra'h* [117] et je me dénude. Priez donc Dieu pour moi ". »

Le prophète lui a alors proposé un choix : se résigner à son mal et dans ce cas elle ira au paradis, ou bien il priera pour elle et elle guérira. La femme choisit la résignation mais demanda au prophète qu'il prie afin qu'elle cesse de se dénuder.

Le *çar'h* provient de deux origines différentes : l'une due aux mauvais esprits terrestres et l'autre aux mauvaises humeurs. C'est cette dernière qui intéresse les médecins alors que la première n'est reconnue que par les meilleurs d'entre eux. Ceux-là proposent, pour la guérison, la voie des bons et nobles esprits célestes en opposition aux mauvais esprits terrestres. Hippocrate, dans certains de ses écrits, reconnaît les deux *çar'h* mais précise que le traitement proposé ne concerne que les humeurs et non les esprits. En revanche, il existe un groupe de médecins ignorants, ratés et vulgaires qui nient l'existence des esprits et

---

116. Il s'agit d'un texte d'un médecin arabe du XIIe siècle, Ibn Kiam Aljouzia, traduit par Abdelmajid Lheimeur.

117. *Çar'h* signifie littéralement « frayeur », mais semble avoir été également utilisé comme équivalent d'« hystérie » ou de « possession » quelquefois d'« épilepsie ».

ne leur reconnaissent aucun effet sur le corps du *maçrou'h* [118].

Les anciens médecins appelaient « *çar'h*-esprits » la maladie divine, alors que Gallien et d'autres ont repris cette appellation et ont dit : les anciens l'ont nommée ainsi parce que le siège de cette maladie est la tête et concerne, par conséquent, la partie la plus noble et la plus divine : le cerveau. Cette conception les a logiquement poussés à nier l'existence de la réalité des esprits alors que celui qui a une intelligence et une connaissance des esprits rit de l'ignorance et de la faiblesse de raisonnement de ces médecins.

Le traitement du « *çar'h*-esprit » engage à la fois le guérisseur et le *maçrou'h*. Le *maçrou'h* doit développer sa personnalité et se diriger sincèrement sur la voie du créateur. Le guérisseur doit aussi posséder ces deux conditions. Il suffit à certains guérisseurs d'employer une formule courte pour vaincre les esprits : « Sors de lui ! » « Au nom de Dieu ! » Le prophète aussi disait : « Sors, ennemi de Dieu ; je suis l'envoyé de Dieu... »

J'ai moi aussi assisté à une séance au cours de laquelle notre maître, s'adressant à l'esprit qui se trouve dans le *maçrou'h*, procède ainsi : « Le maître t'ordonne de sortir. Ceci est grave pour toi. » À ce moment, le *maçrou'h* se réveille. Parfois, le maître s'adresse directement à l'esprit, mais parfois il utilise le bâton si l'esprit résiste. Dans ce cas, le *maçrou'h* se réveille mais ne ressent aucune douleur. Nous étions plusieurs témoins à assister à une telle scène. De même qu'il y a plusieurs guérisseurs qui crient dans l'oreille du *maçrou'h* le verset coranique suivant : « Croyez-vous que nous avons créé vainement et que vous n'allez pas nous revenir ? » Mon maître m'a confirmé cela et m'a dit qu'il avait lu ce verset dans l'oreille d'un *maçrou'h* et que l'esprit y a répondu affirmativement. Alors

118. Littéralement : de l'effrayé.

le maître a pris le bâton, a frappé le *maçrou'h* sur le cou jusqu'à épuisement et personne n'a pensé qu'il pourrait succomber. Pendant que mon maître le frappait, l'esprit résistait et disait en parlant de son *maçrou'h* : « Je l'aime et je veux l'emmener avec moi. » Le maître lui répondait qu'il n'en était pas question puisque lui ne l'aimait pas. Le maître continuait à discuter énergiquement avec l'esprit jusqu'à sa sortie. À ce moment, le *maçrou'h* se réveillait, surpris de se trouver entre les mains du maître.

En général, ce genre de *çar'h* n'est ignoré que par une minorité dépourvue de savoir et d'intelligence et les victimes en sont ceux qui se sont éloignés de la voie de Dieu et des règles sacrées et protectrices de la religion.

Le traitement du *çar'h* consiste simplement dans le respect de la parole de Dieu et des conseils éclairés du prophète.

Quant au *çar'h* dû aux mauvaises humeurs, c'est une affection qui empêche les parties du corps de se mouvoir normalement. Elle provoque des paralysies. Les causes en sont soit les humeurs épaisses qui bouchent les nerfs du cerveau et provoquent des suffocations, soit des vapeurs qui montent de quelque partie interne du corps jusqu'au cerveau et y provoquent des contractions dans tout le corps. La personne atteinte se raidit et tombe évanouie.

Cette affection compte parmi les maladies les plus aiguës, les plus opiniâtres, surtout si la victime est âgée de plus de vingt-cinq ans. Hippocrate dit que ce *çar'h* demeure jusqu'à la mort.

Alors, si nous savons tout cela, nous pouvons dire que la femme qui *toçra'h* et se dénude souffrait de ce genre de *çar'h.* Le prophète, en lui promettant le paradis si elle se résignait à sa maladie tout en priant pour qu'elle ne se dénude plus, l'a mise en fait devant un dilemme : choisir entre la résignation et le paradis et la guérison mais sans garantie de paradis. Elle a choisi la première solution.

Singulier parcours que celui de cette enquête impressionniste qui nous a conduits de la monothéiste problématique freudienne de l'occultation de l'image à l'analyse de mythes et de rituels grecs antiques, de l'exploration de l'établissement précoce de la relation d'objet à l'utilisation rituelle de masques, de l'analyse détaillée d'un cas de dépression anaclitique aux descriptions de rituels de possession et enfin au texte étrange d'un médecin arabe du XIIe siècle qui contient de manière condensée les différents éléments que nous avions dégagés au préalable [119]. Nous pourrions être frappés du caractère hétéroclite du matériel ici rassemblé. J'y vois au contraire une confirmation de ma conception de la séquence-image et de la notion d'opérateur thérapeutique. S'il est vrai que j'ai pu mettre en évidence un opérateur technique, élément de base de théories, d'idéologies, de croyances utilisées par les psychothérapeutes d'hier et d'aujourd'hui, d'ici et d'ailleurs, il n'est alors pas étonnant que l'on retrouve ce même opérateur dans les mythes, les rituels, les techniques, les théories des « psychopathologistes », tant traditionnels que scientifiques. Reste encore, avant de parvenir à une parcelle d'universalité, à proposer une théorie générale du fonctionnement et de l'utilisation de tels opérateurs. La tâche est immense et le champ de recherche et d'expérimentation, infini – à condition toutefois d'accepter de jouer avec son propre système de références : l'abandonner un instant jusqu'à percevoir celui de l'autre, pas complètement néanmoins, afin de conserver un lieu à partir duquel parler et construire une théorie.

---

119. La frayeur, la dépression, l'exhibition sexuelle de la femme, la fonction thérapeutique.

[illegible]

*Chapitre IV*

# De l'usage magique des odeurs et des parfums

Il est mortel ; il jouit d'un corps, se flatte de n'être qu'âme.

Son corps, quelquefois gras ou visqueux, quelquefois combustible, tantôt liquide, tantôt coque végétale, n'est toujours que vulgaire monture. Son âme, en revanche, aussi appelée « esprit, cœur, principe, essence, extrait », est volatile et, si l'on n'y prend garde, s'envole aussitôt en direction du soleil rejoindre ses sublimes semblables, les dieux. Cousin des esprits, être subtil et vivace, inlassablement actif, son espèce est constituée d'une infinité de races. Parasite par nature, il se reproduit souvent dans la corolle des végétaux, notamment des fleurs, mais aime aussi à se cacher dans de vulgaires herbacées, voire au sein de cruelles cactées. Sa capture est ardue. Il faut savoir se lever avant soleil, s'en aller guetter au bord des chemins le moment fugace de l'ouverture des pétales, entailler l'écorce de l'arbre encore pubère pour faire pleurer goutte à goutte l'ambre opaque dans laquelle il aime à se terrer.

Son nom est « parfum ».

Les anciens avaient fini par atteindre une certaine habileté à le décrire, mais cet être a tellement été mêlé à des histoires de dévergondage que, pudibonds comme nous le sommes, nous avons, parmi toutes les traditions antiques le concernant, préféré seulement conserver quelques techniques de son artisanat. Pour tenter de saisir une part de sa nature, je commencerai par une histoire colportée depuis au moins le VIIe siècle avant Jésus-Christ par les Grecs, qui l'avaient eux-mêmes empruntée aux Sémites de Syrie, du Liban et de Chypre.

Il s'agit d'un roi assyrien – certains l'appellent Théias, d'autres Cinyras ; certains le situent à Byblos, au Liban, d'autres à Paphos, dans l'île de Chypre. Mais tous racontent la même mésaventure, à travers mers, siècles et frontières. Nous en trouvons le récit dans des fragments de littérature babylonienne, une brève allusion dans le livre d'Ézéchiel, de longues descriptions dans la *Bibliothèque* d'Appolodore, dans les *Fables* d'Hyginus, dans la *Déesse syrienne* de Lucien de Samosate, dans la *Description de la Grèce* de Pausanias, dans le *Protreptique* de Clément d'Alexandrie, et dans d'autres encore...

Théias avait une fille ; on l'appelait Myrrha. Douce comme la soie, elle avait de grands yeux tendres qui regardaient inlassablement son père, en silence, des journées durant. Elle poussa comme le chiendent, farouche et espiègle, ne respectant ni les règles des humains ni les prescriptions des dieux. Sitôt qu'elle le pouvait, elle s'introduisait au palais et là, cachée dans quelque recoin, parfois juchée sur la pointe des pieds ou sur quelque coussin, le menton coincé entre les mains, elle restait à contempler son père. Bientôt, la poitrine pointa sous le peplos, les hanches commencèrent à rebondir la tunique de lin, la taille s'affina sous la ceinture de laine sauvage, mais Myrrha continuait à superbement ignorer les appels d'Aphrodite que, dans son pays, on appelait Astarté. Car si cette déesse du désir sexuel sait octroyer le plaisir aux humains, c'est à condition qu'ils se soumettent à son règne. Aphrodite insista ; elle lui manda des prétendants, de beaux jeunes gens qui la supplièrent, de vieilles femmes qui tentèrent de lui transmettre les manières de l'amour. Rien n'y fit. Furieuse, afin de lui enseigner que nul humain n'échappe au désir, la déesse lui imposa un penchant incestueux pour son père. Bientôt folle de désir, Myrrha commença de tournoyer autour de lui comme un insecte après l'orage. Comment l'approcher, si semblable et pourtant impossible amant ? Tous les jours, elle accablait de plaintes douloureuses sa nourrice Hyppolité, qui finit par la prendre en pitié. La vieille fut sensible aux malheurs de la jeune fille. Elle utilisa la ruse. Elle raconta au roi qu'une jeune princesse d'un royaume voisin s'était éprise de lui et souhaitait le rejoindre dans sa couche à la nuit. Elle fit promettre à Théias une totale obscurité lors des visites. Il s'engagea à laisser partir l'amante au plus profond des ténèbres. Onze nuits durant, Myrrha s'accoupla avec son père. Les sentiments commencèrent à naître dans le cœur de l'homme mûr, enivré des parfums du corps de Myrrha. La douzième nuit, il alluma une torche et recula d'épouvante. Il avait naturellement découvert la supercherie sur l'instant. Et son cœur fut entamé de la souillure à laquelle l'avait contraint sa fille. Armé d'un couteau, il la poursuivit à travers le palais. Il la poursuivit à travers les jardins, puis au-delà des portes de la ville. Il la poursuivit sur les chemins, dans les forêts, dans les montagnes. Théias fut sur le point de la rejoindre ; Myrrha suppliait les dieux de la soustraire à la colère de son père, de la rendre invisible, de la rendre oiseau. Aphrodite la prit en pitié et la métamorphosa en un arbre que depuis on nomme *múrrha* : l'arbre à myrrhe, le balsamier. Dix mois plus tard, l'écorce se craquela, se souleva, se fendit et l'on vit apparaître un enfant qui reçut le nom d'Adonis.

Encore tout petit, Adonis était si beau, si troublant

qu'Aphrodite l'enferma dans un coffre afin de le dérober aux regards des autres déesses. Elle le confia aux soins de Perséphone, maîtresse divine du monde des morts. Mais à peine Perséphone souleva-t-elle le couvercle du coffre qu'elle en tomba amoureuse à son tour et refusa de le restituer à Aphrodite. Les déesses se disputèrent l'enfant et ne parvinrent pas à s'entendre. Elles en appelèrent à l'arbitrage du père des dieux. Alors, Zeus divisa l'année en trois. Il décida qu'Adonis en passerait un tiers avec Aphrodite, un tiers avec Perséphone et le troisième tiers de l'année à sa guise. Mais Adonis choisit d'en passer deux avec Aphrodite et un seul avec Perséphone – amant de l'amour donc, et la mort pour maîtresse ! Plus tard, le dieu, jeune éphèbe, périt au cours d'une chasse sous les coups d'un sanglier qui l'avait acculé dans un carré de laitues.

On dit que la myrrhe, essence captivante, gomme musquée dont l'âcre parfum saisit longtemps, est les larmes de Myrrha. On dit aussi qu'autrefois les roses étaient seulement églantines, blanches et inodores. Aphrodite, se précipitant pour sauver son amant, se piqua les jambes à leurs épines ; son sang pigmenta et parfuma ces fleurs qui, depuis, lui sont dédiées. On dit que de chaque goutte de sang que perdit Adonis naquit une sorte d'anémone. On dit enfin que chaque larme d'Aphrodite donna naissance à une qualité de rose.

Comme on l'a sans doute deviné, Adonis est parfum ! Ainsi les Anciens étaient-ils arrivés à la conclusion qu'un être aussi puissant, aussi actif méritait d'être compris dans ses subtilités les plus intimes. Que cet être fût un non-humain n'allait certes pas empêcher leur recherche !

D'abord, Adonis est parfum, disais-je, ou, si l'on préfère, le parfum est Adonis. Et dans le vocabulaire amoureux des Grecs, son nom est synonyme à la fois de parfum et d'amant. Plus probante encore, une version latine du même mythe explique que la folle passion des déesses pour l'enfant avait été provoquée par la gomme sécrétée par l'arbre à myrrhe, qui contient une essence piquante déclenchant le désir et le rendant brûlant.

« Répands sur lui des onguents de Syrie, répands sur lui des parfums. Périssent tous les parfums. Lui qui était ton parfum, Adonis, a péri. » (Bion, *Adonidos epitaphios,* 77,78 [1].)

Car le parfum est chaud et sec ; il s'apparente au soleil. Les Grecs pensent que la cassia, la cinnamome, l'encens et la myrrhe ne peuvent se récolter que dans les régions du monde brûlées par le soleil. L'Arabie, désert séché par le feu du ciel, est la terre par excellence dans laquelle se sécrètent les parfums. Là, les odeurs s'exhalent du sol en d'infinis et subtils mélanges. C'est là, de nos jours encore, en Arabie, en Éthiopie, au Soudan, que l'on consomme le plus de parfums, que l'on honore la création d'une nouvelle combinaison d'essences comme la naissance d'un nouveau dieu. En revanche, le bas, l'humide et le froid fabriquent de la pourriture. Les corps des morts, les cadavres des animaux pourrissent de leur chute, de leurs humeurs, de leur refroidissement et dégagent des senteurs nauséabondes.

Mais les Grecs, dans leur effort de pensée mythologique, sont allés plus loin encore dans la définition de l'action du parfum. Pour cela, ils l'ont comparé à deux types d'oiseaux. Comme chacun le sait, deux oiseaux volent très haut jusqu'à atteindre le soleil : les aigles et les vautours. Tous deux sont des rapaces diurnes, se nourrissant de la chair des animaux. Mais l'aigle se nourrit de viande fraîche, d'animaux vivants qu'il a lui-même tués, alors que le vautour se nourrit de charognes, de carcasses abandonnées par les animaux chasseurs, de chairs mortes. Ces deux rapaces s'opposent aussi par le sens de leur vol : toujours, l'aigle s'envole vers le plus haut, alors que le vautour est attiré

1. Cité par M. Détienne, *Les Jardins d'Adonis* (1972).

par le bas. Naturellement, ils s'opposent aussi par leur parenté avec les odeurs. Le vautour, cet oiseau de mort qui n'hésite pas à se nourrir même du cadavre des humains, se réjouit de l'odeur putride des cadavres. Dès qu'il renifle la pourriture, il survient de loin. Rien ne peut l'arrêter... rien, sinon l'opposé : le parfum, l'encens ou les aromates. À l'inverse, le contact des aromates, l'onction du parfum redonne vie à l'aigle blessé ou vieilli. Les plumes de l'aigle sont réputées imputrescibles, la combustion de celles du vautour dégage une insupportable puanteur. On dit que l'aigle, vieilli, s'approche du soleil jusqu'à se laisser griller les ailes. Le feu du ciel le revigore à tel point que certains aigles, après ce traitement, ayant acquis une nouvelle jeunesse, peuvent repartir ragaillardis pour de longues années. « Super aigle », le phénix, oiseau mythique, peut, dit-on, vivre jusqu'à mille ans. Quand approche le terme de sa vie, le phénix s'en va vers les terres les plus chaudes – l'Arabie, l'Éthiopie, le Soudan, encore... Là, il se couche sur un monceau d'aromates et de bois sec, y met le feu, brûle entièrement avant de renaître, identique à lui-même, de ses cendres. Nul ne sait, dit-on, de quoi se nourrit le phénix. D'aucuns prétendent que ce sont les rayons du soleil qui lui servent de nourriture, d'autres, les senteurs subtiles des vents marins, d'autres enfin disent qu'il se nourrit des larmes de l'encens et du suc de l'amome. On dit aussi que le phénix n'exonère aucun excrément, si ce n'est un petit ver qui devient l'aromate cinnamome (sorte de camphre) dont se servaient les rois et les princes pour sacrifier aux dieux.

Toutes ces comparaisons soulignent combien les Anciens avaient compris que le parfum était âme – *âme de soleil,* supplément d'âme aux êtres de la vie, comme l'aigle ; gardien de vie, protection contre les êtres de la mort, comme le vautour ou les serpents.

Chacun le sait, les dieux exigent des humains des sacrifices d'animaux. Encore aujourd'hui, il persiste de très nombreux peuples encore civilisés qui sacrifient des animaux à leurs divinités, leurs esprits, les propriétaires invisibles de leur terre, de leur forêt, de leurs rivières. Dans toute l'Afrique de l'Ouest musulmane, cette offrande porte un nom arabe dérivé de *sadek* – « action juste ». On l'appelle *sadaka* en Mauritanie, *saraka* au Mali, *sarakh* au Sénégal. Les Grecs affirmaient qu'un certain type de sacrifice, au cours duquel les graisses de l'animal étaient brûlées, résultait d'un partage trompeur entre les dieux et les hommes. On raconte que c'est Prométhée qui a fixé le régime alimentaire des hommes et des dieux lors du sacrifice du bœuf aux aromates. Aux hommes qu'il souhaitait avantager, le Titan réserva la part qu'il pensait la plus belle : toute la viande de l'énorme animal. Aux dieux, il attribua le fumet des graisses brûlées : l'odeur des viandes grillées, la senteur des aromates crépitant sur le bûcher du sacrifice. Mais en agissant ainsi, Prométhée déclarait les hommes dépendants de leur repas de viande, fragiles à la précarité, bref, mortels. Il reconnaissait en revanche aux dieux leur condition surnaturelle, leur réservant des nourritures subtiles, inaccessibles aux êtres de chair et de sang : le fumet des viandes sacrifiées et les parfums de la myrrhe et de l'encens.

Ainsi les parfums engendrés par le feu, tant ceux qui prennent naissance dans les terres brûlées de soleil de l'Arabie et de l'Éthiopie que ceux résultant de la carbonisation des viandes ou des aromates, sont-ils des substances sacrées, parentes des dieux, pour lesquels elles constituent la nourriture privilégiée.

Cela semblera parfaitement logique à qui comprend que le parfum est à la fois un être vivant et actif et une substance subtile, aérienne – donc, une sorte d'âme. S'il se laisse quelquefois enfermer dans un corps – les végétaux, par l'intermédiaire desquels il se reproduit, les graisses ou les huiles, dans lesquelles les anciens aimaient dissoudre leurs essences [2], les encens, où il se tapit en attendant le feu libérateur, ou enfin l'alcool des parfumeurs modernes, il est trop impétueux, trop turbulent pour accepter ses prisons. Il s'échappe et s'en va rejoindre à la première occasion son être de prédilection, son semblable, son père : le soleil. Qui parvient à se saisir de cette essence d'âme détient le moyen d'instiller du supplément d'âme là où il en manque, de la séduction là où elle est insuffisante, de la divinité dans la vie profane.

Adonis, le parfum, est un être redoutable dans son action. Dès qu'il apparaît, il rend Perséphone, et surtout Aphrodite, qu'assurément nul ne pourrait prétendre débutante en amour, folles de désir. Aphrodite le cache dans un coffre, je l'ai déjà dit, mais on comprend maintenant que c'est pour se réserver la divine senteur. Au v^e siècle avant Jésus-Christ, on fêtait le dieu à Athènes au cours des Adonies. Fêtes privées, se déroulant chez un particulier et non dans quelque sanctuaire, où l'on invitait amants, amantes et courtisanes et au cours desquelles on se livrait, durant un jour et une nuit, aux jeux de la séduction, à une orgie de parfums, d'aromates et d'amour. Adonis, le parfum, possède donc la singulière capacité de déclencher des rapprochements anti-sociaux, de séparer femme et mari, amant et maîtresse, d'attirer par une force irrésistible vers le compagnon inattendu, celui d'une heure ou de quelques nuits. Mais cette caractéristique du parfum, tout le monde la connaît déjà, je crois.

Autre histoire, celle-là toute récente, mais tout aussi millénaire. Au Soudan, on raconte que notre mère à tous, la première femme, Ève, *'hawa* en arabe, a eu des rapports sexuels avec chacun des démons et des esprits de la création. Cependant, craignant le courroux de Dieu, son père, elle lui cacha ces enfants qui étaient bien plus beaux que

2. Actuellement encore, les Éthiopiens le capturent dans du beurre.

ceux qu'elle avait obtenus de son mari, Adam. Ces enfants allèrent donc habiter le monde de la nuit, l'invisible. On dit aussi que les descendants de ces enfants adultérins originaires sont les ancêtres de tous les esprits qui existent encore de nos jours et que les Soudanais nomment *zars* ou encore *awlad mama* – « les enfants de la mère ».

Quelquefois, les esprits *zars* qui vivent de nos jours décident d'investir un être humain. Leur visite au *ben adam* (« fils d'Adam »), comme on nomme là-bas les humains, se manifeste toujours par une maladie. Telle femme commence par devenir irascible, cherchant sans cesse querelle à son mari. Puis elle glisse imperceptiblement vers des symptômes que nous, en Occident, nous avons tendance à nommer « dépression » : elle refuse de se lever, de s'alimenter, de faire sa toilette, voire même d'uriner et, naturellement, d'avoir quelque commerce sexuel que ce soit avec son mari. Sans doute quelque vieille femme expérimentée diagnostique-t-elle alors l'attaque par un *zar*. On la conduit chez la *cheikha*, grande maîtresse des esprits.

Pour diagnostiquer la famille de l'esprit qui a investi la malade, la guérisseuse se livre nécessairement au *fatih el 'ulba* – « l'ouverture de la boîte ». Dans chaque boîte, en effet, est enfermé un encens, l'odeur-devise – en quelque sorte le blason odorant – d'un groupe de *zars*. Cependant, ces empreintes d'esprits sont elles-mêmes des combinaisons d'essences élémentaires. On dit que les maîtres du *zar* en connaissent près d'un millier qu'ils combinent à volonté : *al mistika*, sorte de résine parfumée (peut-être la myrrhe ?), *mur el higazi*, l'eolocynth, *sandal*, le bois de santal, *al kafur*, le camphre, *'írk as sus*, la branche de licorice, *al gawi*, parfum provenant de l'île de Java, etc. L'officiant mélange ses encens à des essences de parfum telles que : *mahlabiya*, de *mahleb*, cerise de Perse, sorte de plante odorante, *sandaliya*, essence extraite du bois de santal, mais aussi à des parfums célèbres au Soudan comme :

*bint as Sudan*, la fille du Soudan, *bint al qisis*, la fille du prêtre, *frer d'amour*, « fleur d'amour » (?) ou même *suwar Baris* – soir de Paris [3] (!).

Bientôt, la maîtresse des *zars* va encenser la femme de ces différents mélanges jusqu'à ce qu'un signe visible de la présence du *zar* se manifeste chez elle. Alors, la malade tombe sur le sol, prise de tremblements frénétiques, bave, se dresse, se met à danser au rythme des tambours, adoptant en un moment l'habillement et l'attitude de l'esprit qui la possède. Arrive enfin le moment crucial : le sacrifice animal. On égorge le mouton – peut-être un cabri, quelquefois un bœuf. Immédiatement, les auxiliaires de l'officiante se précipitent pour recueillir dans des verres, des casseroles, des bassines le sang qui gicle de l'entaille. Aucune goutte ne doit être perdue. Mais le sang contenait l'âme de l'animal, ce souffle étrange, imperceptible, qui permet la vie, ce feu intérieur, principe subtil qui garde chauds les corps vivants, qui fait circuler leur sang à l'intérieur de l'organisme. Cette âme s'est échappée vers le soleil. Alors, l'officiante qui a préparé le parfum le verse dans le sang de l'animal sacrifié et le fait boire d'un trait à la malade. Belle façon d'en récupérer l'âme !

Le parfum est sang de divinité, âme d'un dieu impalpable dont la vie éphémère se résume à la lente montée des senteurs vers le sommet des cieux. Âme de dieu, essence d'âme, le parfum est aussi véhicule de supplément ou de perte d'âme. On dit que certaines sorcières marocaines savent fabriquer une petite bourse odorante renfermant le sang d'un humain décédé de mort violente. Si l'homme qu'elles convoitent renifle l'odeur dégagée par l'objet magique, voici son désir définitivement capturé au regard de la belle. Mais méfiance : si, par mégarde, il arrive que quelque bébé en surprenne l'odeur – *chem* –, il meurt dans

3. S. Abdessalem, *Le Visiteur et le Voleur* (1993).

les huit jours de diarrhée verte. Aujourd'hui encore, on appelle cette maladie des nourrissons *chem*, « la senteur, l'odeur [4] ». Les magies les plus pernicieuses, les maladies les plus terribles, les moins susceptibles de se soumettre à la science des humains, sont celles que produit le mélange de substances odorantes que l'on fait clandestinement inhaler aux victimes. Ces mélanges, sortes d'anti-parfums, aussi prégnants que la plus subtile des odeurs, aussi destructeurs que la plus tranchante des armes, sont appelés dans tous les pays du Maghreb *s'hur*, « objet de sorcellerie [5] ». En revanche, aucun guérisseur, ces héritiers d'un savoir millénaire qu'au Maghreb on appelle *talebs, fkihs, cheikh,* au Sénégal *borom kham kham,* au Mali *karamokos* ou *bammanas* – autant de mots qui signifient « maîtres du savoir caché » – n'interrogera l'oracle sans appeler les divinités par des encens, sans protéger les lieux de son office à l'aide de parfums, sans s'envelopper lui-même d'odeurs protectrices.

Alors, si l'on veut trouver quelque utilité à ce que je raconte, peut-être se satisfera-t-on d'un conseil. Dès demain, courir chez son marabout. Demander une amulette, une protection, de préférence recouverte de cuir. La mettre une semaine dans sa poche en la tripotant aussi souvent que possible, y imprégnant son empreinte, sa sueur, ses odeurs. Puis, la sortir de sa poche, en un endroit discret, retiré des regards curieux. L'imbiber de parfum. Maintenant, elle est prête à servir. La garder toujours sur soi, proche de la peau. Si quelque disgrâce survient néanmoins, quelque appréhension avant une épreuve, quelque contrariété, quelque échec professionnel ou amoureux, on peut y ajouter du supplément d'âme : il suffit de la parfumer à nouveau.

---

4. T. Adohane, « Le nourrisson médusé » (1989).
5. T. Nathan, *L'Influence qui guérit* (1994).

*Chapitre V*

# Les enfants d'Astarté

## Couples maghrébins candidats à l'insémination artificielle par donneur

Tout a commencé par un scandale. L'endocrinologue reçut un jour un couple d'Algériens kabyles. Le mari parlait le français, un peu l'arabe ; la femme uniquement le kabyle. On avait pourtant bien fait les choses, puisque l'endocrinologue en question parlait aussi l'arabe. Le mari semblait fort bien comprendre le déroulement de l'insémination artificielle et semblait l'expliquer à son épouse au fur et à mesure des explications du médecin. On apprendra par la suite qu'il lui a seulement dit qu'elle était malade, que le médecin lui ferait une piqûre dans le vagin et qu'ensuite elle pourrait enfanter. À la naissance, le couple rapporta l'enfant au CECOS (Centre d'Étude et de Conservation du Sperme humain). La femme criait et pleurait. Le mari, fâché, s'écriait : « Ce n'est pas le mien ! Il est blond aux yeux bleus ! » (En réalité, les yeux étaient noirs – peut-être avec des reflets gris-bleuté). Conclusion des responsables du CECOS : avec les couples maghrébins, il ne s'agit peut-être pas seulement d'un problème de langue, mais aussi d'un « problème culturel », c'est-à-dire du type de rapport au réel qu'entretiennent ces patients. Depuis lors, on a pris l'habitude de nous adresser à la consultation d'ethnopsychiatrie, les couples maghrébins, tant arabes que kabyles, demandeurs d'une insémination artificielle par donneur.

*Phénoménologie d'une consultation*

Il était d'abord fort étonnant qu'un grand nombre de couples maghrébins soient demandeurs d'une insémination artificielle par donneur, car il n'existe pas de donneurs maghrébins. Aujourd'hui que nous commençons à disposer d'une certaine expérience et que nous avons pu repérer les constantes des demandes d'insémination artificielle, il nous vient quelques commentaires.

Une culture propose des modèles explicites de comportement ainsi que des valeurs et des représentations ; mais elle véhicule également des modèles implicites beaucoup plus difficiles à percevoir. D'abord, l'explicite : la culture du Maghreb, nous le savons, est encore très communautaire. C'est dire que la pression du groupe est énorme et contraint le sujet à des comportements et des attitudes plus ou moins stéréotypés. C'est pourquoi, lorsqu'ils expliquent leur demande, les couples maghrébins arguent des diverses pressions qu'ils subissent de la part de ce groupe. Pression familiale, d'abord : « Tous mes frères ont des enfants. Chaque fois que je retourne au pays, ils me demandent quand j'en aurai à mon tour. » Obligation de perpétuer le nom de père, ensuite, car les mariages sont encore très souvent des associations entre familles et non l'union d'individus indépendants et autonomes. Enfin, le code explicite est patriarcal, ce qui signifie qu'en réalité le véritable maître en la demeure est la mère du mari qui n'accède véritablement à la plénitude de sa puissance que lorsqu'elle devient grand-mère, et, plus précisément, d'un petit garçon : « Ma mère pleure. Elle dit : " Quand me feras-tu un petit-fils ? " » D'ailleurs, si en ce monde l'homme porte le nom de son père, au moment de mourir l'*imam* lui demandera le nom de sa mère, car c'est celui-là qu'il portera dans l'autre monde. C'est également le nom de la mère qui est utilisé lors de l'initiation soufi pour procéder aux décomptes cabalistiques.

Autre discours explicite, autre miroir aux alouettes : la fameuse impossibilité de remettre en cause la puissance fécondante de l'homme. Apparemment, il n'y aurait de place en Islam que pour la stérilité de la femme – problème généralement résolu par sa répudiation, immédiatement suivie d'un remariage. La stérilité du mari laisserait par conséquent le couple devant une absence de défenses culturelles.

Mais tout cela est du registre du discours officiel. Dans les parties moins visibles de la culture, plus ou moins tolérées par le clergé islamique, circulent d'innombrables pensées de castration sorcière de l'homme rendant compte de sa stérilité : action maléfique engagée par une amoureuse éconduite ou par une ancienne épouse haineuse et envieuse ; conséquence du mariage contracté par l'homme, dans le secret de ses rêves nocturnes, avec une femme-démon *(Djenneïa).*

C'est pourquoi, durant nos consultations, nous avons pris l'habitude de poser des questions sur l'implicite magique. La plupart du temps, les couples désirant se présenter sous leur jour le plus occidental, nient farouchement. Néanmoins, certains vendent la mèche : « C'est la sœur de mon mari. Elle ne m'aime pas. Elle est jalouse de moi. Elle a mis une écriture dans le pain. C'est d'elle que provient le mal. » Ou encore : « C'est ma première femme. Je l'ai répudiée parce qu'elle n'était pas vierge la nuit de noces. Elle se venge ainsi... » Ainsi assistons-nous à ce que l'on doit bien considérer comme une tentative de juguler la magie noire du verbe et des philtres [1] par une « magie » occidentale hypertechnicisée. La partie est loin d'être gagnée d'avance.

Nous avons également noté une singularité de la relation entre les partenaires de ces couples. Habituellement, les mariages maghrébins sont décidés par les familles. L'amour entre les conjoints est plus que facultatif, presque malvenu. Mais dans le cas des couples candidats à l'insémination artificielle par donneur, la complicité qui les lie dans un projet soigneusement caché à l'environnement familial crée entre mari et femme une relation d'intenses échanges, de tendresse, voire d'authentique passion, qui les différencie des couples maghrébins habituels.

Aux questions sans détour sur l'origine de la stérilité du mari, nous obtenons, lorsque l'entretien est suffisamment dynamique, des réponses angoissées tournant autour d'étiologies traumatiques : « C'est la seconde femme de mon père... J'avais une dizaine d'années... elle m'a demandé d'aller chercher de l'eau. J'ai refusé. Alors, elle m'a jeté une pierre que j'ai reçue dans le testicule. C'est pourquoi je n'ai plus de sperme. » Quelquefois, quoique rarement, sont évoquées les maladies vénériennes. La stérilité serait alors une conséquence en quelque sorte « morale » des aventures du jeune homme. Enfin, nous avons obtenu une fois, chez un homme gravement névrosé, la réponse qui, à notre sens, explicite toutes les autres étiologies traumatiques : « C'est la conséquence de la circoncision. J'avais trois ans. Je n'avais pas vu mon père depuis ma naissance. Il travaillait en France. On ne m'a rien expliqué avant. J'ai eu très peur. Peu de temps après, ma mère est morte. Puis j'ai perdu l'usage de la parole jusqu'à la puberté. Je crois

1. Au sujet du fonctionnement psychologique des philtres et des poisons métaphoriques, voir T. Nathan, *Le Sperme du Diable* (1988).

que mon absence de sperme provient de la frayeur que j'ai éprouvée le jour de ma circoncision. »

La stérilité constituerait alors le grossissement d'une perception inconsciente mais omniprésente : par la circoncision, le groupe castrateur et jaloux des hommes adultes dérobe le sperme du jeune homme pour conserver le monopole de la filiation.

Je dois dire que notre groupe de travail s'étonne à chaque consultation de la facilité avec laquelle les couples maghrébins, prétendument prisonniers d'un carcan culturel, s'accommodent des interdits traditionnels. Comptent-ils dévoiler le secret à leur entourage ? Tous répondent que non : « Jamais ! Les gens risqueraient de dire ensuite que ce n'est pas notre enfant. » Comptent-ils révéler plus tard son origine à l'enfant ? « Certainement pas ! Il s'agit d'un secret entre mon mari et moi ! » Et les problèmes religieux ? « Du point de vue de notre religion, c'est interdit, c'est un péché *(haram)*. Mais vous savez, il y a tant de choses interdites : la pilule aussi est interdite, car l'homme doit rester tel qu'il a été créé par Dieu. » Un autre couple ajoutera, non sans quelque humour : « Si nous gardons le secret, c'est permis ; mais si quelqu'un l'apprend, c'est péché ! » Alors, quelquefois inquiets, nous demandons s'ils ne pensent pas que tous ces problèmes, même soigneusement cachés, ne finiront pas par resurgir un jour. « Des problèmes ? Avec l'aide de Dieu, il n'y aura pas de problèmes. » Puis arrivent les rationalisations : « Un enfant appartient à qui l'éduque » ou « ce qui compte, c'est qu'il vienne du ventre de ma femme », ou bien encore : « Normalement, c'est pécher contre la religion mais, quand je serai vieux, si je n'ai pas d'enfant, il n'y aura personne pour me tendre un verre d'eau ». Enfin, de manière générale, lorsque l'entretien se déroule dans une atmosphère de confiance, nous voyons transparaître une religion vécue bien plus douce et humaine que celle qu'en présentent les stéréotypes habituels : « L'Islam respecté à la lettre, c'est trop dur. Je jeûne durant le Ramadan, ça oui ! Mais je ne fais pas la prière tous les jours ! » ou encore : « Eh quoi, l'Islam ? Je suis musulman, puisque je ne fais pas le mal... »

Quelquefois, cependant, certains amorcent de réels mouvements psychothérapiques et parviennent durant l'entretien à de véritables élaborations. Par exemple, un homme, né en France, autrefois diagnostiqué asthmatique, s'était vu interdire la mer par son médecin (!). Par la suite, il est devenu marin et a navigué à travers le monde durant dix années. Il reconnaîtra lui-même que la demande d'insémination artificielle par donneur s'inscrit dans un défi comparable à celui de la révolte d'autrefois contre son médecin. Ou encore cet autre qui, au cours de la consultation, se souviendra inopinément d'une crise de furonculose survenue à l'âge de quatre ans : « Les boutons, il y en avait plein la tête, sur le visage, sur la bouche. Je ne pouvais même plus parler. Déjà alors, le sang [2] était mauvais. Ça vient de loin, tout ça ! » Un dernier exemple enfin : une femme reliera spontanément l'interrogation sur la nécessité de conserver le secret à une singularité de son enfance : « Après la mort de mon père, ma mère a vécu avec un autre homme durant trois mois. Ma sœur n'est en réalité que ma demi-sœur. Ma mère ne m'a révélé ce secret que tout récemment. Je lui ai alors demandé l'autorisation de le révéler à ma sœur et celle-ci en a été comme soulagée... »

Que durant ces consultations nous assistions à des élaborations relativement profondes, cela n'est pas pour nous étonner, puisque, tout au long, le questionnement œdipien est omniprésent. À l'arrière-plan flotte constamment l'éternelle question de l'enfance : « Et comment fabrique-t-on un enfant ? Quelle est la part du père ? de la mère ? de Dieu ? »

Au-delà de ces remarques circonstancielles persiste une question. Comment des couples maghrébins, kabyles ou

2. Équivalence symbolique fréquente entre sperme et sang.

arabes acceptent-ils avec autant de facilité une technique occidentale dont la logique est en flagrante contradiction avec l'éthos de leur culture ? On a quelquefois prétendu que c'était par ignorance. Or notre expérience clinique nous a montré que, souvent mis au courant par des amis, des émissions de télévision, ils ont déjà amplement évoqué la question entre eux avant de consulter, et qu'ils posent leur demande en connaissance de cause. Tout leur environnement semble *a priori* hostile à cette intervention, mais ils s'en soucient assez peu et s'organisent une religion privée très assouplie.

### *Insémination artificielle par donneur et tradition sémitique*

Mon hypothèse, peut-être trop audacieuse, est la suivante : en acceptant l'insémination artificielle par donneur, ces couples se rattachent à une très vieille pratique sémitique, préislamique et même probablement prébiblique. Un passage de la Bible m'a mis sur la voie de cette hypothèse. Dans *Genèse,* 38, est racontée l'histoire de Juda et de ses trois fils. Juda, fils de Jacob, prit pour femme la fille de Shoua le Cananéen. Il obtint d'elle un premier fils, Er, puis un second dont le nom resta célèbre, Onan, enfin un troisième nommé Shélah. Juda trouva une femme à Er ; elle se nommait Tamar. Mais Er vint à mourir. « Alors Juda dit à Onan : " Viens vers la femme de ton frère et remplis envers elle ton devoir de beau-frère : suscite un rejeton à ton frère. " Mais Onan savait que le rejeton ne serait pas à lui. Aussi quand il lui arrivait de venir vers la femme de son frère il fraudait par terre [3]. » Ce comportement déplut à Dieu, qui fit mourir Onan. Au sujet du « devoir du beau-frère », où l'on

3. *Genèse* 38, 8-9.

décèle très clairement la notion d'une propriété non pas individuelle, mais familiale, voire tribale, du sperme, nous trouvons une explication dans *Deutéronome* : « Quand les frères habitent ensemble et que l'un d'eux vient à mourir sans avoir de fils, la femme du mort ne peut appartenir au-dehors à un homme étranger. Son beau-frère viendra près d'elle, il la prendra pour sa femme et pratiquera envers elle son devoir de beau-frère. Il faudra que le premier-né qu'elle enfantera perpétue le nom du frère mort [4]. »

Revenons à Tamar qui exige son dû, c'est-à-dire du sperme « tribal ». Le deuxième fils mort, elle doit attendre que le troisième, Shelah, parvienne à l'âge de procréer. Mais voilà que Shelah grandit et qu'on ne le lui donne pas pour mari. Quelque temps plus tard, la femme de Juda vient à mourir. Voulant se distraire, Juda se rend à la ville pour tondre le petit bétail. Alors, Tamar, sa bru, « jette ses habits de veuvage, se couvre d'un voile et s'assoit à l'entrée du village ». Juda la prend pour une prostituée, s'unit à elle, mais se rend compte ensuite qu'il n'a pas de quoi la payer. Il lui promet de revenir. Elle lui demande un gage de sa bonne foi : « ton sceau, ton cordon, ton bâton qui est dans ta main » – c'est-à-dire ses insignes de chef de tribu. Trois mois après, on informe Juda : « Ta bru, Tamar, s'est prostituée et elle est enceinte ! » Mais Tamar envoie dire à son beau-père : « De l'homme à qui appartiennent ce sceau, ce cordon et ce bâton, je suis enceinte. » Juda comprend alors le fin mot de l'histoire et dit : « Elle a été plus juste que moi. »

Dans ce récit, nous retrouvons plusieurs éléments essentiels à notre propos : comme nous l'avons vu précédemment, la propriété du sperme n'est pas individuelle mais tribale. Qui veut s'assumer comme propriétaire *indépendant* de son propre sperme commet un péché et meurt

---

4. *Deutéronome* 15, 5.

(Onan) ; la circulation du sperme est un échange de type commercial. Tamar réclame son dû et finit par l'obtenir lors d'une véritable tractation commerciale ; Tamar s'unit au premier venu : un étranger ; le premier venu se révèle être le chef de tribu lui-même, comme s'il fallait souligner que, quel que soit l'homme, le sperme appartient toujours au chef de tribu. Mais il y a plus encore ! Pour désigner Tamar, le texte biblique dit : *Qedêshà* (prostituée *sacrée*) et non *Zouah* (prostituée). Il renvoie donc clairement à une pratique qui avait cours chez tous les peuples sémitiques de l'Antiquité et qui était l'une des expressions du culte à la déesse mère : Ashéra, Cybèle ou, comme elle est souvent appelée dans la Bible : Astarté.

Nous trouvons une description assez précise de ces cultes chez Hérodote, Lucien de Samosate, Strabon, Lactance, Clément d'Alexandrie. « La plus honteuse des lois de Babylone est celle qui oblige toutes les femmes du pays à se rendre une fois dans leur vie au temple d'Aphrodite pour s'y livrer à un inconnu... Celles qui sont belles et bien faites sont vite de retour chez elles, les laides attendent longtemps sans pouvoir satisfaire la loi ; certaines restent dans le temple trois ou quatre ans [5]. »

Si cette coutume constitue principalement un culte à la déesse de la fécondité, il nous faut cependant la rapprocher du fait que, chez les peuples sémitiques de l'antiquité, le premier enfant, probablement soupçonné d'être né des œuvres d'un inconnu, appartenait aux prêtres et devait poser, comme on le suppose, certains problèmes de filiation (rachat du premier-né). Peut-être devrons-nous également prendre ce fait en considération pour expliquer un aspect singulier de la filiation des patriarches : les aînés sont rarement héritiers de fait, alors qu'ils le sont de droit (droit d'aînesse).

Ainsi existait-il dans l'antiquité sémitique un *complexe*

5. Hérodote, *L'Enquête,* I, 199.

*mythologique* regroupant les représentations suivantes : le sperme n'est pas la propriété de l'individu, mais de la tribu ; le premier enfant n'est pas conçu par le père, mais par une divinité ; cette divinité est personnifiée par un étranger qui est à la fois n'importe qui (prostitution) et le chef de la tribu (Juda). Or ces différents éléments sont tous présents dans le processus d'insémination artificielle par donneur : le sperme est propriété du CECOS et non d'un individu singulier, éventuellement identifiable ; il s'agit presque toujours d'une première demande, c'est-à-dire du premier enfant d'un couple souvent marié depuis assez longtemps, mais resté stérile [6]. De plus, la médecine occidentale est considérée par ces couples avec ce mélange caractéristique d'appréhension et de respect que l'on porte au domaine du sacré. Je ne pense pas que ce serait beaucoup s'avancer que de dire que la médecine est ici comme une divinité et le médecin un prêtre accomplissant un rituel plus ou moins ésotérique ; enfin, tout comme dans la prostitution sacrée, le donneur est un étranger, un inconnu dont la personnalité importe peu puisqu'il n'est que l'outil par lequel s'accomplit la destinée divine.

Comment se fait-il qu'un complexe mythologique aussi ancien trouve encore de nos jours une telle efficience [7] ? Je ne saurais répondre à cette question, mais c'est un tel type de représentations qui explique la facilité avec laquelle les couples maghrébins semblent accepter l'insémination artificielle par donneur et nous permettent de comprendre des énoncés tels que celui-ci : « Je suis au chômage. On nous donne l'enfant et puis nous repartons en Algérie. »

---

6. Rappelons tout de même que, dans la Bible, les femmes des patriarches sont stériles (Sarah, Rebecca, Rachel) pour bien souligner que l'enfant provient de Dieu et non des hommes.

7. D'autant que les demandes d'insémination artificielle par donneur sont presque totalement absentes chez les autres populations migrantes, telles que les populations africaines par exemple.

*Chapitre VI*

# Le début du monde

## Fondements métaphysiques de l'ethnopsychanalyse

14 heures. Amokrane entre avec quelque appréhension dans la salle de consultation ; il prend place dans le groupe de thérapeutes. Il y a là Hamid, d'origine kabyle, le regard clair et bon enfant grand ouvert sur le monde ; Hamid le subtil, le sensible, le profond. Il a déjà rencontré Amokrane chez lui pour préparer la consultation. Ils ont échangé des pensées sur les origines des noms, sur l'ancêtre tutélaire de la tribu, sur les confréries maraboutiques en Kabylie. Dans la salle d'attente, Amokrane, un peu énervé tout de même, a trompé l'ennui en bavardant encore avec Hamid. Ils ont recommencé leur interminable discussion sur les origines. Marième est là aussi, Peule du Sénégal, drapée de couleurs chatoyantes, froissant les ors de son visage avec ceux de ses longs doigts déliés ; déjà occupée à musser de fulgurantes visions derrière ses paupières mi-closes. Dans la salle d'attente, elle a offert le thé à la menthe, proposé les petits gâteaux, les yeux baissés, avec cette fausse humilité un peu moqueuse qui fait le charme des Africaines bien élevées. Et Viviane, tendre Créole pleine du tumulte de la Guadeloupe, qui s'évertue maintenant à dissimuler d'adroites stra-

tégies sous le masque d'immenses yeux innocents. Et puis Alhassane, noble Peul du Fouta Djalon, ombre longue du soir, détendant ses membres gracieux au rythme de la reptation du caméléon. Il a laissé doucement reposer son menton au creux de sa main ouverte en corolle. Sans doute pense-t-il aux temps perdus où l'on pouvait passer l'après-midi à échanger les salutations, assis en tailleur, abîmés dans la contemplation du sable, au pied du sycomore. Durant la présentation, à l'appel de son nom, il incline respectueusement la tête tout en esquissant un geste de la main vers son cœur. Et Jean, l'aristocratique Ewé du Togo, qui porte sur ses jambes minces toutes les richesses millénaires de la forêt sacrée. Et aussi Souren, l'Arménien à la langue rude, Henriette, la Berlinoise partie si loin à la recherche du *Ring,* l'anneau des mille langues. À chacun, Amokrane présente ses salutations, pose quelque question, s'informe de l'origine exacte de sa famille, de sa langue maternelle, dit un mot sur ce qu'il sait de la coutume de l'autre.

Puis il se tourne vers moi. « Je dois vous prévenir, me dit-il, je n'accepterai de discuter avec vous que si vous répondez correctement à cette seule question... » Interloqué, je réponds : « Posez-moi votre question. » Et il ose : « Heu... Qu'y avait-il au début ? »

Je pense : « Au début, je le sais, la terre était " déserte et vide " *(Tohû wâ bohû).* Que Diable peut signifier sa question ? À l'origine de sa maladie ? Au début de la prise en charge qu'ont initiée les deux psychologues qui l'accompagnent à la consultation ? Avant sa conception ? Avant que n'existe sa famille ? Au début ? »

C'est mardi. Je dirige la consultation d'ethnopsychanalyse. Je regarde autour de moi. Je suis entouré d'une quinzaine de thérapeutes. Ils sont beaux, profonds, généreux de leurs pensées intimes, lourds d'une expérience chaque jour remise en cause. Je connais chacun d'entre eux. Tout au long de nos longues années de pratique commune, j'ai eu l'occasion de débattre de leurs sources d'inspiration, d'évoquer longuement leurs origines, de discuter leurs projets, leurs douleurs. Que perçoivent-ils de moi ? Je sais les avoir parfois rudoyés parce qu'ils s'étaient réfugiés dans une idée banale, qu'ils n'avaient pas su laisser exprimer leur noyau. Ils doivent sans doute m'en garder quelque rigueur. Je les ai guidés dans des projets aux limites du dicible, les ai incités à se défier du commun ; je les ai habitués à être les élèves de leur propre élève, comme moi. Car j'ai durement appris que l'on ne transmet rien à un élève qui ne vous apprend rien. Il y a là Saliha, femme kabyle, plongée dès sa naissance dans les secrets opaques des mystérieux rituels de la montagne. Ses yeux reflètent l'intelligence du monde, les plis qui les soulignent ont gardé l'empreinte du vent. Elle sait toujours donner la recette du plat rituel, la séquence de purification, les modalités d'interrogation des forces invisibles, précieuse et farouche. Et puis Loubaba, miel dont on entoure les sésames, qui sait mieux que quiconque enrober les graines douloureuses dans un lait de douceur, dire les malheurs dans d'interminables paroles bienséantes. Douce Loubaba, indispensable à la violence de guérir !

« Qu'y avait-il au début ? » Aujourd'hui, tous les thérapeutes restent muets. J'ai vaguement conscience qu'une fois de plus, avec ce patient, il s'agit de réellement répondre et non pas de ruser. Impossible de recourir aux esquives du genre : « Et vous, qu'en pensez-vous ? » ou encore « Vous me demandez comment vos parents ont réussi à fabriquer un être aussi incroyable ? » ou bien simplement... « Mmm... ? » Du regard, je recherche Lucien, mon frère Yoruba, qui m'a furtivement infiltré jusqu'à me faire éprouver dans la poitrine le souffle de mon arrière-grand-père, celui dont je porte le nom. Appelé par d'autres obligations, il a dû partir plus tôt, me laissant seul, perdu au sein d'un monde étranger, sans placenta, sans morts à nourrir, sans fontanelle à inciser, sans lui... Sans lui, je devrai faire semblant d'incarner tant le jour que la nuit. Il a juste enterré dans ce lieu quelques « paroles actives »... « casser la tête... rechercher la multitude... ne pas laisser installer le compact... »

J'apprends par la psychologue qui accompagne Amokrane, et qui s'occupe aussi de sa famille, que celui-ci est originaire de grande Kabylie, de la montagne ; qu'il est issu d'une famille maraboutique, ces familles monogames où l'on se doit d'épouser une femme portant le même nom, celui de l'ancêtre tutélaire. Lui, pourtant, s'est marié au-dehors, avec une jeune fille du village voisin. Je la vois, terrifiée, douloureuse auprès de lui ; elle a des yeux si tendres... Le jour des noces, il n'a pu déflorer son épouse. On a appelé le *taleb,* qui a fait les fumigations, interrogé le livre sacré et diagnostiqué une attaque sorcière, un *s'hur*. La jalousie, sans doute ! On a réparé par un rituel, un sacrifice au sanctuaire du Saint et, un mois plus tard, tout rentra dans l'ordre. La petite Tassadit, aussi jeune que lui – à peine vingt ans –, était enchantée de l'accompagner en France. Ils ont eu quatre enfants, deux garçons et deux filles, tous nés en banlieue parisienne, doux, obéissants et intelligents. L'aîné, Mohand, lève vers son père des yeux sévères... Naguère encore, Amokrane travaillait avec courage, craignait Dieu et ses supérieurs hiérarchiques. Le monde allait son chemin. Il y a trois ans, cependant, Dieu seul sait pourquoi (ce n'est pas certain qu'il le sache !), il entreprit une relation amoureuse avec une voisine, marocaine et mariée. Il y eut des disputes. Le mari trompé vint à la maison, accusa, jura. Six mois plus tard, alors qu'il était en train de renoncer à son idylle, une nuit, Amokrane sentit « le phénomène » s'abattre sur son cerveau. Il ne put vraiment l'identifier – sans doute un être surnaturel –, mais comment savoir ? Féminin ? Masculin ? Pas un djinn, en tout cas, puisque Amokrane n'y croit pas. Non, un « phénomène » ! Depuis, ce « phénomène » lui parle sans cesse, l'interrogeant, l'apostrophant, le critiquant, mais aussi le rendant intelligent. Par exemple, le « phénomène » lui a enseigné à douter de la religion. Pourquoi est-on musulman ? Pourquoi pas d'une autre religion ? Et pourquoi pas d'aucune ? Qu'y avait-il avant Mohamed ? Et avant Allah ? Et avant les dinosaures ? Et avant le soleil ? Au fait, qu'y avait-il au début ?

L'ethnopsychanalyse m'a enseigné une chose avec certitude : les dieux ont créé les hommes et non l'inverse ! Feuerbach avait tort, Marx aussi et Freud tout autant. Les dieux ont créé les hommes et des dieux différents ont créé des races d'hommes différentes.

Je regarde obstinément la douloureuse absence de Lucien. Au début, le dieu originaire yoruba, Olodumaré, s'ennuyait. Il était à la fois monde et volonté, matière et regard, il durait sans temporalité dans une totalité compacte et indifférenciée ; il s'ennuyait. Il décida d'installer la vie. Alors, il se livra au premier sacrifice : il se coupa en deux ! De la moitié tranchée sortirent sept dieux. Il les sépara en deux : d'un côté, les six premiers ; de l'autre, Legba. Ils étaient là, tous perchés sur un palmier qui prenait racine au fond de la mer, entourés par les flots : sur une branche, les six premiers, sur une autre, le septième. Aux six premiers, il offrit toutes sortes de richesses – le métal, les masques, la foudre, le tonnerre, l'art de la guerre, la beauté, l'eau, la parure... À Legba, il donna l'objet à la fois clair et obscur qui, plus on le jette loin, retombe près. Legba jeta la chose aussi loin qu'il le put ; elle tomba au pied du palmier, d'où naquit la terre. C'est ainsi que débuta le monde.

Lucien, les Yorubas, je le sais, sont les frères jumeaux des animaux. Les uns sont panthères, d'autres lions, d'autres encore pythons. Mais tu sais aussi qu'on ne marque qu'un seul jumeau, pour les reconnaître, pour qu'ils survivent, pour que la séparation engendre la vie. Le Yoruba-panthère reçut sur le visage la marque de son jumeau animal, trois griffes au coin des yeux, le lion, une large griffe sur la joue, le python, une tache, comme un ocelle. Chaque jour, le monde se vivifie à nouveau de la séparation des jumeaux. Lucien, est-ce bien cela ? La très ancienne parole, le « grand parler » ?

Amokrane me questionne encore : « Avez-vous fait quelque magie sur moi, avez-vous agi à distance ? Le “ phénomène ” m'a informé sur vous avant de pénétrer dans la salle de consultation... Mais je ne parviens pas à savoir lorsqu'il ment, lorsqu'il dit vrai, lorsqu'il fait des farces. Le “ phénomène ” m'a dit : “ Ne le crois pas ! ” Peut-être cela signifie-t-il que, justement, je dois vous croire... »

Alhassane, qu'y avait-il au début des ethnies du groupe Manding ? Depuis le temps qu'on les fréquente, on a appris à les connaître. Au début, les doubles des hommes étaient des *djinnas.* Le premier humain, un *djinna,* le second, un autre *djinna,* et ainsi de suite... Dès le début, chaque espèce a choisi. Les hommes ont choisi le village, l'ordre, la famille, la parenté, la hiérarchie ; bref, la culture. Les *djinnas,* la brousse, la forêt, l'eau des rivières, la cime des arbres, le désordre. Les hommes ont décidé d'habiter un monde prévisible mais stérile, les *djinnas,* le monde de l'excès, du débordement, de la profusion, de la fécondité. Les propriétaires des principes de vie, des forces vitales de la reproduction sont les *djinnas* ; les gardiens du passé, de la mémoire, de la langue sont les humains. Mais la question demeure : comment laisser perdurer le monde ? Que faire pour que l'organisation humaine ne vienne réinstaller le noyau dense jusqu'à l'uniformité du début ? À chaque fois qu'il faudra faire appel aux forces de vie, les humains devront venir négocier à nouveau l'alliance originelle avec leurs jumeaux, les *djinnas.* À la naissance de l'enfant, ils sépareront le « double », le « petit frère », le « jumeau », le placenta et iront le restituer à ses propriétaires, en brousse. À la puberté, pour faire démarrer les forces vives de la fécondité, ils feront de même avec un autre double : le prépuce du garçon, le clitoris des filles. Pour un mariage, ils offriront du sang, pour la construction d'une maison, du sang, pour les récoltes, du sang, pour la pluie, encore du sang. Gare si une femme oublie d'offrir la contrepartie de sa fécondité ! Le *djinna* viendra peut-être alors se servir lui-même, privant cette femme de son potentiel vital durement acquis par le passé – son *fit,* comme disent les Wolofs du Sénégal, c'est-à-dire son élan ; non pas son sang, mais ce souffle qui, dans le sang, réchauffe le corps et assure la circulation des humeurs. On sait combien les femmes de ces ethnies sont fragiles, après l'accouchement, face aux « attaques » des *djinnas* [1]. Elles perdent alors la parole, l'envie de communiquer, le goût pour les choses du monde. Les Blancs, ces grands simplificateurs, appellent parfois cela : « dépression ».

Certains, dans le groupe de thérapeutes, tentent quelque interprétation : est-ce la Marocaine qui a ensorcelé Amokrane jusqu'à lui faire perdre la tête ? On sait les connaissances raffinées des femmes maghrébines en magie amoureuse... Son épouse acquiesce vaguement d'un sourire... Une parole à laquelle elle a déjà pensé, des pistes qui lui ont déjà été proposées... Mais Amokrane ne croit pas à cela. Il rejette d'un revers de la main. Un autre thérapeute propose une nouvelle interprétation : c'était un mariage hors de la lignée des Marabouts, c'est pourquoi il a été attaqué par les mères des épouses potentielles. Il s'agit donc d'identifier la sorcière au pays, de discerner l'objet du maléfice, de le « défaire »... Amokrane hausse seulement les épaules. Une seule question aux lèvres, et qui l'obsède : au début, au début... qu'y avait-il au début ?

---

1. Voir M. Ba, « La dépression du ventre. Réactions dépressives après l'accouchement chez les femmes immigrées originaires d'Afrique de l'Ouest », *Nouvelle Revue d'Ethnopsychiatrie,* n° 24, 59-72.

Chez les Yorubas, chez les Mandings, le dieu primordial, le créateur, se sacrifie lui-même pour qu'advienne la vie. À chaque génération, à chaque changement dans l'ordre du monde, le même danger se présente à nouveau : que le pouvoir réinstalle le dense, le compact et fige le mouvement de la vie. Comment instituer la présence d'un séparateur obligatoire, comment entraver la résurgence toujours possible de l'agglutinement originaire ? Les Yorubas disent qu'Olodumare a séparé les premiers dieux en deux groupes : les six premiers et Legba, le septième, le divin producteur de désordre, celui qui ne se soumet au pouvoir de personne... Installez-le sur le seuil de votre maison afin de la protéger de l'ennui et de la mort. Les Juifs ont séparé la semaine en deux : d'un côté, les six premiers jours, de l'autre, le Shabbat, et cela afin d'installer la vie. Le mot « kabyle » dérive de la racine K B L, « tribu », « groupe constitué », qui a donné « cabbale » au sens de « faction ». Les « tribus » kabyles sont extrêmement structurées. Chacune se reconnaît un ancêtre lointain qui a donné son nom à ses descendants. Comme dans de très nombreux groupes sémitiques, l'ancêtre éponyme est le véritable fécondateur originaire. Il joue ici un peu le même rôle que le *djinna* des Mandings. Mais comment préserver la vie ? Certains groupes ont installé dans l'enceinte de leur territoire, généralement à l'entrée du village, une sorte de caste de prêtres : les Marabouts. Eux sont strictement endogames, ne cultivent pas la terre, n'ont pas le droit de se servir des armes, mais disposent de la plus puissante d'entre toutes les armes : la malédiction, *da'a*. Ainsi le groupe est-il traversé par un sous-groupe qui ne relève pas de la même loi et dont la seule fonction est de rétablir la séparation initiale, génératrice de vie : les Kabyles d'un côté, les Marabouts de l'autre. C'est d'une telle caste que provient Amokrane. Pour qu'une tribu kabyle ne sombre ni dans l'endogamie étouffante ni dans d'interminables vendettas meurtrières, ils ont séparé le peuple en deux : une grosse partie constituée des tribus et une petite partie, les familles maraboutiques, gardiennes du Sacré. Est-ce encore dans la proportion de six à un ?

Maintenant, je connais la réponse à la question d'Amokrane. *Au début, il y avait la division.* Mais chaque dieu créateur a été à l'origine d'un type de division. Olodumare, le dieu originaire yoruba, s'est d'abord divisé lui-même, puis il a divisé les dieux en deux groupes – six et un. Yahvé, le dieu juif, s'est d'abord divisé lui-même en ce qui était lui et ce qui ne l'était pas, puis il a séparé le jour de la nuit, enfin il a séparé les jours en deux : d'un côté, six jours, de l'autre, le Shabbat.

Chez les Bambaras, raconte Youssouf Cissé [2], la vie naît de la brisure originaire du monde. Au début, il n'y avait rien, mais ce rien Bambara n'est pas le chaos, c'est un rien calme, sans mouvement, sans chaleur, mais lourd, dense et compact. C'est un rien serré, une espèce de matière totalement condensée – c'est le début du monde ! Et tout va commencer par une brisure, un éclat... alors apparaîtront les premiers signes. Le premier, c'est le tournoiement – en quelque sorte, la spirale. C'est le mouvement que les Bambaras pensent caractéristique des *djinnas.* Le deuxième, c'est la montée et la descente. La troisième forme d'énergie, c'est l'écoulement, comme l'écoulement de l'eau dans une rivière ; quant à la quatrième forme, c'est l'harmonie du déroulement du temps.

Le dieu se reconnaît à la façon dont il divise le noyau compact des origines. Qu'y avait-il au début ? Il y avait ton dieu, Amokrane ! Et le seul fait que tu te poses la question démontre que tu es en train d'errer aux débuts des temps. Car la création des débuts est répétée tous les jours, chaque

2. Y. Cissé, « Le sacrifice chez les Malinkés et les Bambaras », *Systèmes de pensée en Afrique Noire,* n° 4.

fois que les fragments tentent de s'agglomérer dans le but de constituer un nouveau noyau compact. Ce que les Blancs, dans leur naïveté réductrice, nomment « psychose », n'est rien d'autre que la reproduction toujours redoutée de l'état originaire de l'être : le compact. Et nous autres, thérapeutes, sommes à chaque fois les artisans de cette nouvelle fracture, à toujours renouveler, les initiateurs de vitalité. Si ce que je dis là est vrai, alors Schreber ne mérite aucune des insultes dont l'ont qualifié ses psychiatres : « dément précoce », « paranoïaque », « délirant persécuté ». Tout comme Amokrane, Schreber était un humain à la recherche d'un mythe des origines pour déclencher la vie ; bref, de Dieu ! Et il ne s'est pas privé de le clamer, lui, pourtant Premier président d'une cour d'appel ! Néanmoins, la question demeure : qu'est-ce qui a conduit Amokrane à ce cataclysme désintégrateur, la perte de son dieu ? Qu'est-ce qui l'a rendu dense et lourd comme le monde Bambara avant la fracture originaire ? La lente usure de la vie quotidienne au pays d'accueil ? La maturation de son fils aîné, qui réussit en classe et le toise comme s'il était un sauvage ? La nécessité de fonder un nouveau monde, une nouvelle lignée, lui qui aime tant à parler avec Hamid de l'ancêtre tutélaire de sa tribu, le seul être mythique auquel il accorde quelque crédit ?

Après avoir énoncé la nécessité de la division originaire, je regarde un à un mes cothérapeutes. Moment de grâce, au cours duquel tous les yeux se retournent pour scruter le monde intérieur. Marième est partie à l'origine des Peuls, ceux-là mêmes dont on dit qu'ils sont des « hommes rouges », des hybrides de noirs et de blancs. Alhassane voyage à Kankan, là où son arrière-grand-père, marabout originaire du Maroc, avait décidé de fonder une maison. Jean caresse sa barbe qui n'a jamais connu le rasoir et s'enfonce avec appréhension dans la forêt sacrée. Viviane tente une nouvelle fois de remonter aux temps lointains qui ont précédé l'embarquement des esclaves – à Cotonou ? au Cap-Vert ? à Rabat ? Et moi, je rêve à l'arrière-grand-père de ma mère, grand Rabbin d'Égypte, qui a décidé un jour d'abandonner la communauté dont il avait la charge, partant à dos d'âne pour Jérusalem.

Je commence à comprendre le caractère sacré des consultations d'ethnopsychanalyse : il s'agit en fait d'un « parlement des dieux [3] », ces générateurs de principes vitaux, ces fabricants de vérités. Les représentants des multiples divinités, mes amis, Jean, Hamid, Marième, Lucien, Viviane, Alhassane, Saliha... ont pour fonction, par leur alliance, de briser la densité terrifiante à l'origine du désordre. Puis de réunifier les fragments sous la direction d'un seul dieu, rééditant une nouvelle fois l'acte fondateur de la division initiale.

Car, qu'on se le dise, nul ne peut soigner un « psychotique » sans l'aide d'une divinité...

---

3. Pour paraphraser Bruno Latour, qui parle, lui, d'un « parlement des choses ».

*Chapitre VII*

# Le syndrome de la valise
## Sensation de précarité culturelle et intérêt scientifique pour l'ethnopsychiatrie

*« Nous sommes les enfants de notre voyage ; c'est lui qui nous impose notre conduite, et même nos pensées dans la mesure où elles en sont le reflet, où elles s'harmonisent avec lui. Je ne conçois pas de meilleure identification. »*

Lawrence Durrell, *Justine*

*Mon ombre s'est embarquée un jour dans un bateau que je voyais s'éloigner assis sur une valise, sur un quai du port d'Alexandrie. Et je me dis : « Pleure ! Maintenant il faut pleurer ! » Crocodile du Nil, les larmes sèches, désormais cramponné au rivage, métamorphosé en bois mort pour ne pas entendre cette voix qui sifflait dans un mauvais arabe : « Tu es toi ! »*

*Voilà des millions d'années que les crocodiles du Nil contemplent silencieusement le courant. Ils ont vu le Dieu-fleuve s'assécher et vagabonder certaines nuits dans le lit des rivières consentantes. Ils ont mordu les* fellah, *accueilli des* 'afarit, *croqué des souliers mignons de filles de pharaons. Ils l'ont surveillé, s'étalant à perte de vue, le pied en Delta, se prenant pour la mer. Ils l'ont moqué, époux trompé des femmes répudiées des juifs et juge vendu de procès truqués d'esclaves. Ils l'ont consolé, se retirant avec lui dans de dignes hauteurs lorsqu'il subissait les bulldozers socialistes d'Assouan. Ils se sont vautrés dans son limon ; nul ne connaît comme eux la profondeur de sa matrice et les secrets de ses jouissances aveugles et torrides.*

*L'un d'eux, un petit vieux pelé aux écailles eczémateuses, a tristement sorti un œil de l'eau, puis a poursuivi sa lente nage millénaire contre le courant.*

Si je jette un rapide regard circulaire, il me semble que je peux affirmer qu'il n'existe aucune thérapeutique traditionnelle des désordres psychiques qui ne prenne en compte les ancêtres et la généalogie du patient. Plus même, je pourrais dire que tout guérisseur sérieux – de Casamance, du Venezuela ou de Madagascar – refuserait de pratiquer son art s'il ne se trouvait sur la terre de ses ancêtres et/ou celle des ancêtres de son patient. À la suite de cette remarque, je suis conduit à constater que la psychanalyse est l'une des rares techniques psychothérapiques qui ne nécessite pas la présence concrète des restes anciens.

Il me semble évident que la psychanalyse s'inscrit logiquement dans la continuité des techniques thérapeutiques qui l'ont précédée : exorcisme, magnétisme, spiritisme, hypnose, pour ne citer que les plus récentes. Cependant, elle s'adapte à une nouvelle réalité qui est celle des déplacements massifs de populations, lesquelles, nécessairement, abandonnent leurs morts sur place.

Freud est né à Freiberg, a vécu à Vienne, est enterré à Londres ; son père, Jacob, né en Galicie, a été enterré à Vienne ; son grand-père, Schlomo, était probablement originaire de Lituanie, etc. Ernst, le fils de Freud, est né à Vienne, a vécu en Autriche, en Grande-Bretagne, aux États-Unis, où il est enterré. Voilà une réalité à laquelle on ne prête pas souvent l'attention qu'elle mérite : Freud appartenait à une famille typique de migrants qui ne posait jamais ses bagages pour la durée d'une génération. Le cas de Freud est exemplaire. Déjà E. Jones l'avait remarqué : « En octobre 1859, Sigmund étant alors âgé de trois ans, l'ancienne émigration de la famille de la Palestine à Rome, à Cologne, en Lituanie, en Galicie, en Moravie, recommença, comme Freud lui-même devait la recommencer environ quatre-vingts ans plus tard [1]. »

Georges Devereux est né à Lugós en Transylvanie. Il a vécu en Hongrie, aux États-Unis, puis en France. Il est mort à Paris le 30 mai 1985 ; mais ses cendres, conformément à son désir, ont été dispersées sur le territoire de la réserve des Indiens Mohave de Californie. Le jour de ses funérailles, animé d'une révolte intérieure, je n'ai pu assister à son incinération. Je pensais à son père, probablement enterré en Transylvanie, devenue roumaine depuis, à sa sœur, vivant en Israël, à son neveu, menant une brillante carrière aux États-Unis [2]...

Georges Devereux a fourni un corpus théorique permettant de penser l'ethnopsychiatrie. Il a montré qu'il était possible d'analyser sérieusement les étayages culturels de la psyché et d'en tenir compte dans notre travail clinique. J'ai été son élève, son disciple et, quelquefois, lorsqu'il le permettait, son ami. J'ai travaillé dix années sous sa direction avec cette excitation que l'on ressent auprès des êtres exceptionnels, mais aussi avec toutes les difficultés de relation que l'on éprouve avec eux.

Je suis né en Égypte. Peut-être ma famille en est-elle originaire depuis trente siècles. Peut-être l'Égypte n'avait-elle constitué qu'une halte supplémentaire dans ce lent périple circum-méditerranéen de tant de familles juives sépharades. Peu après la mort de Devereux, j'ai eu l'occasion de regarder des photographies récentes du

1. E. Jones, *La Vie et l'œuvre de S. Freud* (1953-1957), p. 14.
2. T. Nathan, « Georges Devereux, dedans-dehors » (1985).

cimetière de Bassatine, au Caire, où sont enterrés mes grands-parents et mes arrière-grands-parents. Le cimetière, profané, est « squatté » par une population en surnombre. Les dalles de marbre recouvrant les tombes ont été arrachées, vendues pour une bouchée de pain, plongeant dans l'oubli de l'histoire les noms d'une communauté plusieurs fois millénaire [3].

Aujourd'hui, songeant une nouvelle fois à Devereux, j'ai trouvé tout naturel de rédiger l'auto-analyse de l'un de mes rêves qui met en scène les ruptures précoces de mon environnement culturel et rend compte, dans une certaine mesure, de mon intérêt scientifique pour l'ethnopsychiatrie. J'ai également pensé qu'une telle analyse était l'hommage que je devais à mon maître, puisqu'elle mettait en œuvre l'une de ses pensées les plus fécondes, selon laquelle, en sciences humaines, les connaissances les plus fines nous sont fournies par l'analyse de notre contre-transfert [4]. Il va sans dire que le travail de deuil occasionné par la perte d'un proche induit certaines mises à nu que l'on ne s'autorise pas habituellement. J'espère que le lecteur excusera les confidences qu'il jugera peut-être trop impudiques en considérant qu'elles ne sont exposées que dans le but d'éclairer des mécanismes psychiques autrement incompréhensibles.

J'ai participé à l'organisation d'un colloque à O. (grande capitale de province). Une semaine avant le colloque où je devais présenter une communication que je jugeais importante, j'ai fait le rêve suivant :

*J'arrive au colloque de O. C'est le hall d'un grand hôtel. Je ne suis l'objet d'aucune réception officielle. Tout le monde semble m'ignorer et j'erre de-ci, de-là, parmi une*

---

3. J. Hassoun, *Juifs du Nil* (1981).

4. G. Devereux, *De l'angoisse à la méthode dans les sciences du comportement* (1980).

*multitude de personnes élégamment vêtues, comme pour un cocktail. Passe alors J. B., une actrice de cinéma qu'il m'arrive de décrire comme la plus belle des femmes. Je lui dis : « Tu viendras me rejoindre dans ma chambre ? » Elle me signifie son accord d'un signe de la tête. Je remarque à nouveau ses yeux d'un bleu saphir, très profond, mais je m'étonne de sa coiffure, peu seyante. Un homme qui passe par là me dit : « Méfie-toi de cette fille ; elle fait sortir tripes et boyaux. » Je lui réponds : « Comme j'agis de même, cela me plairait plutôt ! » En attendant qu'elle me rejoigne dans ma chambre, je me promène dans l'hôtel où a lieu une réception qui est en même temps un concert de musique classique. Nous nous retrouvons dans un amphithéâtre en forme de demi-ellipse. Je reconnais l'endroit sans l'identifier avec précision. Dès que commence le concert, des « agresseurs », que l'on considère durant un bref moment comme des figurants du spectacle qui se déroule devant nous, font irruption. Ils ressemblent un peu à des guerriers japonais du Moyen-Âge. Je pense d'abord qu'il s'agit de théâtre moderne où il n'existe pas de véritable séparation entre la scène et la salle. Mais bien vite, je me rends compte qu'il s'agit de véritables agresseurs. L'irruption de ces guerriers déclenche une cohue et un mouvement de foule des spectateurs qui reculent. Une paroi tombe alors du plafond et nous sépare des guerriers. La paroi à laquelle les spectateurs étaient adossés se lève à son tour et une seconde, plus reculée, descend du plafond ; si bien que l'espace semble avoir été translaté. Une fois à l'abri dans ce nouvel espace, je constate que j'ai oublié mon sac de l'autre côté de la paroi avec, à l'intérieur, mes papiers d'identité, mon carnet de chèques, etc. Je pense qu'il va falloir très rapidement téléphoner à Paris pour demander à ma femme d'accomplir les formalités de déclaration de perte.*

*Les agresseurs se retirent comme la mer qui reflue. Je*

*demande à la préposée au vestiaire si elle n'a pas trouvé mon sac. On le lui avait en effet rapporté. Je rentre à nouveau en possession de mes papiers, à mon grand soulagement. À ce moment, J. B. repasse, qui me dit : « Nous ne pourrons finalement pas nous voir ce soir, parce qu'Alain (son « ami » ou son mari) est arrivé alors que je ne l'attendais pas ». J'aperçois cet « ami ». Il me semble un très jeune homme, visiblement éméché, qui cherche querelle aux uns et aux autres. Je pense qu'il s'agit d'un caractériel.*

*Les agresseurs font de nouveau irruption. Nouveau jeu de parois mobiles qui aboutit à une nouvelle translation de l'espace. J'oublie mon sac une seconde fois. Après le reflux, je m'adresse à nouveau à la préposée au vestiaire. À nouveau, elle me le tend. Je glisse ma main à l'intérieur pour en vérifier le contenu. Je ressens, dans le rêve, le contact glissant du cuir. Je le découvre vide. Très inquiet, je pense aux conséquences de la perte de mes papiers. Je me réveille alors, le cœur battant, envahi par l'angoisse.*

### *Associations d'idées*

*J'arrive au colloque de O.*

Il s'agit d'un colloque d'ethnopsychiatrie clinique, discipline que je cherche à étayer depuis plus de quinze ans. Ce colloque signifie pour moi que l'on reconnaît enfin le bien-fondé de mes hypothèses de travail. En toute honnêteté, je dois dire que je n'en suis qu'à moitié satisfait, comme si cette reconnaissance allait désormais ternir l'intérêt que je prends à mes propres recherches. Mais l'organisation du colloque signifie également que les psychopathologistes commencent à prendre conscience de la spécificité de certains problèmes cliniques posés par les émigrants, dont je suis.

D'autre part, O. était (est toujours, je crois) le port

d'arrivée des immigrants. L'une de mes tantes, une sœur de mon père, y a vécu jusqu'à sa mort. Je dois y avoir des cousins que je ne connais même pas.

Ce colloque est également lié à de vagues propositions que l'on m'a faites d'occuper un poste universitaire dans la région, où la démarche ethnopsychiatrique serait bien utile. Ce n'était qu'un très vague projet, mais le rêve semble le prendre au sérieux. Je vois deux raisons à l'importance que le rêve lui accorde. La première est que si j'étais appelé dans cette région pour des compétences spécifiques, je serais désormais contraint de considérer l'ethnopsychiatrie comme une *fin* alors qu'elle a toujours représenté pour moi un *moyen* de découvrir un champ inexploré du fonctionnement psychique. D'autre part, bien entendu, il me faudrait quitter la région parisienne et, par conséquent, « émigrer » et faire émigrer ma famille.

*Je ne suis l'objet d'aucune réception officielle.*

Cette idée me conduit au souvenir de notre arrivée sur le port de Naples où, débarquant du bateau en provenance d'Égypte, il n'y avait personne pour nous accueillir. Je revois ma famille, comme dans un film, l'air désemparé, entourée de valises de cuir, gonflées. Maintenant, j'aperçois mon père « baragouinant » en anglais avec un voleur napolitain.

*J'erre de-ci, de-là, parmi une multitude de personnes élégamment vêtues...*

Le « grand hall » évoque le « Rêve de l'injection à Irma » (Freud, 1899). L'an dernier, j'ai exposé durant plusieurs cours une hypothèse visant à interpréter ce rêve en rapport avec le souvenir de l'émigration de Freiberg. Je me souviens avoir ensuite débouché sur l'idée suivante : si les psychanalystes sont souvent des émigrants, c'est parce que le dédoublement subi lors de l'émigration les incite à se dédoubler ensuite professionnellement.

L'élégance des vêtements me rappelle toute une série

d'idées sur le vêtement et la nudité, apparues durant mon analyse. Je ne sais encore les développer.

*Passe alors J.B., une actrice de cinéma...*

Je sais que cette femme est née d'un père étranger et d'une mère française. Il s'agit, à mon avis, d'une excellente actrice de cinéma. Je compare souvent le métier de psychanalyste à celui d'acteur, car nous autres, psychanalystes, jouons dans notre imaginaire les scénarios que nous dictent nos patients, dans le transfert.

En outre, cette jeune femme est capable de métamorphoses physiques très spectaculaires. Je la considère comme une incarnation de l'hystérie. Je l'ai vue, dans certains films, jouer des crises d'hystérie plus convaincantes que les vraies. De plus, par son origine métissée, elle confirme ma théorie décrivant l'hystérique comme un médiateur entre deux mondes hétérogènes [5].

*Tu viendras me rejoindre dans ma chambre...*

Cette phrase comporte manifestement une signification érotique. Il y a déjà quelque temps, j'ai émis l'hypothèse selon laquelle une rupture de cadre dans l'enfance engendre trois types de symptômes : les atteintes psychosomatiques, et plus particulièrement les maladies dermatologiques ; les perversions et/ou les caractères masochistes ; les passions amoureuses à répétition.

La phrase du rêve pourrait faire allusion à la troisième série de symptômes, car J.B. est le type même de femmes dont je pourrais tomber amoureux. D'ailleurs ses yeux bleu saphir me rappellent ceux de la première fille que j'ai embrassée à l'âge de onze ans. Cette fille est associée à un autre souvenir : à l'âge de douze ans, j'ai joué un petit rôle dans une pièce de théâtre, devant un public de deux mille personnes. Elle était dans la salle et il me tenait à cœur de lui plaire. Mon rôle était celui d'un clown, une sorte de

5. T. Nathan, « Hystérie ou possession » (1986).

« fou du roi ». Il me semble que ce personnage de clown a tenu une place considérable dans ma vie, qu'il m'a « collé à la peau ». Cette expression – « collé à la peau » – ne doit pas être tout à fait innocente. Je me promets d'y revenir plus tard.

*Je m'étonne de sa coiffure peu seyante...*

Je reconnais immédiatement cette coiffure. Il s'agit de celle de ma mère sur une photographie la représentant à l'âge de treize ans. Trois idées me viennent à l'esprit au sujet de cette photographie : ce rêve parle beaucoup de cette période d'adolescence – la mienne d'abord, celle de ma mère ensuite ; à l'âge de quatorze ans, durant une villégiature, j'ai effectivement dormi dans la chambre de ma mère, et même dans son lit. *Tu viendras me rejoindre dans ma chambre tout à l'heure,* pourrait également renvoyer à cet épisode ; enfin, la présence de ma mère me rappelle le thème classique de l'*Œdipe-roi* de Sophocle : le port que recherchent tous les voyageurs, le port d'attache, c'est la mère.

*Méfie-toi de cette fille, elle fait sortir tripes et boyaux...*

Je pense d'abord à une expression arabe signifiant « faire sortir l'âme ». C'est une métaphore assez ambiguë qui connote l'idée de faire souffrir l'autre, de le persécuter, mais aussi de l'éreinter, de le fatiguer physiquement. Cette expression connote également des idées sexuelles.

Survient une autre phrase lue dans un roman policier bon marché où le héros, évoquant une femme sachant bien faire l'amour, dit d'elle qu'elle « *trait* littéralement les hommes »... traire les hommes... en faire surgir la substance nourrissante... « le lait et le miel »... Arrivent maintenant des rafales de citations bibliques.

Ma réponse : *Comme j'agis de même, cela me plairait plutôt*, m'évoque un caractère que, parfois, j'aime à m'attribuer : « Il pourrait même faire parler un muet... ou un mort... »

*« Tripes et boyaux »* m'évoque l'expression « tripes à l'air ». Lorsque j'utilise, dans mon for intérieur, des métaphores à mon sujet, je me compare parfois à ces montres au boîtier transparent qui laissent apparaître leur mécanisme. Je repense à nouveau à ma psychanalyse et plus particulièrement à un rêve qui m'avait valu l'interprétation suivante : « l'inconscient à ciel ouvert ».

Me reviennent toute une série d'images d'écorchés, planches d'anatomie, tableaux du XVIIIe siècle, scènes de films. Il est vrai qu'avant ma psychanalyse j'étais incapable de garder un secret sur moi-même et que je ne parvenais à protéger mon intimité qu'en multipliant les confidents – leur nombre empêchait le regroupement des informations. Jeu subtil où l'aveu même est utilisé pour voiler. Je crois qu'il me reste encore quelque chose de ce trait de caractère.

Résumons : ce rêve semble parler d'ethnopsychiatrie – mon domaine de recherche –, du métier de psychanalyste, de l'émigration, de l'hystérie, de pulsions sexuelles œdipiennes, enfin de ma mère en tant que port d'attache. D'ailleurs, je pense que ma mère ayant émigré à l'âge de trente-huit ans, elle n'a pas dû subir la même rupture de cadre que celle que j'ai moi-même subie en émigrant dans l'enfance. Elle a pu emporter au moins une part de son cadre, tout constitué à l'intérieur d'elle-même. La constitution définitive de ce cadre interviendrait-elle à l'adolescence ? Est-ce la raison pour laquelle les souvenirs apparus jusqu'à présent se situent à l'adolescence ?

Je repense au nom de l'actrice – disons Baladi. J'ai dernièrement reçu un étudiant ivoirien que je devrais alors appeler Balado et qui m'a présenté un projet de recherche sur le complexe d'Œdipe en Côte-d'Ivoire. Je dois dire que son projet ne m'a guère enthousiasmé. Ce rêve pourrait s'appeler *« Baladi-Balado »*, ce qui me rappelle la pièce de Bertolt Brecht, *Galileo-Galilei...* Galilée et sa conception de l'univers sans point fixe... Serait-ce encore l'émigration ?

D'ailleurs, Bertolt Brecht m'évoque les recherches théâtrales auxquelles je me suis beaucoup intéressé lorsque j'étais étudiant. Elles visaient à briser l'illusion théâtrale et à mélanger les acteurs et les spectateurs. Cette pensée me ramène naturellement à la séquence suivante du rêve et plus particulièrement à la phrase : *des « agresseurs », que l'on considère d'abord durant un bref moment comme des figurants du spectacle qui se déroule devant nous, font irruption.* Sans doute mon intérêt pour ces formes modernes de théâtre provient-il d'une sorte de fascination apeurée pour les repères vacillants.

*Je ne suis l'objet d'aucune réception officielle... Je me promène dans l'hôtel où a lieu une réception...*

Durant les congrès, je déteste par-dessus tout être obligé de faire la conversation à des personnes envers lesquelles je ne ressens aucune affinité naturelle. Pourtant les congrès sont organisés afin de permettre des rencontres entre collègues qui ne se connaissent pas et, ainsi, surmonter l'inquiétude de l'étrangeté, facteur de difficultés de communication. J'ai certainement dû conserver de mon enfance une certaine phobie de l'étranger.

Je me dis maintenant que ce rêve prend un malin plaisir à rassembler mes petits symptômes caractériels et à les organiser autour d'un noyau commun qui serait l'émigration : un certain « exhibitionnisme », une propension ancienne à rechercher les passions amoureuses, un rapport à ma mère en tant que port d'attache, une certaine phobie de l'étranger.

Cependant, je pressens comme une ruse dans cet esprit de méthode duquel semble procéder le rêve. J'ai envie de m'écrier : « trop facile »... Poursuivons.

*Nous nous retrouvons dans un amphithéâtre en forme de*

*demi-ellipse. Je reconnais l'endroit sans l'identifier avec précision.*

Cela me rappelle une certaine salle de cinéma que je fréquentais durant mon adolescence. Je vois souvent des salles de cinéma dans mes rêves. J'ai toujours pensé qu'elles évoquaient mes premiers attouchements sexuels – encore vers l'âge de treize-quatorze ans et qui se sont déroulés dans cette même salle de cinéma.

Mais il y a plus : ce rêve évoque aussi une actrice de cinéma – J.B. –, un auteur de théâtre – Bertolt Brecht –, une pièce de théâtre – *Galiléo-Galilei* –, un rôle que j'ai tenu. De plus, me reviennent des souvenirs de cours que j'ai prononcés dans un amphithéâtre. Enfin, à ce colloque de O., je suis placé à l'avant-scène. Qu'est-ce à dire ? Je ne peux résoudre cette multiple occurrence de représentations dramatiques par le seul recours à un trait de caractère un tant soit peu exhibitionniste. Remontent des souvenirs d'enfance comportant des exhibitions sexuelles : l'un, très ancien, avec une cousine, en Égypte (je ne sais trop s'il est réel), l'autre avec un camarade de classe, en France. Curieux ! Dans les deux cas, ce n'était pas moi qui m'exhibais.

Je suis d'ailleurs en train de m'exhiber en exhibant ainsi mon exhibitionnisme au lecteur et j'en éprouve quelque honte...

Une semaine après le rêve, le matin de ma communication au colloque de O., il m'est apparu un « bouton de fièvre » assez disgracieux sur le coin de la lèvre. La lèvre... organe même de mon exhibition – orale ; la rougeur devait attirer le regard, mais elle abîmait aussi l'« organe ». Me voilà rassuré : je viens de rejoindre un couple conceptuel classique : exhibition/castration. L'*amphithéâtre en forme de demi-ellipse* me rappelle la définition mathématique de l'ellipse : la somme des distances de chaque point aux deux foyers de l'ellipse est constante. Je ressens cette phrase comme pleine de sous-entendus – deux foyers, deux pays, mais une demi-ellipse, est-ce à dire deux demi-foyers ?

*Une réception qui est en même temps un concert de musique classique.*

J'aime écouter la musique classique, mais je me rends très rarement au concert. J'ai néanmoins assisté à un concert donné par l'Orchestre de Paris jouant le *Concerto pour violon* de Beethoven, une musique qui me touche profondément au point qu'il m'est arrivé une fois de pleurer d'émotion en l'écoutant. J'étais en compagnie d'une psychanalyste, amie de ma femme. Il s'agit d'une mélomane d'âge mûr, très compétente dans l'exercice de sa profession mais extraordinairement timide, comme j'ai pu m'en rendre compte lorsque nous avons suivi certains séminaires ensemble. C'est aussi une personne très secrète et j'ai souvent pensé qu'elle devait nourrir des conflits cachés d'une rare violence. Je l'imagine assez bien utilisant une « technique » d'interprétation « kleinienne », c'est-à-dire s'attachant à dévoiler les violences archaïques.

Cette idée me conduit directement aux « agresseurs ». Je pense que, depuis le début de l'analyse de ce rêve, je suis très « projectif ». Aucun désir, aucune responsabilité ne semblent me revenir.

Les « agresseurs » m'évoquent un épisode de mon enfance : en Égypte, un voyage en train avec mes parents, durant la guerre de Suez en 1956. En plein cœur du conflit, ma mère avait eu l'idée de quitter Le Caire pour la Haute-Égypte, qu'elle imaginait plus tranquille, car plus éloignée du front. Arrivant en pleine guerre dans une petite ville touristique, de surcroît avec nos allures d'Occidentaux aisés, nous fûmes vite repérés et pris pour des espions. Conduits au commissariat de police, on nous pria fermement de rejoindre la capitale le soir même. Dans le train du retour, une compagnie entière de soldats égyptiens rentrant exténués du front occupa notre wagon avec armes et bagages. Je me souviens avoir été vivement impressionné par la taille de leurs fusils, que je trouvais immenses. Si, à leur tour, ils nous prenaient pour des espions français ou israéliens, notre sort serait vite réglé. C'est du moins ce que pensèrent mes parents. Mon père nous intima l'ordre de ne parler que l'arabe durant tout le voyage. Lui-même se prétendit copte et professeur d'université. Il lia facilement conversation avec les jeunes gens déçus par leur défaite militaire et leur promit, pour les consoler, que pour les récompenser de leur bravoure au combat il n'y aurait aucun échec aux examens cette année. Il est vrai que nous nous sentions « dans la gueule du loup ». Peut-être le subterfuge de mon père nous épargna-t-il des suites fâcheuses. Je me souviens qu'il m'avait félicité d'avoir su me retenir, malgré mon jeune âge, de prononcer un seul mot de français.

Je pense maintenant que je suis devenu universitaire alors que mon père n'a jamais fréquenté l'université. Le décor de carton-pâte et les agresseurs de pacotille de mon rêve doivent évoquer l'idée que mon père n'était qu'un universitaire de pacotille.

*Ils ressemblent un peu à des guerriers japonais du Moyen-Âge.*

J'imagine leurs cuirasses imposantes. Le mot même de cuirasse me rappelle la « cuirasse caractérielle » de W. Reich, théorie que j'ai toujours trouvée intéressante quoique insuffisamment approfondie : les attitudes corporelles comme réceptacle des défenses caractérielles.

Je revois les casques des guerriers, pointus mais constitués de plusieurs couches de métal se recouvrant partiellement, un peu comme les tuiles d'un toit. Cette configuration me rappelle l'œil du caméléon, qui m'a toujours frappé parce qu'on le dirait monté sur tourelle. Ces images m'évoquent également la forme du pénis du chat. Je pense à l'un de mes chats dont j'ai l'habitude de dire qu'il est mort de masturbation. Il vivait avec une femelle qui, sitôt enceinte, lui refusait toute approche. Le malheureux se consolait en se léchant le pénis à longueur de journée. Il finit par attraper une urétrite. L'urètre étant extrêmement étroite chez les chats, il est mort d'urémie en trois jours sans que l'on s'aperçoive même qu'il était souffrant. J'en avais été très affecté. De plus, ce chat se nommait Oreste et je trouve singulier qu'il ait eu à subir un tel destin alors que sa sœur, qui était aussi sa compagne, naturellement nommée Électre, vit toujours quatorze ans plus tard.

Cette notion de *destin malheureux* me conduit à penser que les « agresseurs » doivent être une représentation d'un surmoi archaïque et sadique punissant sans pitié toute exhibition de virilité. D'ailleurs, le triptyque casque-œil-pénis réunit avec bonheur les trois notions inhérentes au destin : virilité-exhibition-castration.

Faut-il donc, pour éviter la « castration », exhiber comme mon père une fausse identité ? Maintenant les idées se bousculent, nombreuses. Je peux les classer en plusieurs séries associatives :

a) Je revois l'image de mon maître, Georges Devereux, sur son lit de mort. Quantité de collègues ont prétendu que Devereux n'était qu'un faux nom ou bien un nom de guerre. De plus, les Hongrois de Paris le prétendaient juif. Je lui ai un jour posé la question. Il m'a répondu avec véhémence que s'il avait été juif, il n'aurait eu aucune raison de le cacher. Une façon fort simple d'obtenir une certitude eût été de vérifier s'il était circoncis (casqué), d'autant qu'il passait des séminaires entiers à condamner la pratique de la circoncision. Je me souviens l'avoir vu nu sur son lit d'hôpital. Je ne parviens pas à me rappeler s'il était circoncis [6].

---

6. Il semble en vérité que G. Devereux ait été juif. Voir B. Kilborne, « Georges Devereux, in memoriam » (1987).

b) La première fois que je l'ai rencontré, après une journée et une soirée passées à discuter mon sujet de thèse, il m'avait dit (il aimait à prononcer des phrases émotionnellement intenses) : « Tobie, tu seras mon successeur ! » Voilà bien une parole d'oracle pouvant évoquer le « destin » des tragédies grecques.

c) Ce rêve est bourré de paradoxes. Mon père, afin de protéger sa famille, cache sa judéité et exhibe une fausse identité de professeur d'université. Georges Devereux, qui était professeur, aurait également caché sa judéité et exhibé une fausse identité (un faux nom). Pourtant, Devereux m'a désigné comme son successeur, quoique cette désignation perde de sa crédibilité puisqu'elle a été prononcée lors de notre première rencontre. Est-ce à dire que succéder à des faussaires implique nécessairement de l'être également ?

Bien entendu, je n'oublie pas que ce rêve a été déclenché par l'imminence du colloque de O. où, pour la première fois, on tenait « officiellement » compte des apports de l'ethnopsychiatrie clinique et de mes travaux en ce domaine. Je dois maintenant m'avouer que ce thème de « faussaire » ou « d'usurpateur » ne m'est pas étranger. En effet, bien que depuis une quinzaine d'années je travaille sans répit, accumulant les observations cliniques, multipliant les conférences et les publications, tout en accomplissant sans défaillance mon service à l'université, je nourris en mon for intérieur deux sentiments contraires : ce sentiment, certes connu, de tout chercheur : « On ne me reconnaît pas à ma juste valeur... » ; mais aussi : « Ils ne se sont pas rendu compte que je suis un usurpateur et qu'ils se sont fait leurrer par des arguments de théâtre. » Ce dernier sentiment, qui semble ne reposer sur aucun fondement réel, trouve-t-il son origine dans cette filiation d'« usurpateurs » ?

Voilà qui est assez clair. Outre des conflits œdipiens somme toute assez classiques dont il n'est pas nécessaire de faire état ici, le rêve induit l'idée que la perte du cadre culturel, vécue alors que j'avais huit ans, a été ressentie comme une castration par le père pour punir l'exhibition d'une virilité alors naissante. Le mécanisme de défense contre la peur de voir se reproduire cette castration paternelle consisterait à exhiber son « intérieur » (« tripes à l'air »), à se montrer transparent, mais opaque par-là même... à se fondre dans l'ambiance.

Je pense qu'il n'est pas étonnant que les personnes ayant subi une perte de cadre dans leur enfance aient une propension à s'intéresser à la psychanalyse, car le seul point stable devient dès lors *(Galileo-Galilei)* la structure interne.

*L'irruption de ces guerriers déclenche une cohue et un mouvement de foule des spectateurs qui reculent. Une paroi tombe alors du plafond et nous sépare des guerriers.*

Il s'agit d'une kinesthésie en rêve. Elle déclenche un troublant sentiment de réalité, à tel point qu'il me semble encore percevoir corporellement les mouvements de foule. Cette kinesthésie, par sa réalité, doit cacher le souvenir d'un événement *réel* que je n'arrive pas à retrouver.

Une foule qui recule... Il me revient de vagues sensations d'étouffement au sein d'une foule. Je repense à un autre mouvement de recul perçu durant un autre rêve. Je m'approchais du rebord d'un balcon sans balustrade et, devant le vide, je reculais. Les deux objets d'angoisse sont opposés : la foule/le vide ; autrement dit : le vide et le trop-plein.

La paroi qui tombe du plafond est empruntée à un souvenir récent. Nous devions déménager trois semaines plus tard et avions entrepris des travaux de réfection dans notre future maison. Il s'est agi précisément d'abattre certaines cloisons. Dans les jours qui ont précédé le rêve, j'ai vu la pièce après la disparition des cloisons ; j'ai alors été frappé par les traces en creux laissées par les cloisons dans le parquet. La radicale métamorphose d'un espace familier m'avait vivement impressionné.

Je déteste les déménagements, j'ai néanmoins dû en subir plus d'une dizaine. Je rapporte cette phobie des déménagements ainsi qu'une ancienne phobie des voyages au traumatisme de l'émigration, mais sans l'analyser plus avant...

Je revois l'appartement d'Égypte au moment du départ, sens dessus-dessous, et surtout l'angoisse de mes parents qui n'avaient alors jamais quitté l'Égypte de leur vie. La disparition de l'espace externe familier doit renvoyer à la disparition d'un espace interne – psychique. L'angoisse proviendrait-elle du sentiment de disparition de l'espace interne ? L'espace interne des parents doit représenter pour l'enfant un espace « interne-externe ».

D'ailleurs, ces espaces translatés du rêve m'évoquent deux souvenirs :

D'abord, ma lecture des aventures d'Arsène Lupin, qui me passionnaient (toujours à l'âge de douze-treize ans). Ces aventures contenaient toujours quantité de souterrains, passages secrets, portes dérobées. De plus, le héros, avec son art du grimage, était capable d'extraordinaires métamorphoses d'identité.

Ensuite, durant les hostilités de 1956, où le cadre a brusquement basculé, nous étions allés rendre visite à une vieille tante. Je ne suis néanmoins pas certain de la réalité de ce souvenir ; je peux aussi bien l'avoir inventé après coup. Mais je revois cette tante démonter un carreau de faïence dans sa salle de bains et montrer à mon père ses économies, bien à l'abri dans cette cachette qu'elle trouvait très ingénieuse.

Un autre titre pour ce rêve pourrait être : *le vide apparent et le plein secret.*

Encore un souvenir : là aussi, cela pourrait être une histoire simplement racontée qui aurait pris, après coup, la forme d'un souvenir imagé. Je vois un émigrant sur le point d'embarquer avec sa voiture sur le port d'Alexandrie. Au dernier moment, en effectuant la manœuvre pour s'engager sur la passerelle du bateau, il heurte un petit muret de briques. Le pare-chocs de sa voiture se brise tout net et les douaniers constatent alors que, sous une couche de peinture grise, le pare-chocs était en or. Il avait converti toute sa fortune de cette manière et venait de la perdre en un instant.

Ce rêve renferme bien le thème récurrent du trésor caché et de la précarité de sa possession. Je n'arrive pas à aller plus loin pour l'instant...

*La duplication.*

La translation de l'espace se reproduit deux fois. Cela doit vouloir signifier que j'ai émigré deux fois : une première fois en venant d'Égypte pour aller en Italie, une seconde fois d'Italie en France. Mais il y a plus : j'ai repensé ces derniers temps que depuis notre arrivée en France, mes parents ont déménagé deux fois : une fois de la chambre d'hôtel à un premier appartement, une seconde fois dans un appartement plus spacieux. Mon arrivée à l'hôtel s'était soldée par une primo-infection tuberculeuse, le premier déménagement par une méningite, le second par une typhoïde. Ces maladies avaient toutes trois paru étranges à mes médecins et leur avaient posé des problèmes de diagnostic – trois maladies graves touchant des organes internes essentiels : poumons, cerveau, intestins.

Je trouve séduisante l'idée, ici sous-jacente, selon laquelle la perte de l'espace externe déclencherait une perte, une destruction, ou une nécessité de restructuration de l'espace interne. Si cette hypothèse se révélait vraie, elle permettrait d'expliquer les atteintes somatiques des immigrés sur lesquelles j'ai beaucoup travaillé.

*À deux reprises, j'oublie mon sac de l'autre côté de la paroi.*

Deux reprises : le rêve insiste de nouveau sur la duplication. Je sens confusément qu'un traumatisme en appelle toujours un second censé le réparer, ce qui explique les tendances « traumatophiles », si fréquentes chez les sujets ayant été victimes d'un traumatisme psychique. S. Ferenczi l'avait presque formulé ainsi [7]. De plus, mon bouton de fièvre est apparu exactement au même endroit que la première fois. À propos, quand était-ce ? L'année dernière, je crois. À peu près à la même époque, alors que je souhaitais rompre une relation amicale qui me devenait trop pesante et que je ne savais trop comment m'y prendre. Le rêve exprimerait par conséquent une pensée ressemblant à la suivante : « on ne peut éviter le traumatisme de la rupture, on ne peut que le répéter une seconde fois pour tenter d'en diminuer la virulence ».

Cette idée théorique me semble bien prometteuse. La duplication, par le système de comparaisons binaires qu'elle introduit, rétablirait l'espace intérieur déstructuré par le traumatisme. Je me dis que cela me semble trop « intelligent » pour un rêve.

*Une fois à l'abri dans ce nouvel espace, je constate que j'ai oublié mon sac de l'autre côté de la paroi avec, à l'intérieur...*

J'ai un jour oublié mon sac dans un restaurant d'autoroute. Cet événement remonte à une quinzaine d'années. Je rentrais de vacances. Je venais de rédiger ma thèse de doctorat. Je me souviens avoir pensé : « Lorsque de grands changements interviennent dans l'existence, on change d'identité et quel meilleur moyen que de perdre ses papiers d'identité [8] ? » J'étais alors revenu sur mes pas mais n'avais pu retrouver mon sac. J'avais été très angoissé par cette perte.

La perte d'identité s'articule harmonieusement avec les

---

7. S. Ferenczi, « Réflexions sur le traumatisme » (1934), T. Nathan, « Trauma et mémoire » (1986).
8. J. Guedmi, « Rêve des doubles ou Fatiha l'oubliée » (1984).

développements précédents sur la perte de l'espace interne. Parvenir au grade de docteur serait donc équivalent à – *serait même une répétition* – du traumatisme de l'émigration. Voilà quelque chose de bien singulier ! Je repense naturellement à ces enfants d'immigrés, aux États-Unis, qui finissent par devenir médecins ou avocats... ou gangsters...

*À ce moment, J.B. repasse, qui me dit : « Nous ne pourrons finalement pas nous voir ce soir parce qu'Alain (son « ami » ou son mari) est arrivé alors que je ne l'attendais pas. »*

Ce prénom m'évoque effectivement celui de deux compagnons d'amies que j'apprécie beaucoup. L'un est un mari, l'autre un « ami ». Le premier doit subir une sérieuse intervention chirurgicale aux yeux, le second a souvent des « boutons de fièvre » comme celui qui apparaîtra sur ma lèvre le jour de ma communication.

Maintenant, le message du rêve me semble être le suivant : mieux vaut une angoisse de castration du type « exhiber un organe abîmé » plutôt que de se « vider l'intérieur » – perdre « tripes et boyaux ».

D'ailleurs, la séquence suivante dans laquelle je constate avec une grande angoisse la vacuité de mon sac me conforte dans cette idée.

*La main dans le sac,* mise en image dans cette séquence, m'évoque le souvenir d'un chapardage d'enfant. J'avais dérobé un petit jouet dans un magasin (à nouveau vers l'âge de douze-treize ans). C'est bien la seule fois de ma vie que j'ai volé. Lorsque ma mère m'a demandé d'où provenait ce jouet qu'elle n'avait jamais vu auparavant, j'ai inventé un surprenant mensonge. J'ai alors prétendu que j'avais trouvé un porte-monnaie dans lequel se trouvait le jouet. Je ne sais si elle m'a cru, mais cette explication lui avait alors suffi.

Ce mensonge prend bien place dans la série d'oppositions entre le plein et le vide. Ce porte-monnaie était vide ou, plus exactement, plein d'un vide puisque le contenu en était faux.

Maintenant il me revient le souvenir douloureux qui faisait pression depuis tout à l'heure. Je me souviens, vers l'âge de douze ans, avoir vu ma mère sortir de la maison sur une civière. Elle partait pour l'hôpital y subir une hystérectomie. Je ne sais si je l'ai jamais vraiment su, mais des bribes de conversation saisies au vol me confirment qu'il s'agissait bien de cette intervention. Le porte-monnaie vide/plein devait être la représentation du ventre de ma mère vide/plein, et le vol une tentative de partager le secret que j'avais inconsciemment perçu.

Essayons de mettre un peu d'ordre dans les idées latentes du rêve. Il explicite et tente de mettre en images toute une série d'idées théoriques qui me préoccupent ces temps derniers et principalement les rapports, en clinique, entre l'espace interne et l'espace externe. Je devais exposer ces idées au colloque de O. Elles constituent une part essentielle de mon problème méthodologique de base mais, trop proches de ma problématique personnelle, elles induisent de brutales réactions de défense.

Les dysfonctionnements du rapport entre l'espace interne – la psyché – et l'espace externe – l'ambiance culturelle – sont principalement illustrés par la psychopathologie des migrants. Ces conflits m'évoquent naturellement mes propres émigrations : les récentes – éventualité d'un poste en province, déménagement prochain, rupture dans mes rapports amicaux ; mais aussi de plus anciennes : la première – l'Égypte, la seconde – l'Italie.

Cependant, ce rêve accomplit correctement son « travail » en liant les angoisses internes et les angoisses externes. Il établit en effet une comparaison terme à terme entre les terreurs de perte du cadre et les angoisses individuelles nées de mes conflits œdipiens, de mon angoisse de castration, de ma rivalité fraternelle (ventre vide/ventre plein).

Devant l'imminence de nouvelles ruptures dans mon cadre, culmine à nouveau l'angoisse du vide. La « fausse identité » se révélant à nouveau inopérante, il ne reste alors que la « solution » par l'atteinte de la surface corporelle (bouton de fièvre).

Un dernier souvenir : mon père a commencé à travailler à l'âge de dix-sept ans, à la mort de son père, pour nourrir une nombreuse fratrie. Il n'était alors pas bien riche. Quelque temps avant les événements qui allaient occasionner notre émigration, il m'a parlé comme, à certains moments importants, un père parle à son fils : avec confiance et fierté. Il m'a alors révélé le montant des économies qu'il était parvenu à épargner et m'a solennellement affirmé que nous ne serions plus jamais pauvres. Malheureusement, l'avenir l'a cruellement démenti. Comment mieux représenter cette notion de perte de confiance que par ce souvenir ?

### *Analyse formelle*

J'ai bien avancé dans l'analyse de ce rêve mais je pressens que je n'en ai pas fini. Il me faut d'abord remarquer que ce rêve est fort bien structuré. Il alterne avec méthode les scènes ayant trait au colloque-théâtre et les scènes avec J.B. D'autre part, il duplique la scène de translation de l'espace et la scène du flux/reflux des agresseurs. On dirait que le rêve souhaite souligner la dualité et le dédoublement. Il marche comme à pas cadencés. Enfin, il fonctionne un peu à la manière des machines structurales de Lévi-Strauss, mettant en valeur des couples d'opposés : espace interne/espace externe, plein/vide, voir/être vu. Le rêve met aussi l'accent sur la *réalité* des perceptions : *il est vrai* que je dois me rendre à un colloque à O. ; *il est vrai* qu'il m'est déjà arrivé de perdre mon sac et d'en éprouver une angoisse intense ; *il est également vrai* que s'il m'arrivait d'égarer mon sac, je me soucierais immédiatement des moyens de prévenir ma banque. Enfin, tels ces « rêves pathogènes [9] », il produit – ou annonce par une perfection endopsychique – une atteinte somatique réelle : le bouton de fièvre.

Comment comprendre ce « il est vrai » du rêve ? Le premier élément de réponse se trouve dans le thème de l'émigration : *il est vrai* que j'ai émigré dans mon enfance et que cet événement s'est reproduit à deux reprises. Le « il est vrai » renverrait, par conséquent, à la réalité d'un souvenir ayant eu valeur traumatique – encore que je ne sache trop dans un tel contexte quel sens accorder au mot « traumatisme » : perte du cadre ou perte de l'assurance qu'éprouvaient mes parents envers leur cadre culturel ?

Une autre idée s'impose maintenant à moi. Elle me semble importante tant théoriquement que cliniquement. Si la psychanalyse des contenus a travaillé à partir de raisonnements à structure ternaire (inconscient/préconscient/conscient ; ça/moi/surmoi ; ou encore le fantaisiste imaginaire/symbolique/réel [10]), les psychanalystes qui se sont occupés des contenants ont été plutôt attirés par des raisonnements de type binaire ; par exemple, M. Klein et sa théorie du bon/mauvais objet ou encore son opposition dépression/persécution comme moteur de la première structuration de la relation d'objet, W.R. Bion et son opposition entre les fonctions $\alpha$ et $\beta$, les psychanalystes modernes qui se sont occupés de patients border-line et leurs conceptua-

---

9. G. Devereux : « Rêves pathogènes dans les sociétés non occidentales », dans *Essais d'ethnopsychiatrie générale* (1970).

10. Et l'on sait les rapports de cette structure ternaire avec la propre problématique familiale de Freud telle qu'on peut la dégager par exemple du rêve de l'injection à Irma. Voir D. Anzieu, *L'Auto-analyse de Freud* (1975).

lisations autour du couple dedans/dehors (Winnicott, Masud Khan, D. Anzieu). Plus près de mes préoccupations, je pense à des auteurs qui se sont occupés d'ethnopsychanalyse ou de champs limitrophes : O. Rank et son « essai sur le double » (1914), mais surtout G. Roheim et sa théorie selon laquelle tout objet culturel possède une *double* fonction : en propre (apparence bisexuelle) et pour l'utilisateur (établissement du rapport dedans/dehors). C'est pourquoi le Tjurunga des Australiens se présente sous l'apparence d'un phallus creusé d'une vulve. Ces objets représenteraient pour le sujet sa puissance – une sorte de « fétiche » – mais aussi la marque sensible de son rattachement aux ancêtres.

*Las but not least,* mon maître Georges Devereux a développé une méthodologie de la nécessité du double discours, anthropologique et psychanalytique, afin de rendre compte de la spécificité d'une certaine recherche clinique.

Moi-même, j'ai été très sensible à la thématique du double. J'y ai consacré un essai et un numéro de la *Nouvelle Revue d'Ethnopsychiatrie* [11]. Je m'arrête car je trouve cela bien théorique. Aussitôt me revient un nouveau souvenir d'enfance. Mon compagnon de jeu est un cousin, de trois ans mon cadet, et qui porte le même prénom que moi. Pour nous distinguer, on l'appelait « Tobie petit ». À l'âge d'un an, je crois, il avait été atteint d'une méningite et l'on avait craint pour sa vie durant plusieurs mois. Par la suite, on lui autorisait un caractère plutôt fantasque que l'on excusait par sa « maladie ». Sa famille a quitté l'Égypte quelques mois avant la mienne et s'est installée en Israël. Je n'ai pas eu l'occasion de le revoir depuis trente ans. Je me contemple sur le port d'Alexandrie, regardant son bateau s'éloigner, envahi d'une profonde douleur : inexprimable. Maintenant, je ne suis pas du tout certain qu'il soit

11. Nouvelle Revue d'Ethnopsychiatrie, 2, 1984 : Le double et la gémellité psychique.

parti en bateau... en avion ? J'avais donc un double, « Tobie petit », et je l'ai perdu. Les souvenirs affluent. Mon compagnon de jeu de l'enfance y est étroitement associé, mais je préfère ne pas les évoquer ici.

L'analyse formelle du rêve est suffisamment avancée pour que je puisse proposer l'idée suivante : la perte du cadre culturel est impensable, car la pensée nécessite un tel cadre pour exister. En revanche, la perte du cadre est métaphorisable, peut-être même conceptualisable selon une réflexion de type binaire. La binarité se retrouve dans la structure même du rêve, qui alterne *deux fois* les scènes du colloque et celles avec J.B. et *duplique* la scène de translation des espaces. Autrement dit, s'il est impossible de penser : « j'ai perdu le contenant de ma pensée », en revanche, je peux éprouver un chagrin impensable d'avoir perdu mon « double » – « Tobie petit » – et métaphoriser cette perte dans la forme dupliquée du rêve.

Encore un souvenir : Georges Devereux a un jour raconté qu'il avait un frère, d'un an son aîné, qui s'est suicidé à l'adolescence. Il a même dit qu'il ressentait confusément la nécessité de vivre *doublement,* une fois pour son propre compte et une autre pour celui du disparu. Le jour où il a évoqué ce souvenir – c'était au cours de l'un de ses séminaires – je me souviens avoir pensé : « Peut-être était-ce un jumeau ? » D'ailleurs, Georges Devereux a écrit un article sur la représentation des jumeaux chez les Indiens Mohave... ou bien étaient-ce *deux* articles ?

La duplication qui organise le rêve et lui confère sa structure évoque à la fois la perte du compagnon (double) de l'enfance et la façon d'y remédier par la création d'un double discours, ainsi que Rank, Roheim, et surtout Devereux l'ont fait avant moi. Mon rêve contiendrait donc effectivement une parcelle de vérité théorique : pour obtenir un espace interne à partir d'une expérience de perte, il faut établir une comparaison terme à terme entre les objets internes et des objets externes considérés, du moins pendant un certain temps, comme identiques (doubles).

Un dernier point mérite encore de figurer dans l'analyse formelle : il s'agit de la translation des espaces par déplacement des frontières. Je suis d'emblée tenté de l'expliquer par la sensation de la gêne physique, du « bouton de fièvre », et la compulsion qu'engendre cette gêne à toucher l'excroissance et à être surpris de trouver la surface de la peau quelques millimètres plus en avant qu'à l'accoutumée. La sensation de déplacement de la frontière corporelle est à tel point majorée par le rêve que l'espace délimité par la peau apparaît comme celui d'un amphithéâtre délimité par des murs. Il me vient d'ailleurs à l'esprit une anecdote attribuée à Napoléon. On raconte que lorsque l'empereur aperçut pour la première fois son futur beau-père, qui était un tant soit peu ventripotent, il s'exclama : « Je n'aurais jamais pensé la peau humaine aussi élastique ! » La boutade de Napoléon m'évoque l'idée qu'il pourrait également exister un jeu de mots dans ce rêve. Je sais : il porte sur le mot « frontière ». J'ai franchi des frontières en émigrant ; mon corps en répéterait le traumatisme en déplaçant la frontière de la peau et mon rêve allierait les deux représentations – traumatique et corporelle – par la métaphore de la translation des espaces. D'ailleurs, tout cela ne m'étonne pas outre mesure puisque je pense depuis longtemps qu'il existe une équivalence, dans la psyché, entre la structure culturelle et la culture corporelle (notion de géographie du corps et topiques culturelles).

Certainement corrélée à cette idée, apparaît l'envie de dresser la liste des organes figurant dans le rêve ou dans les associations d'idées : tripes, boyaux, sexe, intérieur du sexe de l'homme (traire un homme), peau (écorchés), peau (boutons de fièvre), oreilles (écouter la musique), œil (exhibition, théâtre, caméléon, opération des yeux), pénis (circoncision, casque-œil-pénis), poumons, cerveau, intestins, utérus (plein/vide). Je sépare ces organes en trois séries : *le dedans* : poumons, intestins, cerveau, intérieur du sexe de l'homme, du ventre de la famme ; *l'enveloppe* : plusieurs représentations de la peau ; *l'identité du sujet* : pénis, yeux.

Ce rêve fonctionnerait-il avec tant de méthode pour tenter de restructurer l'espace interne (topique psychique) afin de palier la destruction des espaces externes (topique culturelle) ? Chemin faisant, j'y reconnais ma problématique scientifique – l'ethnopsychiatrie clinique –, un travail psychothérapique prenant en compte les représentations internes des structures externes.

Cette auto-analyse serait donc également un fragment de théorie ethnopsychanalytique. Je reconnais chez Georges Devereux, qui a envisagé le premier une telle problématique, le même processus censé réparer la perte du double/perte du cadre. Mais je reconnais ce même processus chez les maîtres de mon maître : Freud, Rank, Roheim. Je me rattache par conséquent, non sans paradoxe, à une lignée d'auteurs en rupture de lignée (faussaires, usurpateurs) ; je me reconnais une filiation envers des auteurs en rupture de filiation.

Voilà qui ouvre, à mon sens, des perspectives prometteuses pour comprendre un comportement, généralement transgénérationnel, que j'ai coutume de nommer le syndrome de la valise.

*Chapitre VIII*

# Sarava

J'ai connu la douleur d'avoir un maître. En sa présence, je me suis senti suspendu, ma pensée comme interrompue. Il m'a désarticulé, décoquillé, dénoyauté, jeté là au monde, comme au premier jour, avec une seule tentation : l'imiter servilement, l'imiter encore, à l'infini...

Je connais le bonheur d'avoir eu un maître qui, maintenant, est mon serviteur, m'ouvrant une à une les sept portes qui conduisent à la vision de ma mère nue – ma *mère*, et non la sienne ! Un maître contraint le Moi à être Moi – ne laissez jamais un « guérisseur » sans maître, ce n'est rien qu'un cheval fou.

Il m'a fasciné d'intelligence, m'a laissé sidéré de contradictions qui alimenteront mes questions ma vie durant ; il m'a invité dans des fragments d'intimité pour me refuser la moindre connaissance vraie de lui-même. Qui prétend le connaître a, de ce fait même, refusé son enseignement. Il a introduit en mon esprit des fragments d'incompréhensible, des paroles qui surgissent de la nuit dans les moments de perplexité.

Un maître mène au caché, mais ne le révèle pas – il sait seulement le chemin qui y conduit ; il sait aussi que nul n'y va consentant. Il sait enfin, bien sûr, que l'on n'y arrive pas le même qu'on est parti...

Un jour gris de novembre, – un jour où l'on sent l'émigration jusqu'à la moelle des os –, je brinquebalais la douleur que je ne savais pas encore nommer : la certitude que je ne serai jamais enterré dans la terre où le furent mes ancêtres depuis des générations. Mais je ne connaissais pas ma peine, je ne ressentais pas ma douleur. Ce jour-là, mes pas me guidèrent jusqu'à une salle du Collège de France, là où se tenait un séminaire totalement saturé de fumée de tabac. Des séminaires, j'en fréquentais alors, des opaques, des drus, des mondains, des savants, recherchant une place et recherchant la mienne, écoutant une parole et attendant la sienne, interrogeant une langue et un fantôme que je poursuis encore. Je ne savais pourquoi je m'y ennuyais toujours...

Le contact fut rude. J'écoutai douze heures durant Georges Devereux commenter quatre vers de l'*Agamemnon* d'Eschyle. Mon intelligence fut troublée : je voyais, surgie du fond des temps, intacte, toute la sagesse cosmopolite de l'Autriche-Hongrie du début du siècle. Ma sensibilité fut bouleversée plus encore au son de cet accent inimitable – l'accent de ceux qui ont parlé couramment une multitude de langues, cet accent qui parle directement au ventre et hurle la véritable souffrance, celle d'Ulysse : celle d(e n)'être « personne ». Je compris bien plus tard qu'il avait pris l'habitude de consacrer les quatre premières séances à un sujet particulièrement ardu afin de décourager les visiteurs, ceux qui veulent « y être » sans « en être ». Novembre nous voyait cinquante, juin à peine une quinzaine !

À l'écouter, à le voir, à l'accompagner au plus près de sa vie et de sa pensée durant dix années, j'obtins progressivement la certitude que l'on pouvait reconnaître, nommer et même hisser à la dignité d'objet d'étude cette étrange souffrance de l'inadéquation entre le dedans (la psyché) et le dehors (l'ambiance culturelle), inadéquation entre les sensations corporelles et les mots, ainsi que cette inquiétante confusion entre temps et espace : entre ancêtres et étrangers. J'appris la douleur, mais aussi l'irremplaçable expérience d'avoir rompu le cordon qui nous lie à notre langue maternelle qui nous conduit, par une inéluctable nécessité, à penser l'arbitraire d'une langue, la sienne propre pourtant !

Georges Devereux s'est éteint à Paris le 28 mai 1985, à l'âge de soixante-dix-sept ans – mais était-ce vraiment son âge ? Qui connaît la véritable date de naissance des émigrants ? Il avait traversé plusieurs civilisations : hérité de l'Autriche-Hongrie en fils surdoué de la bourgeoisie aisée, vécu les « années folles » en étudiant parisien, travaillé plusieurs années dans la jungle indochinoise, partagé un temps, psychanalyste à New York, l'« American Way of Life », mais s'était aussi fait adopter par une farouche tribu indienne : les Mohave. Il en avait tenu des rôles... avant de finir sa vie en vieux professeur démuni, retraité de l'Université française. Aujourd'hui, peut-être ne suis-je plus triste : il est passé et ma mémoire l'a transformé en passeur. Sa vie m'a laissé l'exemple d'un itinéraire, celui de ses deux voyages accomplis à plusieurs reprises : par la voie intérieure – la psychanalyse – et par le voyage, la plongée dans l'étranger – l'ethnologie. Mais il me reste tout de même cet étrange malaise, lorsque ma main renonce, déçue, à son impulsion à décrocher le téléphone pour lui demander encore une fois un commentaire clinique, une référence bibliographique, une pensée originale sur telle coutume d'une ethnie restée mystérieuse jusqu'à ce qu'il m'en parlât. Car Georges Devereux était l'érudition même, la créativité absolue, il était capable d'inventer sur l'instant l'idée jamais entendue, le concept de demain ou d'après-demain. Foutue mort – dans ses moments de désespoir, il l'appelait

« la dernière alliée » ! Ses cendres, conformément à son désir, ont été dispersées sur le territoire de la réserve Mohave, seule appartenance qu'il revendiquait – Georges : batailleur, individualiste et gaulois, « comme un vrai Mohave » !

Il est vrai que les tentatives de formulation de la fine homéostasie qui règle, dans le fait psychopathologique, les rapports entre psyché et culture furent toujours l'œuvre de penseurs solitaires, et non d'« écoles [1] ». Peut-on encore se percevoir double si l'on accepte d'être membre d'un groupe ?

*Georges Devereux* – mais s'appelait-il vraiment ainsi ? Qui connaît le nom des émigrants [2] ? – naquit le 13 septembre 1908 à Lugós, petite ville de Transylvanie, alors hongroise. En 1918, cette région devenant roumaine, il fut contraint de changer de langue d'étude. Première rupture, qui fut sans doute à l'origine de l'apprentissage d'une bonne demi-douzaine d'autres langues. Le suicide d'un frère, d'un an son aîné, survenu à l'adolescence, le bouleversa si profondément qu'il lui semblera désormais vivre en même temps sa propre vie et, par procuration, celle du disparu. Événement sans doute décisif chez un savant qui cumulera successivement la maîtrise professionnelle de plusieurs disciplines hétérogènes. Georges Devereux traversera les religions, les langues, les professions, les mariages et les paroles d'oracles sans jamais retrouver sa maison. À l'âge de dix-huit ans, refusant d'accomplir son service mili-

---

1. On peut les compter sur les doigts d'une main : S. Freud, G. Róheim, G. Devereux – qui d'autre ?

2. En vérité, je le sais aujourd'hui, il s'appelait Dobó. Je pense qu'il a forgé son pseudonyme en prenant la première lettre de son nom et en y ajoutant le mot qui, en roumain signifie « juif » : *Évreu.* Ainsi prétendait-il ne pas être juif tout en inscrivant dans son nom sa véritable identité ethnique. Voir aussi B. Kilborne, « Georges Devereux. In Memoriam » (1987).

taire dans l'armée roumaine, il émigra à Paris pour étudier la physique avec Marie Curie et Jean Perrin. Puis il passa un diplôme de malais aux « langues orientales », ce qui le conduisit tout naturellement à suivre l'enseignement de Marcel Mauss, de Lucien Lévy-Bruhl et de Paul Rivet [3]. Étudiant extrêmement brillant, il obtint une bourse de la fondation Rockefeller et, en 1932, partit sur le terrain, d'abord chez les indiens Hopi de Californie, ensuite chez les Sedang Moï du Vietnam. À son retour en France, effrayé par la xénophobie consécutive à l'affaire Stavisky [4], il repartit aux États-Unis passer avec A. L. Kroeber son doctorat (PhD) d'anthropologie sur la vie sexuelle des indiens Mohave du Colorado. C'était un homme au charme inouï : beau, la stature superbe, le verbe profond et surprenant, la pensée étonnamment subtile et rapide. Ses professeurs le trouvaient brillant (trop ?), original, séducteur, manipulateur, inquiétant... Il aurait pu prendre la place du pitre, il préféra celle du marginal solitaire. Un maître est un maître depuis sa plus tendre enfance...

Nul ne lui a enseigné son savoir, sinon les esprits. Il prétendait avoir été initié à la pensée psychanalytique au cours de son séjour chez les Mohave qui, d'après lui, connaissaient la sexualité infantile, l'art de l'interprétation des rêves, la théorie sexuelle de l'hystérie, la richesse des mécanismes de défenses névrotiques. Il écrira par la suite, en 1969, un traité de psychiatrie traditionnelle Mohave qui donne un aperçu de la richesse discriminative à laquelle parviennent certaines pensées psychopathologiques traditionnelles. Mais les esprits savent reconnaître l'un des leurs : les Sedang l'identifièrent comme chaman, puisqu'il

3. Sur les rapports de Georges Devereux et l'ethnologie française, voir F. Michel-Jones, *Retour aux Dogons* (1978).

4. C'est sans doute à ce moment qu'il changea son nom – et peut-être fut-ce aussi le moment où il se convertit au christianisme ?

lui suffisait de creuser un peu le sol pour y découvrir des haches de pierre néolithiques.

Juif (je l'appris à sa mort), intellectuel, Hongrois d'origine, converti au christianisme par calcul, s'étant rebaptisé lui-même, il fuya sa mère, sa sœur, puis les femmes – toutes ses femmes ! En Amérique, naturalisé, il s'engagea durant la guerre dans la marine américaine, où il obtint le grade de lieutenant. Splendide, sa photographie d'officier de marine sur son immense piano à queue, petit coin de superbe dans son antre de Docteur Faust à Antony ! À son retour de guerre, fidèle à ses intuitions de terrain, il entreprit une formation psychanalytique. Il commença sa psychanalyse à Paris, avec Schlumberger, la poursuivit durant six mois à New York, avec Róheim, mais en accomplit la plus grande part avec Jokl, à Topeka (Kansas). La Meninger Clinic de Topeka était alors l'une des très rares institutions autorisant, aux États-Unis, une véritable formation psychanalytique à des non-médecins. Durant sept ans, il partagea son temps entre sa propre formation et l'enseignement de l'anthropologie dans diverses universités américaines. J'ai entendu des témoignages rapportant son éblouissante participation à l'enseignement de l'anthropologie à des étudiants en médecine de Philadelphie. En 1959, enfin, il s'installa comme psychanalyste à New York.

Ses recherches et ses très nombreuses publications en faisaient déjà un savant réputé. On le croyait installé dans son fauteuil de psychanalyste, mais c'eût été bien mal le connaître que de le croire arrivé au port. En 1962, sous l'impulsion de R. Bastide et de C. Lévi-Strauss, il fut appelé à Paris pour enseigner l'ethnopsychiatrie à la VI<sup>e</sup> section de l'École Pratique des Hautes Études. Il cessa dès lors toute activité clinique pour se consacrer jusqu'à sa mort à l'enseignement, à la recherche, à la publication de ses travaux et, surtout, à son incessante quête de lui-même. À l'âge de cinquante ans, renonçant désormais au véritable terrain ethnologique, il apprit le grec classique et devint en l'espace de quelques années l'un des meilleurs spécialistes mondiaux de la mythologie grecque.

La vie professionnelle de Georges Devereux a été une suite de spécialisations très approfondies : d'abord pianiste virtuose, puis physicien, ethnographe, anthropologue, psychanalyste, enfin helléniste ; il a pratiqué chacun de ces métiers en s'y consacrant entièrement et s'y est révélé à chaque fois parmi les meilleurs. Je ne connais pas bien sa vie privée (qui prétend la connaître, s'est laissé berner par les apparences...) mais, considérant sa personnalité, je pressens qu'il n'en a pas eu qu'une seule, sans doute plus encore que de professions ou de femmes. De même parlait-il à la perfection sept langues (le hongrois, le roumain, l'allemand, le français, l'anglais, le sedang et le malais) et pouvait rédiger ses textes indifféremment dans quatre langues. Profusion et diversité en tout ; pourtant, une même inspiration semblait le guider à travers ces écheveaux de concepts et de liens – je dirais même qu'une obsession le poursuivait. Il voulait saisir par le concret, par le savoir et par les sensations en quoi consistait l'universalité psychique de l'humanité. Il semblait que seule l'illusoire poursuite de la connaissance du tout aurait pu réparer la souffrance des innombrables ruptures que comporte nécessairement une vie comme la sienne.

Tout cela pour quoi faire ? Simplement s'exclamer de manière audible : qu'est-ce que ces ethnologues qui croient ordonner de la « structure sociale » comme on trierait des roches, des coquillages fossiles ou des papillons ? Ne voient-ils donc pas qu'ils ne font que se protéger contre leur part d'étrange ? Et qu'est-ce que ces psychanalystes qui confondent « culture » et « Beaubourg », qui entrent directement en contact avec un « humain universel » ? Peut-on soigner un humain universel ? Ce serait comme administrer des médicaments à un homme sans estomac, sans poumons, sans foie, sans *cœur*... sans doute !

Le nom de Georges Devereux restera attaché à l'ethnopsychiatrie, discipline qu'il a créée et dont il a dessiné les contours au travers d'une douzaine de livres et plus de deux cent cinquante articles dans les meilleures revues spécialisées. Homme des ruptures, mais aussi (et peut-être pour cette raison) médiateur entre les mondes hétérogènes, il a jeté une lumière neuve au sein de champs que l'on eût dit dessinés pour l'éternité, enjambant les frontières et les bienséances. Un maître l'est sans le savoir !

Dans son œuvre abondante, pas de traité dogmatique ou sentencieux, pas de théorie sophistiquée en apparence où l'ingéniosité de la formule masque la vide répétition des formules creuses de l'idéologie. Georges Devereux, extrêmement inventif, passionné et volontiers polémiste, mais aussi malicieux et intuitif pour tout ce qui concernait la clinique, détestait la banalité plus que tout. Telle est, je crois, l'une des clés pour comprendre tant l'œuvre que l'homme. Il ne s'est exprimé que là où il pouvait apporter du neuf, du paradoxal – bref, du vivant.

Toujours sur le fil, soumis aux exigences draconiennes de sa propre intelligence, Georges Devereux était sans doute l'auteur le plus authentiquement original de la psychopathologie française récente. Il n'a formé qu'une toute petite poignée de chercheurs. Sa pensée, à la fois réaliste, érudite et cosmopolite, particulièrement adaptée aux sociétés modernes, nécessairement polyculturelles, n'a commencé à recevoir une véritable audience que dans les années quatre-vingt. Je sais que l'homme était à l'image de cette pensée : diablement vif, comme le feu... insaisissable.

Aujourd'hui, je ne pense plus aux louanges dont il pourrait m'abreuver, me plongeant comme autrefois dans la gêne et la perplexité ; je n'imagine pas davantage les critiques qu'il pourrait m'adresser, définitives et cruelles, me condamnant au parricide. J'ai un peu grandi... j'ai appris que s'accoupler avec sa mère mène seulement aux secrets des femmes. J'ai également appris que tuer son père mène nécessairement à un Dieu unique. Certes, j'ai un jour reconnu ce désir comme le mien, mais je n'en ai toujours nulle envie. J'aime trop la multiplicité et le foisonnement des divinités païennes pour me soumettre à l'Un. Mais chacune des paroles du maître est restée en moi comme l'aboutissement prononcé autrefois de mon trajet d'aujourd'hui. Georges Devereux ne fera jamais partie de mon passé, il est là, présent à chaque instant de ma pensée...

J'ai travaillé dix ans avec lui, d'abord sous sa direction, puis, de plus en plus, en sa compagnie ; nous avons fondé ensemble la première revue d'ethnopsychiatrie *(Ethnopsychiatrica)*. Durant ses deux dernières années d'enseignement, étouffé par son insuffisance respiratoire, il me confiait souvent la charge de son séminaire. Il se comporta quelque temps avec moi comme avec un héritier. J'étais alors trop jeune pour le savoir : on n'hérite pas d'un maître, on est seulement métamorphosé par lui ! Je l'ai vite appris à mes dépens ! Quand, un samedi soir de 1981, il m'accusa de trahison, je compris en un éclair qu'il reprenait sa vraie place pour me guider une dernière fois ; pour m'apprendre à partir, à sortir, pour me donner la rage de poursuivre. J'eus la chance de saisir la leçon sur-le-champ : je le quittai aussitôt et ne le revis jamais plus...

Mais en ces jours où l'on accorde quelquefois certain crédit à l'ethnopsychiatrie, notamment dans les prises en charge psychologiques de patients migrants, je pense à l'offrande qui revient à l'ancêtre, telles ces quelques gouttes de *batida* que versent sur le sol les Brésiliens de Bahía avant de commencer le rituel du *Candomblé*.

Georges Devereux, *Sarava* ! Salut...

# *Bibliographie*

Abdessalem S., *Le Visiteur et le Voleur. Confrontation entre deux systèmes thérapeutiques au Soudan (région de Gazira)*, thèse pour le doctorat d'anthropologie et d'ethnologie, université de Paris VII, 1993.
Abraham K., « Rêve et mythe. Contribution à l'étude de la psychologie collective » (1909), dans *Œuvres complètes*, tome 1, Paris, Payot, 1965.
Adelman F., « Toward a Psycho-Cultural Interpretation of Latah », *Davidson Journal of Anthropology*, 1, 69-76, 1955.
Adohane T., « Le nourrisson médusé. Notes de recherche ethnopsychiatrique », *Nouvelle Revue d'Ethnopsychiatrie*, 13, 1989, 183-204.
Aelius Aristide, *Discours sacrés* (trad. A. J. Festuguière), Paris, Macula, 1986.
Antonius Liberalis, *Les Métamorphoses* (texte établi et commenté par Manolis Papathomopoulos), Paris, Les Belles Lettres.
Anzieu D., « Le transfert paradoxal », *Nouvelle Revue de Psychanalyse*, 12, 49-72, 1975.
Anzieu D., « Les signifiants formels et le Moi-peau », dans D. Anzieu (éd.), *Les Enveloppes psychiques*, Paris, Dunod, 1987.
Anzieu D., « Œdipe avant le complexe ou de l'interprétation psychanalytique des mythes », *Les Entretiens de Psychanalyse*, APF, 17-18 juin 1966.
Anzieu D., *L'Auto-analyse de Freud* (2 t.), Paris, PUF, 1975.
Anzieu D., *Le Moi-peau*, Paris, Dunod, 1986.

Apollodore, *Bibliothèque.*
Aria-Schreiber M.-P., *Le Susto ou le vol de l'âme. Un désordre ethnique*, mémoire de DEA de psychologie clinique, université de Paris-X-Nanterre, 1984.
Aristote, *De la génération des animaux*, texte établi et traduit par P. Louis, Paris, Les Belles Lettres.
Arnobe, *Contre les gentils*, texte établi, traduit et commenté par H. Le Bonniec, Paris, Les Belles Lettres, 1982.
Artemidore de Daldis, *Onirocriticon*, texte traduit et annoté par A.-J. Festuguière, Paris, Vrin.

Ba M., « La dépression du ventre. Réactions dépressives après l'accouchement chez les femmes immigrées originaires d'Afrique de l'Ouest », *Nouvelle Revue d'Ethnopsychiatrie,* 24, 59-72.
Balmary B., *L'Homme aux statues. Freud et la faute cachée du père*, Paris, Grasset, 1979.
Bastide R., *Le Candomblé de Bahia, rite Nagô*, Paris-La Haye, Mouton, 1958.
Bastide R., *Le Sacré sauvage*, Paris-La Haye, Mouton, 1975.
Bateson G., Jackson D., Haley J., Weakland J.H., « Toward a Theory of Schizophrenia », *Behavioral Sciences*, 1, 1956, 251-264.
Bateson G., *La Cérémonie du Naven* (1936), Paris, Minuit, 1971.
Benson R.M., Prior D.B., « Quand les amis se volatilisent. À propos de la fonction du compagnon imaginaire » (1973), *Nouvelle Revue de Psychanalyse*, 13, 1976, 237-252.
Besançon A., « Préface » à *L'Union soviétique survivra-t-elle en 1984 ?* (1970), Paris, Le Livre de Poche, 1977.
Bettelheim B., *Les Enfants du rêve* (1969), Paris, Laffont, 1971.
Boubakeur R., *Kitab el Malikhulia ou monographie sur la mélancolie d'Ishac Ibn Imrân*, thèse pour le doctorat en médecine, Paris, Salpétrière, 1979.
Bourlet M., « L'orgie sur la montagne », *Nouvelle Revue d'Ethnopsychiatrie*, 1, 1983, 9-44.
Broustra J., « Le bain de Diane ou le miroir turbulent », *Nouvelle Revue d'Ethnopsychiatrie*, 2, 1984, 95-110.

Calame-Griaule G., *Ethnologie et Langage*, Paris, Gallimard, 1965.
Caquot A., « La religion d'Israël, des origines à la captivité en Babylone », *Encyclopédie d'histoire des religions*, Paris, Gallimard, coll. « La Pleïade », 1970.
Charles-Nicolas A., Boitard O., « Le Dorliss. Rêve et délire en Martinique », *Ethnopsychiatrica*, 2, 2, 1979, 151-178.

Chouvier B., « Moon, Mao et Moi. Militance, doxologie et secte », *Nouvelle Revue d'Ethnopsychiatrie*, 7, 1987, 69-82.

Cisse Y., « Le sacrifice chez les Malinkés et les Bambaras » *Systèmes de pensée en Afrique Noire*, n° 4.

Clément d'Alexandrie, *Le Protreptique*, introduction, traduction et notes de C. Mondésert, Paris, Éd. du Cerf.

Corin E., « Le rite Zebola. La possession comme langage dans un contexte de changement socioculturel », *Anthropologie et Société*, 2, 3, 1978, 53-82.

Couchot E., « Culture numérique : tissage, métissage », *L'Imaginaire Numérique*, 86, 1986.

Crocker C., « Les réflexions du soi », dans C. Lévi-Strauss, *L'Identité*, Paris, Grasset, 1977.

Delcourt M., *Œdipe ou la légende du conquérant* (1944), Paris, Les Belles Lettres, 1981.

Détienne M., *Dionysos mis à mort*, Paris, Gallimard, 1977.

Détienne M., *Les Jardins d'Adonis*, Paris, Gallimard, 1972.

Détienne M., Vernant J.-P., *La Cuisine du sacrifice en pays grec*, Paris, Gallimard, 1979.

Détienne M., Vernant J.-P., *Les Ruses de l'intelligence. La Métis des Grecs* (1974), Paris, Flammarion, 1979.

Devereux G., « Drogues, dieux, idéologies », *Medica*, 103, 1972, 13-20.

Devereux G., « La crise initiatique du chaman chez Platon », *Psychiatrie Française*, 6, 1983, 33-35.

Devereux G., « La pseudo-homosexualité grecque et le " miracle grec " », *Ethnopsychiatrica*, 2, 2, 1979, 211-241.

Devereux G., « La renonciation à l'identité : défense contre l'anéantissement », *Revue Française de Psychanalyse*, XXXI, 1967, 101-142.

Devereux G., « The Self-Blinding of Œdipous », *Journal of Hellenic Studies*, 93, 1973, 36-49.

Devereux G., « Transe et sexualité », dans *Corps à prodiges*, collectif, Paris, Tchou, 1977.

Devereux G., « Transference, Screen Memory and the Temporal Ego », *Journal of Nervous and Mental Disease*, 143, 1966, 318-323.

Devereux G., *A Study of Abortion in Primitive Societies*, New York, International Universities Press, 1955.

Devereux G., *Baubô, la vulve mythique*, Paris, J.-C. Godefroy, 1983.

Devereux G., *De l'angoisse à la méthode dans les sciences du comportement*, Paris, Flammarion, 1980.

Devereux G., *Dreams in Greek Tragedy*, Oxford, Blackwell, 1976.

Devereux G., *Essais d'ethnopsychiatrie générale*, Paris, Gallimard, 1970.
Devereux G., *Ethnopsychanalyse complémentariste*, Paris, Flammarion, 1972.
Devereux G., *Femme et Mythe*, Paris, Flammarion, 1982.
Devereux G., *Mohave Ethnopsychiatry : The Psychic Disturbances of an Indian Tribe*, Washington, Smithsonian Institution Press, 1970.
Devereux G., *Psychoanalysis and the Occult*, anthologie, New York, International Universities Press, 1953.
Devereux G., *Psychothérapie d'un indien des plaines* (1951), Paris, J.-C. Godefroy, 1982.
Devereux G., *Therapeutic Education*, New York, Harper, 1956.
Devereux G., *Tragédie et poésie grecques*, Paris, Flammarion, 1975.
Diodore de Sicile, *Bibliothèque historique*.
Dodds E. R., *Les Grecs et l'irrationnel*, Paris, Flammarion, 1977.
Donnet J.-L., « Le divan bien tempéré », *Nouvelle Revue de Psychanalyse*, 8, 1973, 23-49.

Eliade M., *Le Chamanisme et les techniques archaïques de l'extase*, Paris, Payot, 1968.
Ellenberger H. F., « Aspects ethnopsychiatriques de l'hystérie », *Confrontations Psychiatriques*, 1, 1968, Spécia Éditions.
Erikson E. H., « Ego Development and Historical Change » (1946), dans *Identity and the Life Cycle*, Psychological Issues, Monograph 1, New York, International Universities Press, 1959, 18-49.
Eschyle, *Les Sept contre Thèbes*.
Euripide, *Les Bacchantes*.
Euripide, *Hélène*.
Euripide, *Hippolyte*.

Favret-Saada J., « L'embrayeur de violence », dans Mannoni O., *Le Moi et l'Autre*, Paris, Aubier, 1985.
Ferenczi S., « Un petit homme-coq » (1913), dans *Œuvres complètes*, tome 2, Paris, Payot, 1970.
Ferenczi S., « La vermine, symbole de grossesse » (1914), dans *Œuvres complètes*, tome 2, Paris, Payot, 1970.
Ferenczi S., « Deux types de névrose de guerre (hystérie) » (1916), dans *Œuvres complètes*, tome 2, Paris, Payot, 1970.
Ferenczi S., « La nudité comme moyen d'intimidation » (1919), dans *Œuvres complètes*, tome 2, Paris, Payot, 1970.
Ferenczi S., « Psychanalyse des névroses de guerre » (1919), dans *Œuvres complètes*, tome 3, Paris, Payot, 1974.

Ferenczi S., « Symbolisme de la tête de Méduse » (1923), dans *Œuvres complètes*, tome 3, Paris, Payot, 1974.

Ferenczi S., « Les fantasmes provoqués » (1924), dans *Œuvres complètes*, tome 3, Paris, Payot, 1974.

Ferenczi S., « Réflexions sur le traumatisme » (1934), dans *Œuvres complètes*, tome 4, Paris, Payot, 1982.

Frazer J. G., *Le Rameau d'or* (1911-1915), Paris, Laffont, 4 vol., 1981-1984.

Freud S., « Pour une théorie de l'attaque hystérique » (1892), dans *Résultats, idées, problèmes*, tome 1, Paris, PUF, 1984.

Freud S., « Un cas de guérison hypnotique avec des remarques sur l'apparition de symptômes hystériques par la contre-volonté » (1892-1893), dans *Résultats, idées, problèmes*, tome 1, Paris, PUF, 1984.

Freud S., *L'Interprétation des rêves* (1899), Paris, PUF, 1967.

Freud S., « Les fantasmes hystériques et leur rapport à la bisexualité » (1908), dans *Névrose, psychose et perversion*, Paris, PUF, 1973.

Freud S., « Grande est la Diane des Éphésiens » (1911), dans *Résultats, idées, problèmes*, tome 1, Paris, PUF, 1984.

Freud S., « Formulations sur les deux principes du cours des événements psychiques » (1911), dans *Résultats, idées, problèmes*, tome 1, Paris, PUF, 1984.

Freud S., « Remarques psychanalytiques sur l'autobiographie d'un cas de paranoïa (le Président Schreber) » (1911), dans *Cinq psychanalyses*, Paris, PUF, 1970.

Freud S., *Totem et Tabou* (1912), Paris, Payot, 1968.

Freud S., « Remémoration, répétition et élaboration » (1914), dans *La Technique psychanalytique*, Paris, PUF, 1970.

Freud S., « Pulsions et destins des pulsions » (1915), dans *Métapsychologie*, Paris, Gallimard, 1959.

Freud S., « L'inconscient » (1915), dans *Métapsychologie*, Paris, Gallimard, 1959.

Freud S., « Parallèles mythologiques à une représentation obsessionnelle plastique » (1916), dans *Essais de psychanalyse appliquée*, Paris, Gallimard, 1933.

Freud S., « Au-delà du principe de plaisir » (1920), dans *Essais de psychanalyse*, Paris, Payot, 1981.

Freud S., « La tête de Méduse » (1922), dans *Résultats, idées, problèmes*, tome 2, Paris, PUF, 1985.

Freud S., « Une névrose démoniaque au dix-septième siècle » (1923), dans *Essais de psychanalyse appliquée*, Paris, Gallimard, 1933.

Freud S., « Névrose et psychose » (1924), dans *Névrose, psychose et perversion*, Paris, PUF, 1973.

Freud S., « La perte de la réalité dans la névrose et dans la psychose » (1924), dans *Névrose, psychose et perversion*, Paris, PUF, 1973.

Freud S., « Constructions dans l'analyse » (1937), dans *Résultats, idées, problèmes*, tome 2, Paris, PUF, 1985.

Freud S., Jung C.G., *Correspondance 1906-1914*, Paris, Gallimard, 1975.

Garma A., *La Psychanalyse des rêves*, Paris, PUF, 1954.

Gautiez D., « Traumatisme du non-sens et distorsion du langage. Étude ethnopsychiatrique dans les sectes parisiennes », *Nouvelle Revue d'Ethnopsychiatrie*, 6, 1987, 19-29.

Gerin P., « Bacchanales et défense maniaque », *Nouvelle Revue d'Ethnopsychiatrie*, 1, 1983, 45-55.

Gheorghiu V., *Mahomet*, Paris, Presses-Pocket, 1962.

Gibbal M., *Tambours d'eau*, Paris, Le Sycomore, 1982.

Gibello B., *L'Enfant à l'intelligence troublée*, Paris, Le Centurion, 1984.

Grégoire de Naziance, *Contre Julien*.

Griaule M., *Dieu d'eau*, Paris, Éd. du Chêne, 1948.

Griaule M., Dieterlen G., *Le Renard pâle*, Paris, Institut d'Ethnologie, 1965.

Guedmi J., « Rêve des doubles ou Fatiha l'oubliée », *Nouvelle Revue d'Ethnopsychiatrie*, 2, 1984, 13-34.

Guillaumin J., « Besoin de traumatisme et adolescence », *Adolescence*, III, 1, 1985, 127-138.

Habib M., Peroche B., « Image et intelligence artificielle », *Imaginaire Numérique*, 86, 1986.

Hartman H., *La Psychologie du moi et le problème de l'adaptation* (1939), Paris, PUF, 1968.

Hassoun J., *Juifs du Nil*, Paris, Le Sycomore, 1981.

Henri-Valmore S., « Une figure de l'imaginaire antillais : le quimboiseur », *Les Temps Modernes*, 1983, 2090-2107.

Hermann I., *L'Instinct filial* (1930), Paris, Denoël, 1973.

Hérodote, *L'Enquête*.

Hésiode, *La Théogonie*, texte établi et traduit par P. Mazon, Paris, Les Belles Lettres.

Hésiode, *Le Bouclier*, texte établi et traduit par P. Mazon, Paris, Les Belles Lettres.

Heusch L. de, *Cultes de possession et religions initiatiques du salut*, Bruxelles, 1962.

Heusch L. de, *Pourquoi l'épouser et autres essais*, Paris, Gallimard, 1971.

Homère, *Hymne à Aphrodite*.

Homère, *Hymne à Déméter.*
Homère, *L'Iliade.*
Homère, *L'Odyssée.*
Hyginius, *Fables.*

Institoris H., Sprenger J., *Malleus Maleficarum (Le Marteau des sorcières)* [1492], Paris, Plon, 1973.

Jacobson E., *Le Soi et le monde objectal* (1964), Paris, PUF, 1975.
Jacques F., *Dialogiques. Recherches logiques sur le langage*, Paris, PUF, 1979.
Jaulin R., *La Mort Sara. L'ordre de la vie ou la pensée de la mort au Tchad*, Paris, Plon, 1963.
Jeanmaire H., *Dionysos. Histoire du culte de Bacchus* (1951), Paris, Payot, 1978.
Jones E., *La Vie et l'Œuvre de S. Freud* (1953-1957), Paris, PUF, 3 vol., 1969.

Kaes R., *L'Appareil psychique groupal*, Paris, Dunod, 1976.
Kaes R., *L'Idéologie. Études psychanalytiques*, Paris, Dunod, 1980.
Kahn L., « Lier le songe ou le délier », *Nouvelle Revue de Psychanalyse*, 28, 1983, 111-128.
Khan M.R., *Le Soi caché* (1974), Paris, Gallimard, 1976.
Kilborne B., « Georges Devereux. In Memoriam », *Nouvelle Revue d'Ethnopsychiatrie*, 7, 1987.
Klossowski P., *Le Bain de Diane* (1956), Paris, Gallimard, 1980.
Kohut H., *Le Soi. Psychanalyse des transferts narcissiques* (1971), Paris, PUF, 1974.
Kouassi K., *Ethnopsychiatrie Baoulé. Représentation et thérapie traditionnelles de la maladie mentale en pays Baoulé*, thèse pour le doctorat de troisième cycle, Paris, Université R. Descartes, 1987.
Krafft-Ebing R. von, Moll A., *Psychopathia sexualis* (1923), Paris, Payot, 1969.

La Barre W., « Mouvements religieux d'acculturation en Amérique du Nord. Les éléments d'information », *Histoire des Religions*, tome 3, Paris, Gallimard, coll. « La Pleiade », 1976.
Lacan J., *Écrits*, Paris, Éd. du Seuil, 1966.
Lebovici S., *Le Nourrisson, la mère et le psychanalyste. Les interactions précoces*, Paris, Le Centurion, 1983.
Leclaire S., *Psychanalyser. Essai sur l'ordre de l'inconscient et la pratique de la lettre*, Paris, Éd. du Seuil, 1968.
Leiris M., *La Possession et ses aspects théâtraux chez les Éthiopiens du Gondar* (1958), Paris, Le Sycomore, 1980.

Lévi-Strauss C., *Les Structures élémentaires de la parenté* (1949), Paris, Mouton, 1967.

Lévi-Strauss C., *Anthropologie structurale*, Paris, Plon, 1958.

Lévi Strauss C., *La Pensée sauvage*, Paris, Plon, 1962.

Lévi-Strauss C., *Mythologiques*, 4 vol., Paris, Plon, 1964-1971.

Lewin B.D., « Le sommeil, la bouche et l'écran du rêve » (1949), *Nouvelle Revue de Psychanalyse*, 5, 1972, 211-223.

Lewis I.M., *Les Religions de l'extase* (1971), Paris, PUF, 1977.

Maertens J.T., « Du simple au double. La ritualité de la gémellité psychique », *Nouvelle Revue d'Ethnopsychiatrie*, 2, 1984, 83-94.

Mauss M., « Une catégorie de l'esprit humain : la notion de personne, celle de " moi " » (1938), dans *Sociologie et Anthropologie*, Paris, PUF, 1973.

Michel-Jones F., *Retour aux Dogons. Figures du double et ambivalence*, Paris, Le Sycomore, 1978.

Milner M., *Les Mains du dieu vivant* (1969), Paris, Gallimard, 1974.

Monfouga N., Broustra J., *Ambivalence et culte de possession*, Paris, Anthropos, 1972.

Monfouga Nicolas, Broustra J., « La femme libre de Birnin Koni (Niger) ou la parole des lieux intermédiaires », *Ethnopsychiatrica*, 2, 1, 1979, 7-36.

Nathan T., *Sexualité idéologique et névrose. Essai de clinique ethnopsychanalytique*, Grenoble, La Pensée Sauvage, 1977.

Nathan T., « Dedans, dehors, ailleurs. Réflexions sur la psychothérapie des immigrés », *Revue de Médecine Psychosomatique*, 3, 1978, 243-257.

Nathan T., « Le corps pris. Un élément dans l'étiologie de la vocation médicale », *Perspectives Psychiatriques*, 75, 1980, 17-20.

Nathan T., Devereux G., « Vivre et rêver. Propos sur le rêve », *Ethnopsychiatrica*, 3, 1981, 5-13.

Nathan T., « Psychanalyse et chamanisme », *Cahiers de l'Institut universitaire des sciences psychosociales et neurobiologiques*, Bobigny, Faculté de Médecine, 2, 1981, 1-30.

Nathan T., « La possession. Définition ethnopsychanalytique et illustration clinique », *Nouvelle Revue d'Ethnopsychiatrie*, 1, 1983, 109-123.

Nathan T., *Apports de l'ethnopsychiatrie à la théorie et à la pratique de la clinique psychanalytique*, thèse pour le doctorat d'État ès lettres et sciences humaines, université de Paris-X-Nanterre, 1983.

Nathan T., « Le regard, la parole et le toucher dans la psychanalyse et dans la démonologie », *Revue de Médecine Psychosomatique*, 1983, 109-124.

Nathan T., *Psychanalyse et copulation des insectes*, seconde édition revue et augmentée, Grenoble, La Pensée Sauvage, 1983.
Nathan T., « Transe et thérapie », *Psychologie Française*, 29, 2, 1984, 175-180.
Nathan T., « Le conquérant, le prophète et le fanatique », *Nouvelle Revue d'Ethnopsychiatrie*, 3, 1985, 140-154.
Nathan T., « Aménagements techniques de la psychanalyse en fonction de l'appartenance culturelle », *Psichiatria e Psicoterapia Analitica*, IV, 2, 1985, 67-89.
Nathan T. « Georges Devereux, dedans-dehors », *Psychiatrie Française*, 6, 1985, 69-72.
Nathan T., « L'enfant-ancêtre », *Nouvelle Revue d'Ethnopsychiatrie*, 4, 1985, 7-8.
Nathan T., *La Folie des autres. Traité d'ethnopsychiatrie clinique*, Paris, Dunod, 1986.
Nathan T., « L'utérus, le chaman et le psychanalyste. Ethnopsychanalyse du cadre thérapeutique », *Nouvelle Revue d'Ethnopsychiatrie*, 5, 1986, 17-48.
Nathan T., Lebovici S., Rabain J.-F., Thomas R., Duboz M.M., « À propos de la maladie de Gilles de la Tourette », *Psychiatrie de l'Enfant*, XXIX, 1, 1986, 5-59.
Nathan T. « Trauma et mémoire », *Nouvelle Revue d'Ethnopsychiatrie*, 6, 1986, 7-18.
Nathan T., « Hystérie ou possession. Prolégomènes à une théorie ethnopsychanalytique de la conversion hystérique », *Revue de Médecine Psychosomatique*, 5, 1986, 10-21.
Nathan T., « Un homme sans qualités, un djinn et une vieille femme kabyle », *Perspectives Psychiatriques*, 3, 1986, 234-242.
Nathan T., « A. E. Van Vogt : l'identité en péril », dans Thaon M. et collègues, *Psychanalyse et science-fiction*, Paris, Dunod, 1986.
Nathan T., « L'acide et la mère. Quelques commentaires techniques », *Revue de Médecine Psychosomatique*, 7, 1986, 87-90.
Nathan T., « Thérapie et culture », *Encyclopédie Médico-Chirurgicale*, 1987.
Nathan T., Rimlinger L., « Fantômes. Nostalgies et métamorphoses du deuil », *Nouvelle Revue d'Ethnopsychiatrie*, 7, 1987, 45-54.
Nathan T., « Le corps inversé : symptôme culturel et opérateur thérapeutique », *Revue de Médecine Psychosomatique*, 9, 1987, 99-112.
Nathan T., « Deux représentations oniriques du Moi-peau », dans Anzieu D. (éd.), *Les Enveloppes psychiques*, Paris, Dunod, 1987.
Nathan T., « Prolégomènes à une théorie générale des opérateurs thérapeutiques », *Nouvelle Revue d'Ethnopsychiatrie*, 8-9, 1987.

Nathan T., *Le Sperme du diable. Éléments d'ethnopsychothérapie*, Paris, PUF, 1988.
Nathan T., *L'Influence qui guérit*, Paris, Éd. Odile Jacob, 1994.
Neihardt J.G., *Élan Noir ou la vie d'un saint homme des Sioux Oglalas* (1932), Paris, Stock, 1977.
Nonnos, *Dionysiaques*.

Ocampo C., *Quelques aspects de l'ethnopsychiatrie Quechua*, mémoire de l'École des hautes études en sciences sociales, Paris, 1980.
Odongo J., « Noir ou blanc ? Le vécu du double dans la pratique du " maquillage " chez les Noirs », *Nouvelle Revue d'Ethnopsychiatrie*, 2, 1984, 37-66.
Olender M., « Aspects de Baubô. Textes et contextes antiques », *Revue de l'Histoire des Religions*, CCII, 1, 1985, 3-55.
Olivier de Sardan J.-P., « Analyse comparative socio-historique des systèmes de possession africains », communication présentée lors des Deuxièmes Rencontres Internationales sur la Fête et la Communication : De la Fête à la Danse, Nice, 24-28 avril 1985.
Ovide, *Les Métamorphoses*.

Pâques V., « Contenu cosmogonique des danses de possession chez les Gnawa du Sud marocain », communication présentée lors des Deuxièmes Rencontres internationales sur la Fête et la Communication : De la fête à l'extase, Nice, 24-28 avril 1985.
Parin P., « Die Kriegsneurose der Jugoslawen », *Schweizer Archiv für Neurologie und Psychiatrie*, 61, 1948, 3-24.
Pausanias, *Description de la Grèce*.
Piattelli Palmarini M., « L'entrepôt biologique et le démon comparateur », *Nouvelle Revue de Psychanalyse*, 15, 1977, 105-124.
Picard C., « L'épisode de Baubô dans les Mystères d'Eleusis », *Revue de l'Histoire des Religions*, 95, 1927, 220-255.
Platon, *Phèdre*.
Platon, *Politique*.
Poliakov L., *Histoire de l'antisémitisme*, quatre tomes, Paris, Calmann-Lévy, 1977.
Pons M., « Kabyle sous la peau. Le retournement dedans/dehors dans les épisodes aigus des immigrés de la deuxième génération », *Nouvelle Revue d'Ethnopsychiatrie*, 5, 1986, 85-100.
Prince R.A., « Thérapie et culture » (1978), *Encyclopédie Médico-Chirurgicale*, 37725 D10 4.
Prince R.H., « The Problem of Spirit Possession as a Treatment for Psychiatric Disorder », *Ethos*, 2, 1974, 315-333.
Pseudo-Plutarque, *De Fluvius*.

Ptolémée Hephaestion, *Novae Historiae*.

Rabelais, *Le Quart Livre des faicts et dicts héroïques du bon Pantagruel*, édition établie par G. Demerson, Paris, Éd. du Seuil.

Racamier P.-C., *Les Schizophrènes*, Paris, Payot, 1980.

Ramnoux C., *La Nuit et les enfants de la nuit dans la tradition grecque*, Paris, Flammarion, 1986.

Rank O., *Le Mythe de la naissance du héros* (1909), Paris, Payot, 1983.

Rank O., « Essai sur le double » (1914), dans *Don Juan et le double*, Paris, Payot, 1973.

Reinach S., *Cultes, mythes et religions*, Paris, 1912.

Roheim G., *Héros phalliques et symboles maternels dans la mythologie australienne* (1945), Paris, Gallimard, 1970.

Roheim G., *Les Portes du rêve* (1952), Paris, Payot, 1973.

Roheim G., *La Panique des dieux* (1972), Paris, Payot, 1974.

Rosny E. de, *Les Yeux de ma chèvre. Sur les pas des maîtres de la nuit en pays Douala (Cameroun)*, Paris, Plon, 1981.

Rouch J., *La Religion et la magie Songhay*, Paris, PUF, 1960.

Rouget G., *La Musique et la Transe*, Paris, Gallimard, 1980.

Saïd S., « L'assemblée des femmes : les femmes, l'économie et la politique », dans *Aristophane, les femmes et la cité*, Cahiers de Fontenay, 1979, 35-69.

Sami-Ali M., *De la projection. Une étude psychanalytique*, Paris, Payot, 1970.

Sampaio M.I., « Le chat mis à mort. Tragédie de la joie au carnaval de Bahia », *Nouvelle Revue d'Ethnopsychiatrie*, 1, 1984, 81-107.

Sapir M., « Spasmophiles et spasmophobes », *Perspectives Psychiatriques*, IV, 98, 1984, 313-317.

Sapir M., Canet-Palaysi C., « Voir et dire », *Bulletin de Psychologie*, XXIX, 322, 1976, 503-509.

Schorske E., *Vienne fin de siècle. Politique et culture* (1977), Paris, Éd. du Seuil, 1983.

Searles H., « L'effort pour rendre l'autre fou » (1959), *Revue Française de Psychanalyse*, 12, 1975, 23-47.

Shapiro A.K., Shapiro E. et col., *Gilles de la Tourette Syndrom*, New York, Raven Press, 1978.

Sophocle, *Œdipe-roi*.

Sophocle, *Œdipe à Colone*.

Starobinski J., *Histoire du traitement de la mélancolie des origines à 1900*, thèse pour le doctorat en médecine, Bâle, 1960.

Tausk V., « De la genèse de l'appareil à influencer au cours de la schizophrénie » [1919], Paris, Payot, 1975.

Tourette G. de la, « Étude sur une affection nerveuse caractérisée par l'incoordination motrice accompagnée d'écholalie et de coprolalie (jumping, latah, myriatchit) » [1885], *Archives de Neurologie*, 9, 19-42 et 158-200.
Turner V.W., *Les Tambours de l'affliction* (1968), Paris, Gallimard, 1972.

Van Gennep A., *Les Rites de passage* (1909), Paris, Éd. Picard, 1981.
Vernant J.-P., *La Mort dans les yeux. Figures de l'autre en Grèce ancienne*, Paris, Hachette, 1985.
Vernant J.-P., *Mythe et pensée chez les Grecs*, Paris, Maspero, 1965.

Widlöcher D., *Les Logiques de la dépression*, Paris, Fayard, 1983.
Winnicott D.W., « L'esprit et ses rapports avec le psyché-soma » (1949), dans *De la pédiatrie à la psychanalyse*, Paris, Payot, 1969.
Winnicott D.W., « La défense maniaque » (1939), dans *De la pédiatrie à la psychanalyse*, Paris, Payot, 1969.
Winnicott D.W., « La tendance anti-sociale » (1956), dans *De la pédiatrie à la psychanalyse*, Paris, Payot, 1969.
Winnicott D.W., « Les aspects métapsychologiques et cliniques de la régression au sein de la situation psychanalytique » (1954), dans *De la pédiatrie à la psychanalyse*, Paris, Payot, 1969.
Winnicott D.W., « Psychose et soins maternels » (1952), dans *De la pédiatrie à la psychanalyse*, Paris, Payot, 1969.
Winnicott D.W., *Jeu et Réalité*, Paris, Gallimard, 1971.

Zempleni A., « L'enfant Nit-Ku-Bon. Un tableau psychopathologique traditionnel chez les Wolof et les Lebou du Sénégal », *Nouvelle Revue d'Ethnopsychiatrie*, 4, 1985, 9-42.
Zempleni A., « Possession et sacrifice », *Le Temps de la Réflexion*, 5, 1984, 325-352.
Zempleni A., « Pouvoir dans la cure et pouvoir social », *Nouvelle Revue de Psychanalyse*, 8, 1973, 141-177.
Zempleni A., *L'Interprétation et la thérapie traditionnelle du désordre mental chez les Wolof et les Lebou du Sénégal*, thèse pour le doctorat de troisième cycle, Paris-Sorbonne, 1968.

# *Table des matières*

DU MÊME AUTEUR
aux éditions Odile Jacob

*L'Influence qui guérit*, 1994.
*La Parole de la forêt initiale* (en collaboration), 1996, nouvelle édition sous le titre *La Guérison Yoruba*, 1998.
*Psychothérapies* (en collaboration), 1998.
*Soigner* (en collaboration), 1998.
*613*, 1999.

Dans la collection « Poches Odile Jacob »

N° 1 : Aldo Naouri, *Les Filles et leurs mères*
N° 2 : Boris Cyrulnik, *Les Nourritures affectives*
N° 3 : Jean-Didier Vincent, *La Chair et le Diable*
N° 4 : Jean François Deniau, *Le Bureau des secrets perdus*
N° 5 : Stephen Hawking, *Trous noirs et bébés univers*
N° 6 : Claude Hagège, *Le Souffle de la langue*
N° 7 : Claude Olievenstein, *Naissance de la vieillesse*
N° 8 : Édouard Zarifian, *Les Jardiniers de la folie*
N° 9 : Caroline Eliacheff, *À corps et à cris*
N° 10 : François Lelord, Christophe André, *Comment gérer les personnalités difficiles*
N° 11 : Jean-Pierre Changeux, Alain Connes, *Matière à pensée*
N° 12 : Yves Coppens, *Le Genou de Lucy*
N° 13 : Jacques Ruffié, *Le Sexe et la Mort*
N° 14 : François Roustang, *Comment faire rire un paranoïaque ?*
N° 15 : Jean-Claude Duplessy, Pierre Morel, *Gros Temps sur la planète*
N° 16 : François Jacob, *La Souris, la Mouche et l'Homme*
N° 17 : Marie-Frédérique Bacqué, *Le Deuil à vivre*
N° 18 : Gerald M. Edelman, *Biologie de la conscience*
N° 19 : Samuel P. Huntington, *Le Choc des civilisations*
N° 20 : Dan Kiley, *Le Syndrome de Peter Pan*
N° 21 : Willy Pasini, *À quoi sert le couple ?*
N° 22 : Françoise Héritier, Boris Cyrulnik, Aldo Naouri, *De l'inceste*
N° 23 : Tobie Nathan, *Psychanalyse païenne*
N° 24 : Raymond Aubrac, *Où la mémoire s'attarde*

IMPRIMÉ EN FRANCE PAR BRODARD ET TAUPIN
1528 - La Flèche (Sarthe) - le 17-04-2000
N° d'édition : 7381-0841-X
Dépôt légal : juin 2000